跨境商品估价案例指引

THE CASE GUIDE OF CUSTOMS VALUATION

杜连莹◎编著

中国海关出版社有限公司
中国・北京

图书在版编目（CIP）数据

跨境商品估价案例指引 / 杜连莹编著 . —北京：中国海关出版社有限公司，2021.9
ISBN 978-7-5175-0516-7

Ⅰ. ①跨… Ⅱ. ①杜… Ⅲ. ①国际贸易—商品价格—估价—案例 Ⅳ. ① F740.3

中国版本图书馆 CIP 数据核字（2021）第 177572 号

跨境商品估价案例指引
KUAJING SHANGPIN GUJIA ANLI ZHIYIN

作　　者：杜连莹
策　　划：普　娜　李　多
责任编辑：李　多
出版发行：中国海关出版社有限公司
社　　址：北京市朝阳区东四环南路甲 1 号　　邮政编码：100023
网　　址：https://weidian.com/?useried=319526934
编 辑 部：01065194242-7529（电话）
发 行 部：01065194238/4246/5616（电话）
社办书店：01065195616（电话）
印　　刷：北京鑫益晖印刷有限公司　　经　　销：新华书店
开　　本：889mm × 1194mm　1/16
印　　张：18　　字　　数：330 千字
版　　次：2021 年 9 月第 1 版
印　　次：2022 年 1 月第 2 次印刷
书　　号：ISBN 978-7-5175-0516-7
定　　价：160.00 元

顾　　问： 高瑞峰　朱　昉　潘楚雄

监　　制： 毛建平　田宝明　张晓菲　回增杰　詹四军　王　刚　魏小军
闫铁恒　邓国凤　崔玮华　陈　昊

编　　辑： 范一夫

核　　稿： 舒　悦　谈文洲　陈　越　张兴源　刘　鹏　贾军虎　朱　明
熊祥林　李佳楠　王　峰　邓　宏　陈熠喆　张　莹　赵卫萍
冼妙颜　张　南　陆俊颖　李　璠　董向前　闫虹先　谭　泓
宋静云

序

为落实国务院"放管服"改革专项督查精神，维护国家经济、政治、文化、社会和生态安全，努力实现精准监管和智能监管，承担传统职能和非传统职能的双重挑战；为贯彻落实海关总署党委提出的"强化监管，优化服务"海关工作新要求，不断提高海关估价能力和规范化水平，全面提升海关监管效能，展示估价成果和队伍风貌，作者结合近年来估价工作的实践、经验、做法，以案例形式进行系统总结、归纳和提炼，以成此书。

本书遵循世界贸易组织（WTO）及中国海关估价相关法规制度体系，以理论为据，以实务为本，通过30个典型案例深入分析跨国公司转移定价、成交价格条件和租赁租金结构对进口商品成交价格（或租金）的影响。本书不仅展示估价过程，还结合不同案例的特点和要求，详细介绍商品价格构成、行业贸易惯例、关联交易安排、关贸总协定遵循和估价技术引用，力求体现估价的客观、公平、统一的原则，为广大一线海关关员，以及关注估价工作的进出口企业提供权威的实务案例指引，还原商品交易实质，服务一线，指导实践，规范执法，让读者从最新的实践成果中认识并了解海关估价。本书既可以指导进出口企业正确申报商品成交价格，也可以作为海关估价人员的工作参考，为海关估价工作的开展和企业自查提供有益的启迪和示范。

海关总署关税一级专家

武汉海关关长

海关总署稽查一级专家

海关总署企业管理和稽查司副司长

天津海关副关长

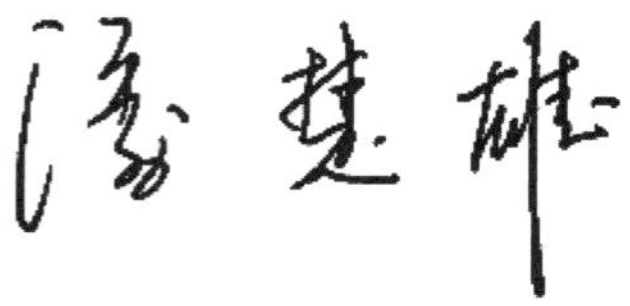

前　言

随着全球一体化的进一步发展，国际经济合作不断加强，跨境贸易模式日趋复杂，作为国际避税手段的关联公司转移定价的做法在一定程度上影响了我国税收，海关和企业在以特许权使用费为代表的成交价格调整项目的认定、量化和分摊上容易出现较大分歧，租赁贸易的兴起引发了海关估价新问题。如何既确保上述估价热点领域进出口货物申报价格的真实性和合理性，又保障进出口企业合法权益，成为海关审价工作面临的重要课题。

作者结合海关监管跨境贸易新型业态的实践经验，通过对跨国公司的转移定价、特许安排、租赁贸易的深入分析，遵循WTO及中国海关估价相关法规制度体系，以30个经典案例为基础，依据《中华人民共和国进出口关税条例》《中华人民共和国海关审定进出口货物完税价格办法》《经济合作与发展组织转让定价指南》《企业会计准则》等，还原商品交易实质，确定合理的定价体系和估价方法，使海关估价在贸易事实的基础上符合客观、公平、统一的原则。

本书分为三章。第一章为跨国公司转移定价案例指引，列举了双轨制销售、受控再销售、受控成本加成、受控利润分割、受控净利交易、独家代理等转移定价常见形式，通过对跨国公司营销渠道的各个环节实施功能分析，运用会计的配比原则，结合对财务数据、凭证的核对，判断转移定价是否影响成交价格；第二章为成交价格调整项目案例指引，针对特许权使用费、协助费、保修费等成交价格调整项目是否应计入完税价格开展估价分析，介绍了规划设计费、研发费、进口零部件图纸及标准的授权使用费等经典案例；第三章为飞机、轮船大型运输工具及设备租赁贸易案例指引，展示了融资性租赁和经营性租赁的租金主要组成，对租赁贸易伴生的一系列应税费用，如保险费、租前息、改装费、手续费等经典案例进行深入分析解读。

本书为跨国公司转移定价内部贸易安排的合理性、合法性进行自查评估提供了专业建议，指导企业准确申报进口商品成交价格及应税费用。同时，本书也可以为海关人员的审价工作提供有效的实践参考，以进一步推动贸易便利化发展。

2021 年 8 月

目　录

第一章　跨国公司转移定价案例指引 …… 1

第一节　转移定价影响商品成交价格估价解析 …… 1

一、审核原则 …… 1

二、法律依据 …… 2

三、海关审核转移定价合理性的具体依据 …… 2

四、中国海关关于估价顺序的法律规范 …… 5

五、转移定价与海关估价的关系 …… 6

第二节　估价案例 …… 13

一、关联交易功能风险调配影响成交价格案例 …… 13

二、受控再销售影响商品成交价格案例 …… 26

三、受控成本加成影响商品成交价格案例 …… 32

四、关联交易采用市场回溯法影响商品成交价格案例 …… 41

五、净利润受控交易影响商品成交价格案例 …… 47

六、独家代理影响商品成交价格案例 …… 51

七、转单定价进口大豆影响成交价格案例 …… 56

八、按集团规定价格采购进口铁矿砂影响成交价格案例 …… 68

九、离岸公司长期合同影响进口石油成交价格案例 …… 75

十、无利润销售保修料件影响进口汽车成交价格案例……81

第二章　成交价格调整项目案例指引……86

第一节　成交价格调整项目估价解析……86

调整项目一　特许权使用费……87

调整项目二　协助费……97

调整项目三　保修费……103

第二节 估价案例……107

一、特许权使用费涉及授权使用进口零部件图纸及标准案例……107

二、进口汽车零部件入门费、提成费案例……117

三、进口可编程控制器支付技术使用费案例……122

四、进口商品规划服务费和设计费案例……128

五、进口汽车零部件含有研发费案例……135

六、进口商品技术资料入股案例……143

七、买方免费提供模具案例……150

八、进口机械臂协助费案例……159

九、进口汽车保修费案例……166

十、进口零部件国产化补偿案例……174

第三章　飞机、轮船大型运输工具及设备租赁贸易案例指引……182

第一节　租赁贸易影响租金估价解析……182

一、租赁贸易的分类……182

二、租赁贸易与成交价格的关系……189

三、我国海关对于租赁货物的估价方法 ······ 190

第二节 估价案例 ······ 191

一、经营性飞机租赁租金案例 ······ 191

二、经营性租赁飞机维修、保险、航材包修费案例 ······ 201

三、经营性租赁飞机交付及退还费用案例 ······ 216

四、融资性租赁飞机改装和装饰相关费用案例 ······ 222

五、融资性租赁飞机预付款、留购款案例 ······ 228

六、融资性租赁飞机租前息、租金利息案例 ······ 235

七、融资性租赁飞机手续费、安排费案例 ······ 241

八、融资性租赁飞机维修检修费、保险费案例 ······ 246

九、经营性租赁船舶交付及退还费用案例 ······ 256

十、经营性租赁船舶维修、保险费用案例 ······ 266

参考资料 ······ 273

第一章 跨国公司转移定价案例指引

第一节 转移定价影响商品成交价格估价解析

一、审核原则

中国遵循《WTO 估价协定》相关精神，实行国际通行规则，以成交价格为基础确定完税价格，海关也本着客观、公平、统一的原则，对每票货物开展价格审核。

审核原则	
（一）客观	海关审核涉及转移定价的货物，首先考量其交易的真实性、客观性。
（二）公平	海关对转移定价的审核以《经济合作与发展组织转让定价指南》（以下简称《OECD 转让定价指南》）的公平交易原则为重要参考，即卖方在销售货物给非关联方和关联方时，其定价尺度应保持一致，贸易中双方应根据各自承担的责任和风险获取相应的回报。此外，销售数量、商业水平等在审核价格中也须充分考虑，以确保价格的相对公平。
（三）统一	海关估价时应保持方法和结构的统一性，即海关在估价过程中，选取的估价方法应与《WTO 估价协定》的要求一致，不得使用最低限价、正常价格作为估价的基础，不得选用违背法律规定的估价方法；在有多个参考价格时，应选择最低价格作为海关认（审）定的完税价格。

二、法律依据

海关日常估价工作的主要法律法规、规章依据为《中华人民共和国海关法》《中华人民共和国进出口关税条例》《中华人民共和国海关审定进出口货物完税价格办法》。需注意的是，转移定价是从企业整体盈利角度考虑的，确定单票进口货物价格时存在很大的不确定性。因此，海关在审核每票进口货物的价格时，应将转移定价方法作为工具、依据，还原转化每票货物的进口价格，再依法运用相应方法实施估价。

三、海关审核转移定价合理性的具体依据

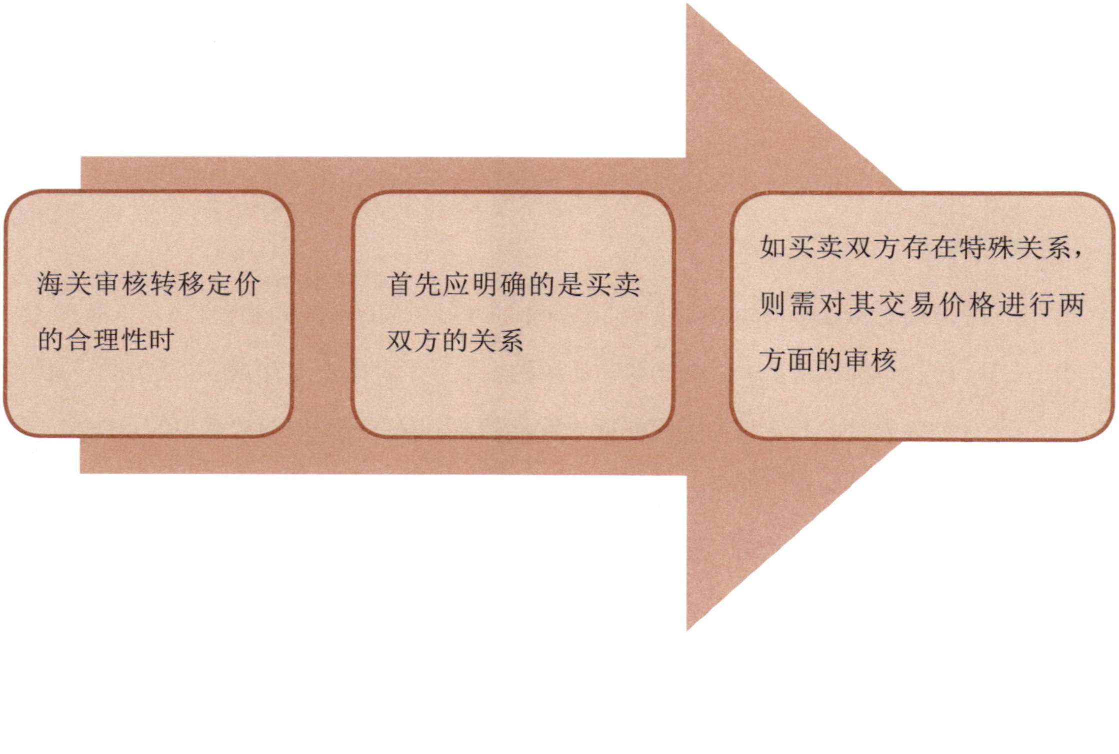

首先应明确的是买卖双方的关系，根据《中华人民共和国海关审定进出口货物完税价格办法》第十六条，有下列情形之一的，应当认为买卖双方存在特殊关系：

（一）买卖双方为同一家族成员的；

（二）买卖双方互为商业上的高级职员或者董事的；

（三）一方直接或者间接地受另一方控制的；

（四）买卖双方都直接或者间接地受第三方控制的；

（五）买卖双方共同直接或者间接地控制第三方的；

（六）一方直接或者间接地拥有、控制或者持有对方5%以上（含5%）公开发行的有表决权的股票或者股份的；

（七）一方是另一方的雇员、高级职员或者董事的；

（八）买卖双方是同一合伙的成员的。

买卖双方在经营上相互有联系，一方是另一方的独家代理、独家经销或者独家受让人，如果符合前款的规定，也应当视为存在特殊关系。

如果买卖双方存在特殊关系，则需对其交易价格进行两方面的审核。

（一）审核申报价格是否符合成交价格定义

《中华人民共和国海关审定进出口货物完税价格办法》第七条规定：“进口货物的成交价格，是指卖方向中华人民共和国境内销售该货物时买方为进口该货物向卖方实付、应付的，并且按照本章第三节的规定调整后的价款总额，包括直接支付的价款和间接支付的价款。”

《中华人民共和国海关审定进出口货物完税价格办法》第八条规定：“进口货物的成交价格应当符合下列条件：

（一）对买方处置或者使用进口货物不予限制，但是法律、行政法规规定实施的限制、对货物销售地域的限制和对货物价格无实质性影响的限制除外；

（二）进口货物的价格不得受到使该货物成交价格无法确定的条件或者因素的影响；

（三）卖方不得直接或者间接获得因买方销售、处置或者使用进口货物而产生的任何收益，或者虽然有收益但是能够按照本办法第十一条第一款第四项的规定做出调整；

（四）买卖双方之间没有特殊关系，或者虽然有特殊关系但是按照本办法第十七条、第十八条的规定未对成交价格产生影响。”

（二）给予进口商机会证明其申报价格的合理性，主要通过『测试价格』的方式

《中华人民共和国海关审定进出口货物完税价格办法》第十七条规定：“买卖双方之间存在特殊关系，但是纳税义务人能证明其成交价格与同时或者大约同时发生的下列任何一款价格相近的，应当视为特殊关系未对进口货物的成交价格产生影响：

（一）向境内无特殊关系的买方出售的相同或者类似进口货物的成交价格；

（二）按照本办法第二十三条的规定所确定的相同或者类似进口货物的完税价格；

（三）按照本办法第二十五条的规定所确定的相同或者类似进口货物的完税价格。

海关在使用上述价格进行比较时，应当考虑商业水平和进口数量的不同，以及买卖双方有无特殊关系造成的费用差异。”

当进口货物存在相同或类似货物时，“测试价格”是证明转移定价合理性的有效工具，一旦进口货物被进口商垄断，没有可比货物，企业就无法主动证明其价格的合理性。依据《WTO估价协定》第二条注释，开展销售环境测试。测试方法包括：一是定价方式与所涉产业的正常定价方式相一致，或与卖方指定售予与其无特殊关系的买方的定价方式相一致，则这一点可证明该价格未受此种关系的影响；二是如证明价格足以收回全部成本加利润，该利润代表该公司在一个代表期内（如按年度计算）销售同级别或同种类货物所实现的总利润，则可表明该价格未受影响。

经审核，如发现转移定价确定的进口商品价格受到实质性影响，海关将依法对其实施估价。

四、中国海关关于估价顺序的法律规范

《中华人民共和国进出口关税条例》第二十一条、《中华人民共和国海关审定进出口货物完税价格办法》第六条，对海关在进口货物实施估价过程中依次适用的估价方法作了明确的规定。

《中华人民共和国进出口关税条例》第二十一条

进口货物的成交价格不符合本条例第十八条第三款规定条件的，或者成交价格不能确定的，海关经了解有关情况，并与纳税义务人进行价格磋商后，依次以下列价格估定该货物的完税价格：（一）与该货物同时或者大约同时向中华人民共和国境内销售的相同货物的成交价格；（二）与该货物同时或者大约同时向中华人民共和国境内销售的类似货物的成交价格；（三）与该货物进口的同时或者大约同时，将该进口货物、相同或者类似进口货物在第一级销售环节销售给无特殊关系买方最大销售总量的单位价格，但应当扣除本条例第二十二条规定的项目；（四）按照下列各项总和计算的价格：生产该货物所使用的料件成本和加工费用，向中华人民共和国境内销售同等级或者同种类货物通常的利润和一般费用，该货物运抵境内输入地点起卸前的运输及其相关费用、保险费；（五）以合理方法估定的价格。

纳税义务人向海关提供有关资料后，可以提出申请，颠倒前款第（三）项和第（四）项的适用次序。

《中华人民共和国海关审定进出口货物完税价格办法》第六条

进口货物的成交价格不符合本章第二节规定的，或者成交价格不能确定的，海关经了解有关情况，并且与纳税义务人进行价格磋商后，依次以下列方法审查确定该货物的完税价格：（一）相同货物成交价格估价方法；（二）类似货物成交价格估价方法；（三）倒扣价格估价方法；（四）计算价格估价方法；（五）合理方法。
纳税义务人向海关提供有关资料后，可以提出申请，颠倒前款第三项和第四项的适用次序。

五、转移定价与海关估价的关系

		转移定价	海关估价
法律地位	依据	《OECD 转让定价指南》及以此设定的框架来确定的企业行为和行政机关的征管行为。	《WTO 估价协定》及各国（地区）依此制定的本国（地区）法律法规。
	约束力	《OECD 转让定价指南》确立的框架体制基于自愿遵守的社会责任准则，仅以通行准则或行业规范的形式存在，对企业和政府机构没有强制约束力。	在全球范围存在公约性、强制性，是 WTO 法律体系中规范各成员估价工作的国际公约，成员均须依照该协定的具体条款，制定相应的本国（地区）法律法规。

<table>
<tr><th></th><th>转移定价</th><th>海关估价</th></tr>
<tr><td rowspan="2">审查原则</td><td>当转移定价无法反映市场和公平交易原则时，关联企业的税赋和所在国（地区）的税收可能不合理。因此，OECD 成员同意，出于税收的目的，关联企业的利润可能会因纠正上述差异而被调整，确保满足《OECD 转让定价指南》中的公平交易原则。</td><td>规定海关接受关联企业间进出口商品的成交价格，应与非关联企业间的价格相同，或是与非关联企业间交易的定价原则相符。其目的是将受关联关系影响的关联交易价格还原成符合市场规律的正常价格。</td></tr>
<tr><td colspan="2">均选择公平标准作为处理关联方之间关系所必须遵循的原则；在衡量跨国公司定价是否合理时，均将非关联方之间的交易定价作为参考；管理的根本目的存在一致性。</td></tr>
<tr><td rowspan="2">管理相对人</td><td colspan="2">均是在本国（地区）从事对外贸易的跨国公司。</td></tr>
<tr><td>转移定价审查机关不仅针对从事有形货物交易的进出口企业，同时还对从事对外服务贸易的企业进行转移定价审核；通常要牵涉跨国公司所属集团的多个公司或整个集团。</td><td>海关估价主要对从事有形货物进出口的企业进行价格管理，针对的是单个进出口企业。</td></tr>
</table>

		转移定价	海关估价
关联企业	定义	《OECD转让定价指南》中对关联企业的定义是由《经济合作与发展组织税收协定范本》提出的："缔约方企业直接或间接参与另一缔约方企业的管理、控制和资本运作，或同一人参与一个缔约方企业和另一个缔约方企业的管理、控制和资本运作，则可认为上述两企业为关联企业。"其从本质上规定了判别关联企业的两种标准：一是股权控制标准，二是企业经营管理或决策人员的人身关系标准。但在执行细节方面，如参与管理、控制和资本运作究竟达到何种程度才能构成关联企业，经济合作与发展组织（OECD）并未予以明确规定。各国（地区）在实施此判定标准时，量化指标也各不相同。其中，量化指标的差异主要集中于对股权比例的设定。	《WTO估价协定》第十五条第四款对关联企业定义为"就本协定而言，只有在下列情况下，方可被视为存在特殊关系的人： （a）他们互为商业上的高级职员或同事； （b）他们是法律承认的商业上的合伙人； （c）他们是雇主和雇员； （d）直接或间接拥有、控制或持有双方5%或5%以上有表决权的发行在外的股票的任何人； （e）其中一人直接或间接控制另一人； （f）双方直接或间接被第三人控制； （g）双方共同直接或间接控制第三人； （h）双方属同一家族成员。"
	股权控制要求	OECD对关联企业的定义标准相对严格，尤其对股权控制的要求，多数国家（地区）的税务机关认定标准一般都达到持股占比23%及以上。但各国（地区）税务机关在认定关联关系时，还普遍采用"实质重于形式"的原则，而不仅依据法律形式，其主动性较高。	《WTO估价协定》中对股权控制只要求直接或间接拥有、控制或持有双方5%或5%以上有表决权的发行在外的股票，符合上述条件即构成海关估价意义上的关联关系。但在海关转移定价领域，由于各国（地区）海关受到WTO估价公约的制约，其判断标准受到严格限制，各国（地区）海关也不能随意扩大认定范围和标准。

	转移定价	海关估价
贸易范围	转移定价不仅针对跨国公司间的有形资产转让，还包括无形资产和服务贸易。转移定价在制定过程中，有形资产、无形资产和服务均是其必须考虑的因素，因此，转移定价审查中涉及的贸易范围更为广泛，包含一个公司运营时涉及的所有贸易种类和形式。	海关作为进出境货物的监管机构，主要对进出关境的有形货物实施监管，海关估价也主要针对有形货物。同时，《WTO估价协定》规定，对与进口货物相关，符合应税条件的无形货物，其特许权使用费、转售收益、协助费等也属于海关估价的范畴。因海关估价受到自身管理范围的制约，其管辖范畴仅限制在和有形资产相关的关联交易中。
管理对象	转移定价的管理对象是一个公司在一个时期内的净利润调整。 OECD推行转移定价制度的根本目的是为了调和跨国公司和所在国税务机构之间的矛盾，其重点主要集中于跨国公司间的利润分配，即企业净利润在不同国家（地区）税务管理中的分配问题。通过转移定价审查及规范，将其各子企业间的净利润调整到合适的比率，以确保各国（地区）利益和本企业的盈利达到一个相对平衡，既顾及各国（地区）税务机关的财政需求，也不影响企业战略设定。	海关估价的对象是每票进出关境的有形货物。在实施估价管理过程中，无论海关采取何种估价方法，估价决定最终指向的仍是单票货物，通常不会对企业的其他进口货物产生影响。在个案审查过程中，如企业的交易方式相同、交易对象相同、交易货物相同，且估价认定的依据具有同样的推导性，则可以将估价的方法运用在企业随后或之前的进口货物上。此种情况，仅是将该估价结论进行了延续适用，估价管理针对的仍是单票货物。

		转移定价	海关估价
调整方法	方法对应关系	无 →	成交价格法
		可比非受控价格法 →	相同货物价格法 类似货物价格法
		再销售价格法 →	倒扣价格法
		成本加成法 →	计算价格法
		交易净利润率法 利润分割法 其他方法 →	合理方法
	可比非受控价格法和相同或类似货物价格法	可比非受控价格法 可比非受控价格法对商品本身、合同条款、市场和企业的属性有较高的可比性要求，上述各类因素均不能存在较大差异，其中存在的细微差异必须可量化调整。其结果准确度相对较高，但因要求较为苛刻，在实际贸易过程中难以找到完全可比的交易，因此该方法在转移定价中的使用率非常低。	相同货物价格法或类似货物价格法 相同货物价格法或类似货物价格法对货物的相同或类似性要求很高，对企业的可比性要求较低，仅对可量化的商业水平、数量和运保费等差异进行调整。当成交价格不能确定时，相同或类似货物价格法是法定首选方法，是除成交价格外，使用率最高的估价方法。

		转移定价	海关估价
调整方法	再销售价格法和倒扣价格法	再销售价格法 扣除合理的毛利，以弥补相关费用，并为其带来一定的盈利。 利润率获取途径有两种：一种是从同一家企业的可比非受控采购和销售数据中获得，此利润率水平准确度高；另一种是通过其他转售者可比非受控交易数据中获得，需对不同转售者进行可比性分析，确定商品的采购价格。 需注意，再销售价格法得出的结果可能是一个区间，而并不是一个具体数值。	倒扣价格法 扣除与在进口国（地区）销售同级别或同种类货物有关的已付或未付的佣金，或通常作为利润和一般费用的金额，以及国内的税费和运输保险费等。 利润率由进口商向海关提供，海关将其与已掌握的境内销售同等级或同种类货物通常的利润率进行比较，并对存在差异的部分实施调整。 海关获取利润率的途径是通过以国家权威机构发布的某类产品行业标准数据为基础，结合相关行业调研及核查等多种方式获取。
	成本加成法和计算价格法	成本加成法 成本加成法的加成比率为企业可比非受控交易的毛利率。需注意，成本加成法得出的结果也可能是一个区间，而不是一个具体数值。	计算价格法 计算价格法要求计入销售同等级或同种货物通常的利润和一般费用。

<table>
<tr><th></th><th>转移定价</th><th>海关估价</th></tr>
<tr><td rowspan="2">调整方法</td><td>当前，我国税务机关实施转移定价调整时，大多采用利润法作为可行的调整方法。</td><td>海关因受管理对象自身要求的客观条件制约，关注的重点必须是具体的单票货物交易。</td></tr>
<tr><td colspan="2">可比非受控价格法、再销售价格法和成本加成法均以确定商品价格为根本目的，而利润法则是以确定企业利润为目的，与商品之间的联系不是非常紧密，海关估价难以接受按企业全年利润指标作为衡量商品价格合理性的定价策略。这是利润法难以得到海关估价部门接受的主要原因。随着转移定价方法中利润比率的逐步提升，海关估价与转移定价在方法上渐行渐远，愈加难以调和与兼容。这种现状已经引起了包括我国在内的全球多地海关与税务部门的重点关注，并成为WCO（世界海关组织）与OECD开展合作的主要原因。</td></tr>
<tr><td>估价方法使用顺序</td><td>转移定价对方法的选择顺序无强制规定。
《OECD转让定价指南》第二章第四十九条规定：“传统交易法是最直接证明关联公司间商业和金融关系是否符合公平交易原则的方法。因此，传统交易法优于其他转移定价方法。”因传统交易法对可比性要求较高，在实际操作中使用难度较大。跨国公司在选择转移定价方法时，一般都倾向于使用更简单、更易于找到可比性的方法（如交易净利润率法等）来说明其转移定价政策的合理性。</td><td>海关估价方法的选择必须按照规定顺序。
《WTO估价协定》规定从成交价格法、相同或类似货物价格法、倒扣价格法、计算价格法到合理方法，每种估价方法都是在前种方法不适用的情况下才能使用。除在特定条件下，可根据进口商要求互换倒扣价格法和计算价格法顺序外，均不能跳跃或随意选择使用第二种至第六种估价方法。</td></tr>
</table>

第二节　估价案例

一、关联交易功能风险调配影响成交价格案例

（一）基本事实

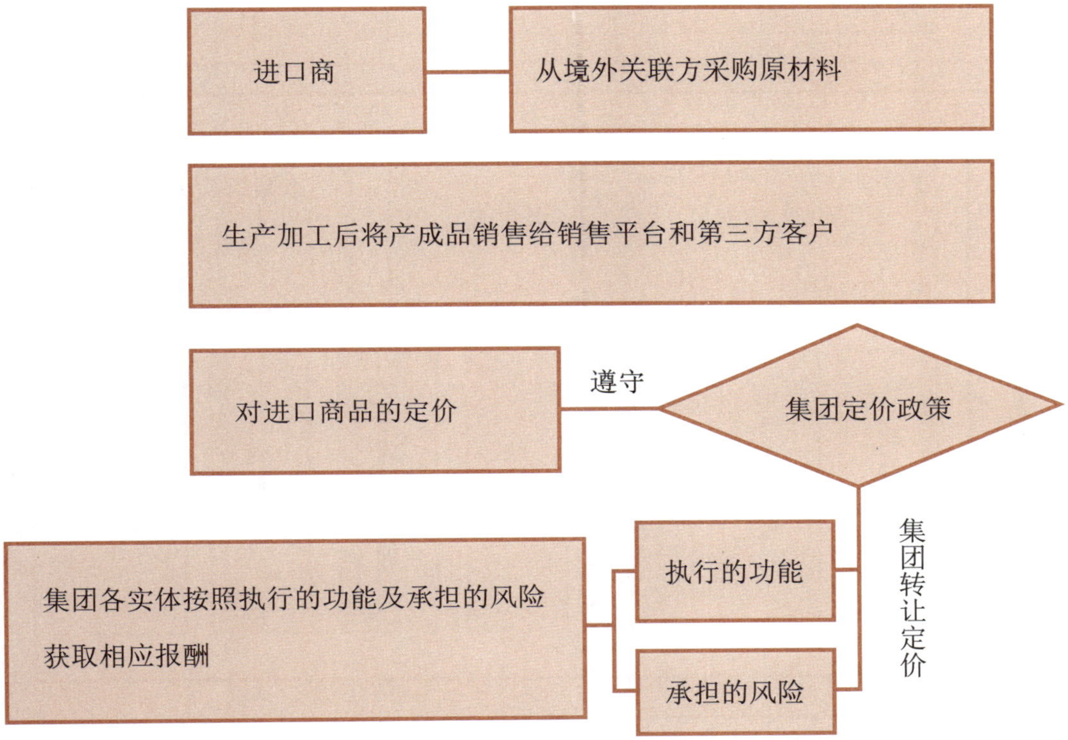

（二）贸易流程

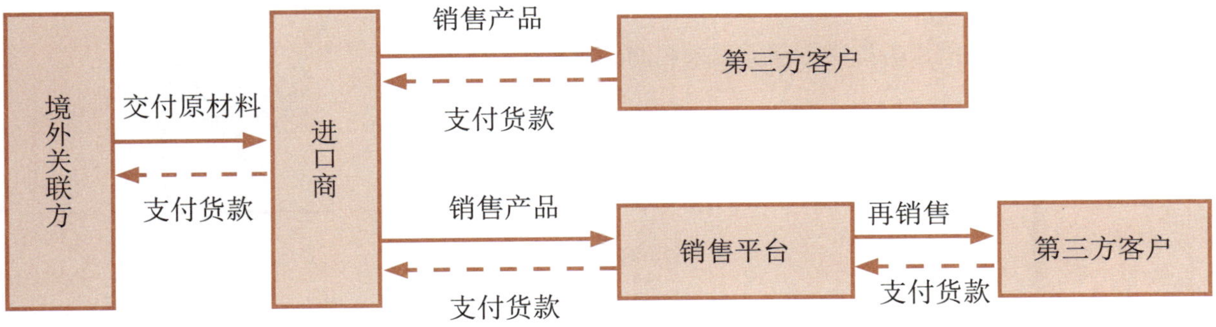

（三）集团价值链构成与关联交易

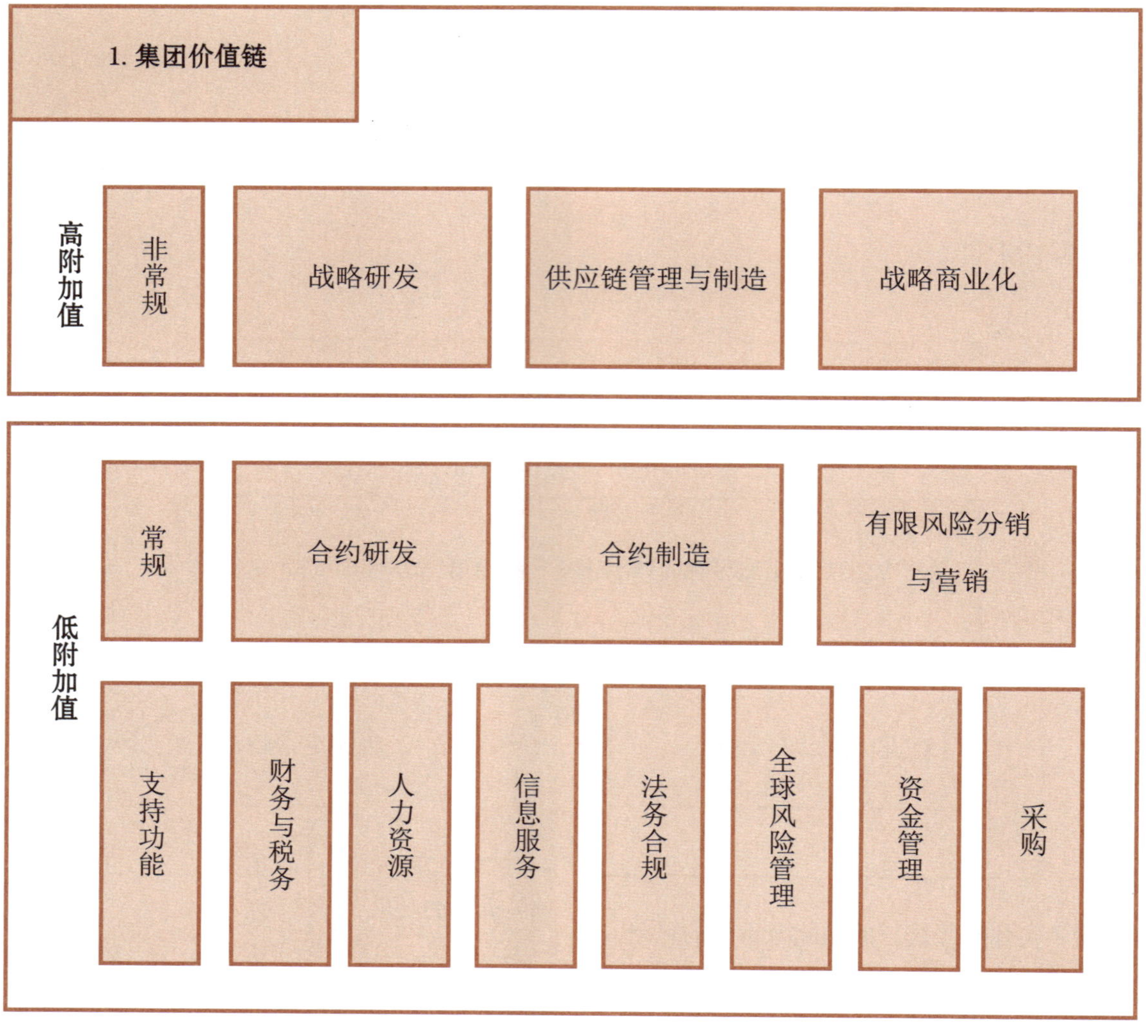

根据独立交易原则，集团转让定价的建立反映了集团各实体执行的功能及承担的风险，并确保各实体按照执行的功能及承担的风险获取相应报酬。常规服务提供方取得相应常规报酬，非常规服务提供方获得剩余利润／承担相应亏损。

2. 交易类型

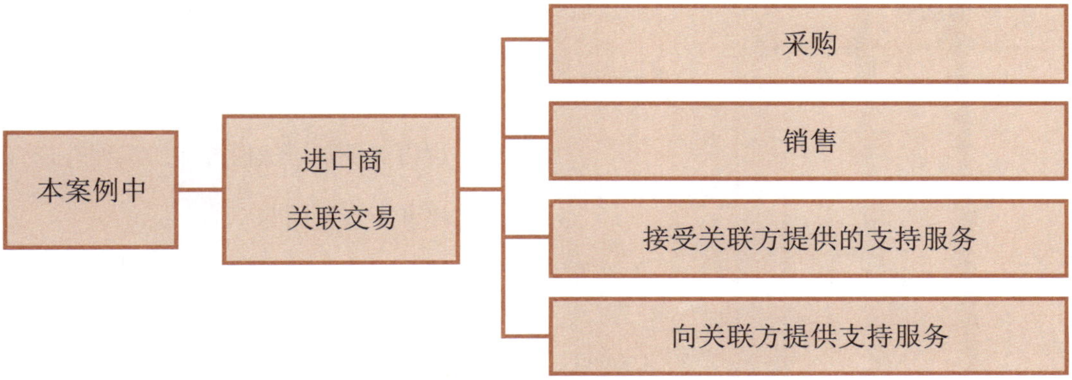

（1）采购

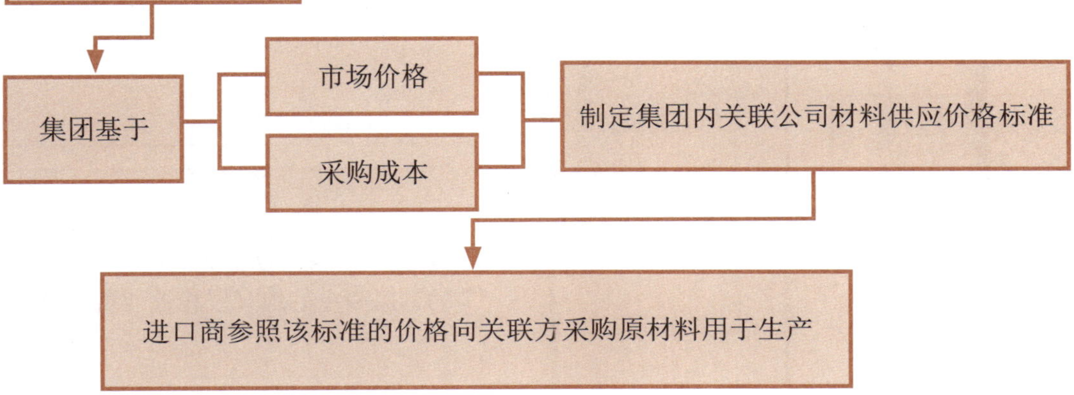

（2）销售

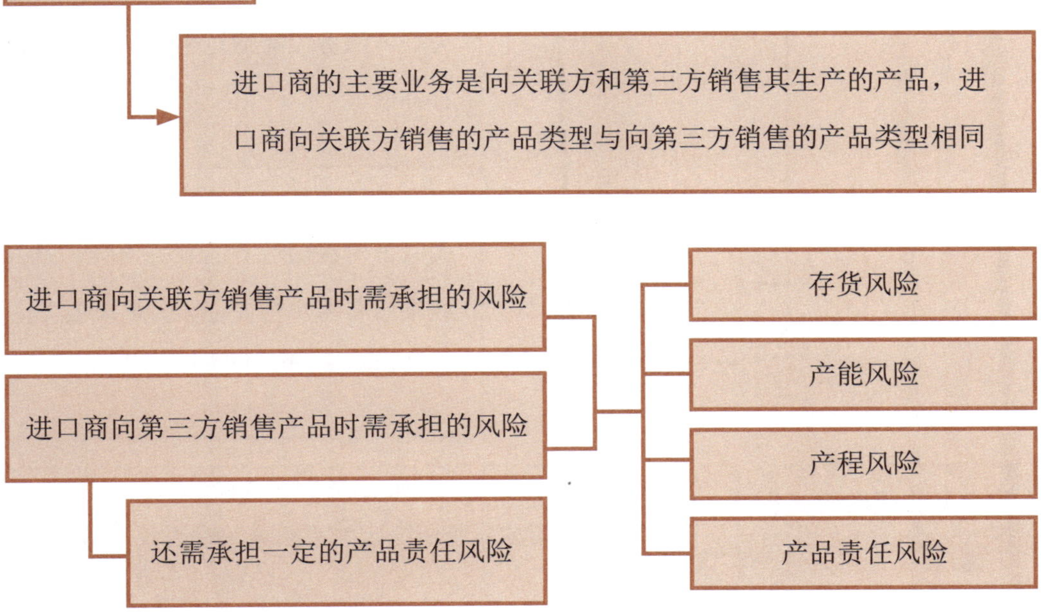

（3）接受关联方提供的服务

进口商基于关联方提供服务发生的成本加成 4%，外加代付费用及税金向关联方支付服务费

关联服务受益性分析

- 受益方测试：进口商受益，该服务成本需要合理分摊并向进口商收取
- 需求方测试：进口商接受关联方提供的服务是有必要的
- 重复性测试：就相同的关联方服务，进口商未从第三方接受同类服务，也未自行实施该类业务
- 价值创造测试：关联方服务为进口商带来了利益，帮助进口商更好地开展相关业务经营
- 补偿性测试：进口商与提供服务的关联方不存在除关联方服务之外的其他交易，接受的关联方服务没有通过其他关联交易进行补偿
- 真实性测试：关联方对提供劳务的服务内容、服务结果均有真实性佐证，如账单发票、邮件往来

（4）向关联方提供的服务

进口商就人工成本加成一定费率后向关联方收取服务费

3. 关联交易流程

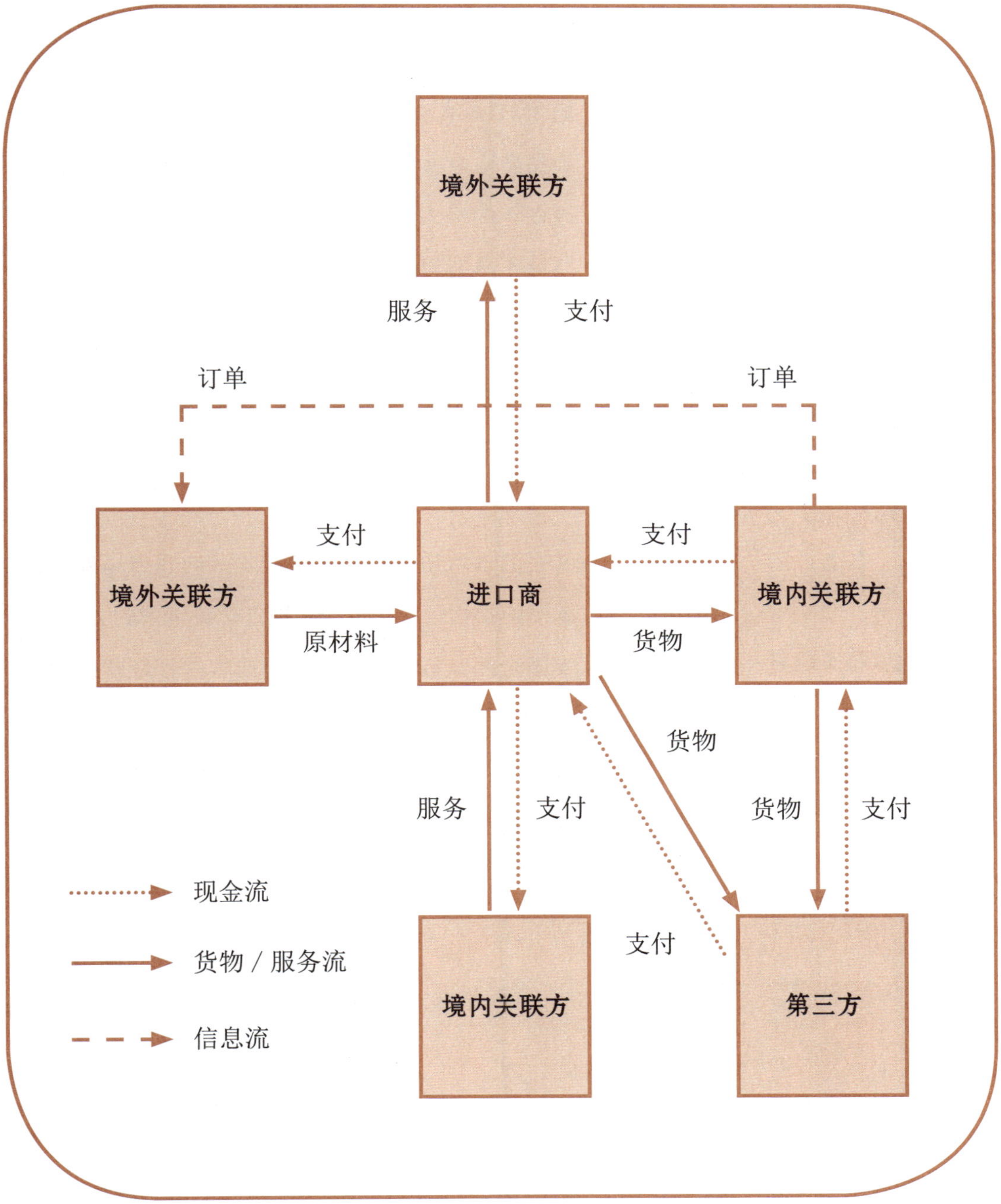
境外关联方
服务
支付
订单
订单
境外关联方
支付
原材料
进口商
支付
货物
境内关联方
货物
服务
支付
货物
支付
支付
境内关联方
第三方
现金流
货物 / 服务流
信息流

4. 关联交易定价影响要素

无形资产的影响

集团 IP 所有者拥有产品专利技术的所有权，品牌和商品名称也由集团 IP 所有者拥有（其品牌是集团经过多年的努力经营和有效的市场推广取得的）。进口商不具有设计和研发能力，且不拥有产品无形资产、品牌和商品名。

地域特殊因素的影响

潜在的地域特殊因素包括成本节约和市场溢价。成本节约指相较于在另一个地理位置运营的类似企业，中国企业具有能够以更低的成本进行经营的能力。当集团的产品在中国市场的销售价格高于其他地区时，市场溢价则成为一个相关的因素（可获得的额外利润程度）。

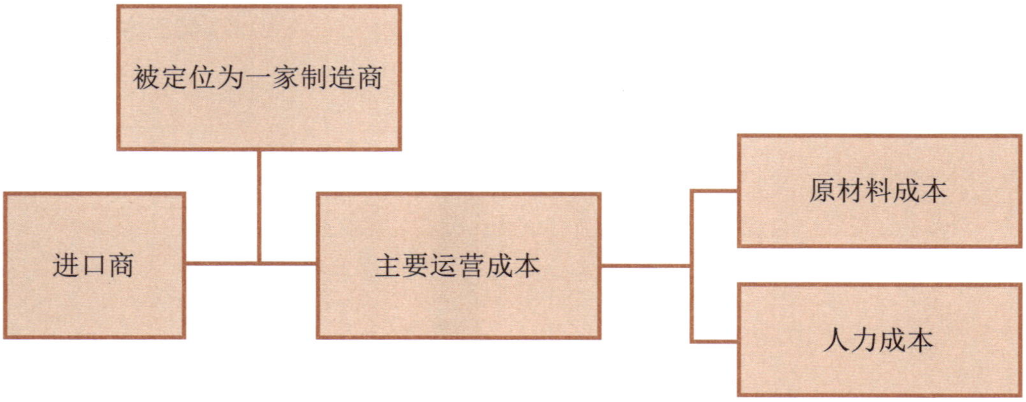

原材料成本方面　进口商用于生产的原材料均采购自其境外关联方。集团参考市场价格制定集团内关联公司间材料 / 产品供应价格。进口商则参照该价格确定从其境外关联方采购原材料的价格。因此，原材料成本不受中国地域特殊因素影响。

人力成本方面　近年来中国劳动力成本急剧上涨，东南亚等地的劳动力成本更加低廉，因此，中国不具有劳动力成本的竞争优势。此外，中国市场劳动力成本优势相对于主要发达国家也在缩小，与部分亚洲国家相比，成本优势也不明显。因此，进口商在中国运营不存在成本节约的情况。

市场溢价方面　集团在中国销售产品的具体价格根据行业标准及市场招标价格制定，并根据市场实际情况在与客户进行商议后确定相应的促销价格，该价格是经过充分的市场竞争而制定的。此外，由于中国市场的激烈竞争，集团通常为了获得更多的市场份额降低价格进行销售。因此，进口商在中国市场的销售并未获得超额利润，不存在市场溢价的情况。

（四）功能风险分析

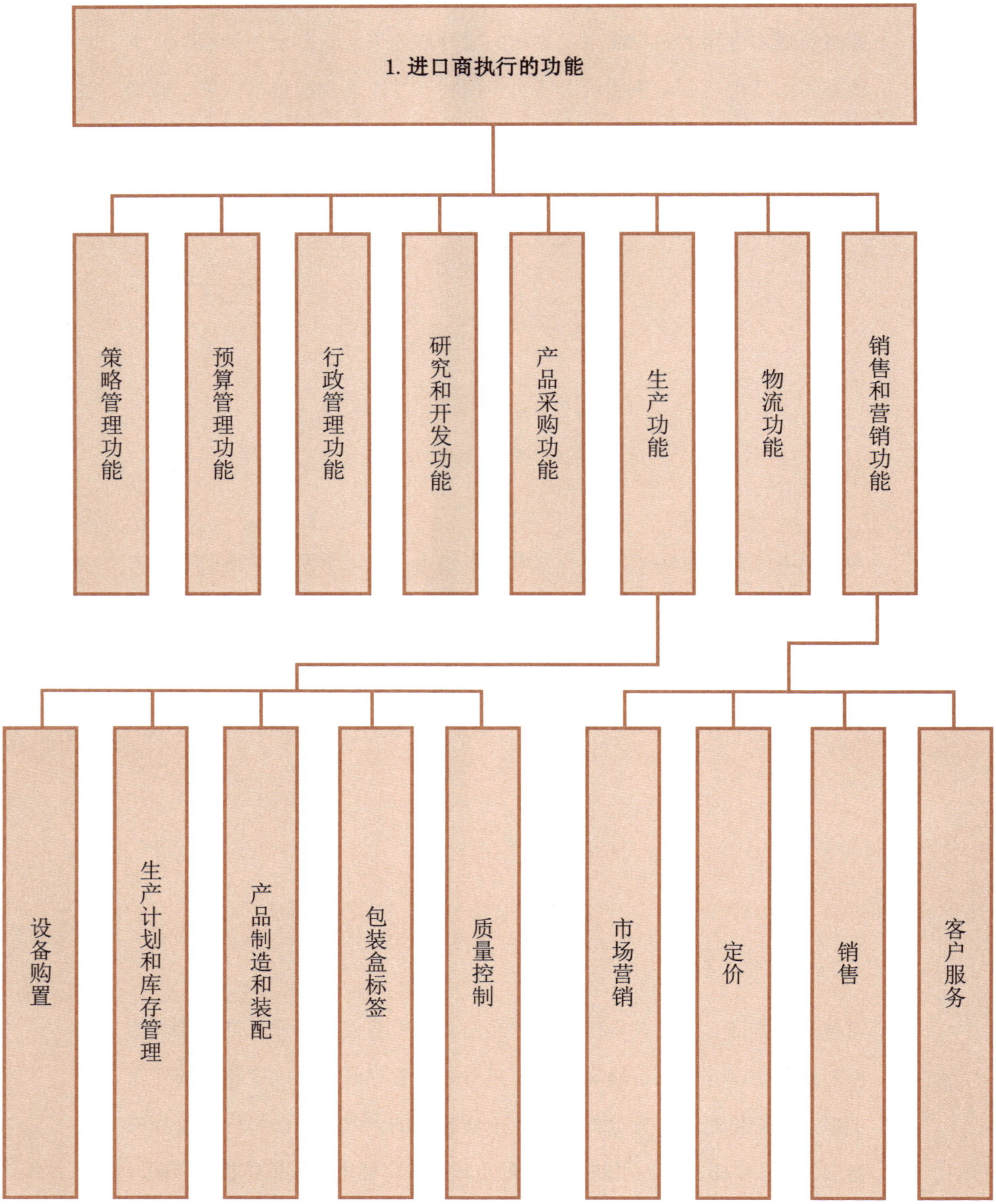
1. 进口商执行的功能
策略管理功能
预算管理功能
行政管理功能
研究和开发功能
产品采购功能
生产功能
物流功能
销售和营销功能
设备购置
生产计划和库存管理
产品制造和装配
包装盒标签
质量控制
市场营销
定价
销售
客户服务

研发

集团 IP 所有者负责开展新产品的研发活动，进口商使用集团 IP 所有者提供的核心技术和生产工艺进行生产，并不独立开展任何核心技术和生产工艺的研发工作。

采购

进口商负责根据其存货水平和预期销售状况制订原材料采购计划，进口商生产所需的主要原材料采购自境外关联方，进口商会根据自身需要自行采购生产设备。

生产

进口商根据其对市场需求的预测、境内关联方提供的市场销售情况和预测，以及其自身生产能力等要素独立制订生产计划并组织生产，负责将进口自国外的原材料进行生产包装，并销往国内市场。

销售

进口商承担常规营销职能，根据中国市场情况制订营销策略，收集市场信息，并负责进行外部宣传，组织商业展览和相关学术会议、讲座、论坛等。在关联销售中，销售合同由销售平台与第三方客户签署，并由销售平台执行渠道管理和数据分析等职能。在第三方销售中，由进口商直接与第三方客户签署销售合同。

2. 进口商承担的风险

市场风险

- 市场风险主要由市场竞争、需求波动和销售不畅等因素造成。出现这些情况时，企业的盈利水平会受到不同程度的影响。
- 在关联交易中，作为承担营销和销售功能的合约制造商，进口商以成本加成的方式从关联方取得补偿，以确保其达到一定的利润水平。因此，进口商承担与其制造和销售活动相关的有限的市场风险。

存货风险

- 存货风险指由于原材料、半成品或产成品的过时、无使用价值或损毁等因素所导致的损失。
- 进口商的生产部门根据自身及销售平台与第三方客户的订单数量制订生产计划，并组织安排生产活动。进口商的采购部门则根据生产计划及库存水平决定原材料的采购数量。如果市场状况发生变化或相应的销售预期没有准确反映市场需求，进口商将承担因存货水平过高或过低而带来的损失。因此，进口商负责自身存货的管理，承担一定的存货风险。

产程风险

产程风险指由于市场需求的不可预知性和波动性，而导致的生产日程的不稳定性。对于产品市场需求变动频繁或客户对交货时间非常敏感的企业而言，产程风险尤其突出。

在与最终客户／销售平台签订产品销售合同后，进口商向关联企业采购原材料并组织安排产品生产活动。如果由于各种原因进口商无法在约定的时间内向最终客户交货，则进口商需承担相应的违约责任。因此，进口商承担一定的产程风险。

信用风险

在先交货（或先提供劳务）后付款的情况下，销售方（或劳务提供方）在未来有可能不能如期或全额收到货款，产生相应的信用风险。

一方面，进口商将部分产成品销售给销售平台供其在中国市场进行再销售，对此承担有限的信用风险。另一方面，向境内第三方客户进行销售时，进口商承担一定的信用风险。

汇率风险

公司在使用非本位币进行国际交易结算时，由于汇率的变化可能遭受的损失即为汇率风险。

进口商的记账本币为人民币，绝大部分关联交易以人民币结算，少数与境外关联方的融资交易以外币结算。因此，进口商承担有限的汇率波动风险。

3. 总结

进口商不承担任何核心研究和开发，不拥有任何研发活动相关的无形资产，不拥有任何相关的商标或专利所有权。进口商主要承担生产和中国市场常规的营销及销售，同时承担一定的生产风险和有限的市场风险。

根据集团功能风险定位，进口商是承担常规销售功能和有限风险的合约制造商。

（五）估价结论

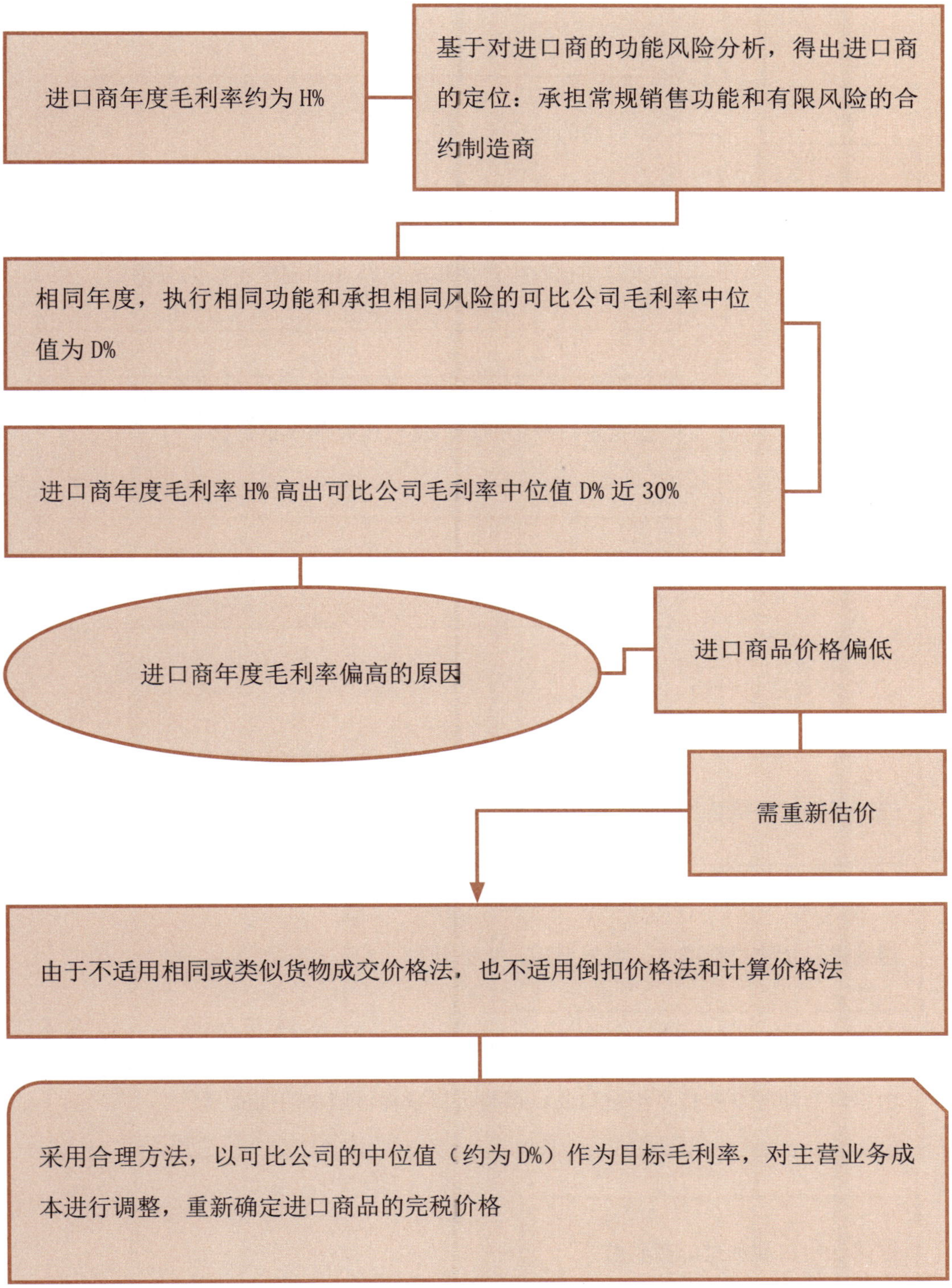
进口商年度毛利率约为 H%
基于对进口商的功能风险分析，得出进口商的定位：承担常规销售功能和有限风险的合约制造商
相同年度，执行相同功能和承担相同风险的可比公司毛利率中位值为 D%
进口商年度毛利率 H% 高出可比公司毛利率中位值 D% 近 30%
进口商年度毛利率偏高的原因
进口商品价格偏低
需重新估价
由于不适用相同或类似货物成交价格法，也不适用倒扣价格法和计算价格法
采用合理方法，以可比公司的中位值（约为 D%）作为目标毛利率，对主营业务成本进行调整，重新确定进口商品的完税价格

二、受控再销售影响商品成交价格案例

（一）基本事实

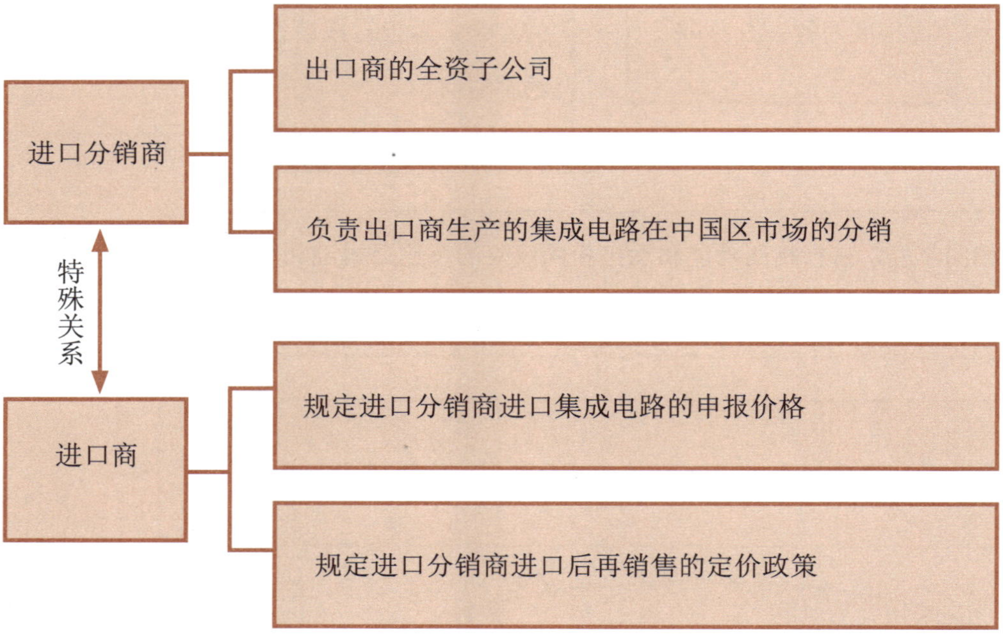

（二）海关估价分析

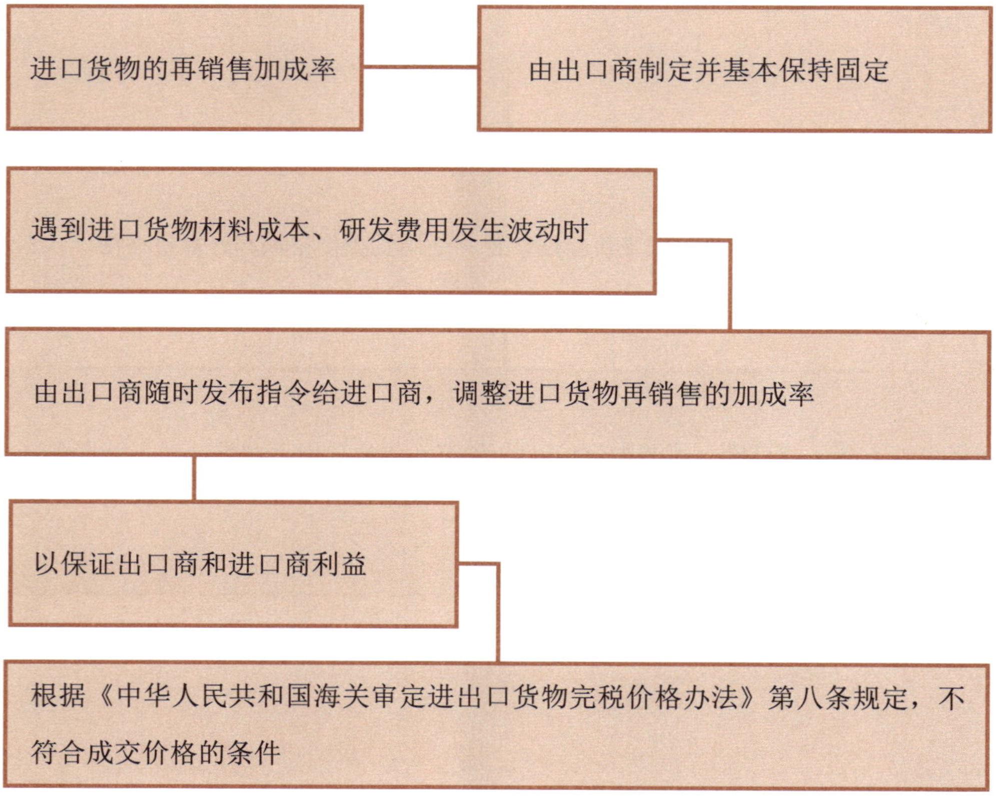

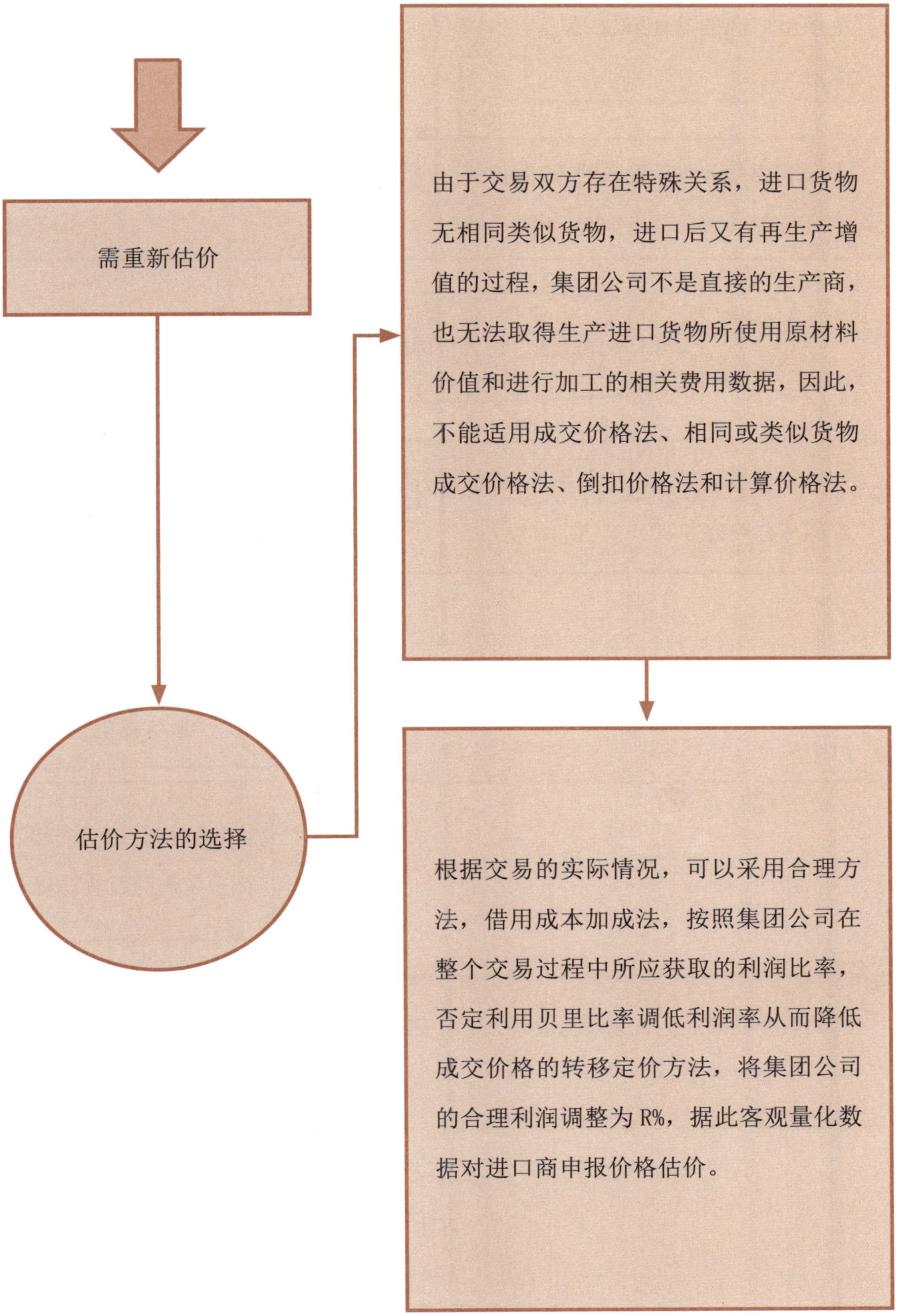
需重新估价
估价方法的选择
由于交易双方存在特殊关系，进口货物无相同类似货物，进口后又有再生产增值的过程，集团公司不是直接的生产商，也无法取得生产进口货物所使用原材料价值和进行加工的相关费用数据，因此，不能适用成交价格法、相同或类似货物成交价格法、倒扣价格法和计算价格法。
根据交易的实际情况，可以采用合理方法，借用成本加成法，按照集团公司在整个交易过程中所应获取的利润比率，否定利用贝里比率调低利润率从而降低成交价格的转移定价方法，将集团公司的合理利润调整为R%，据此客观量化数据对进口商申报价格估价。

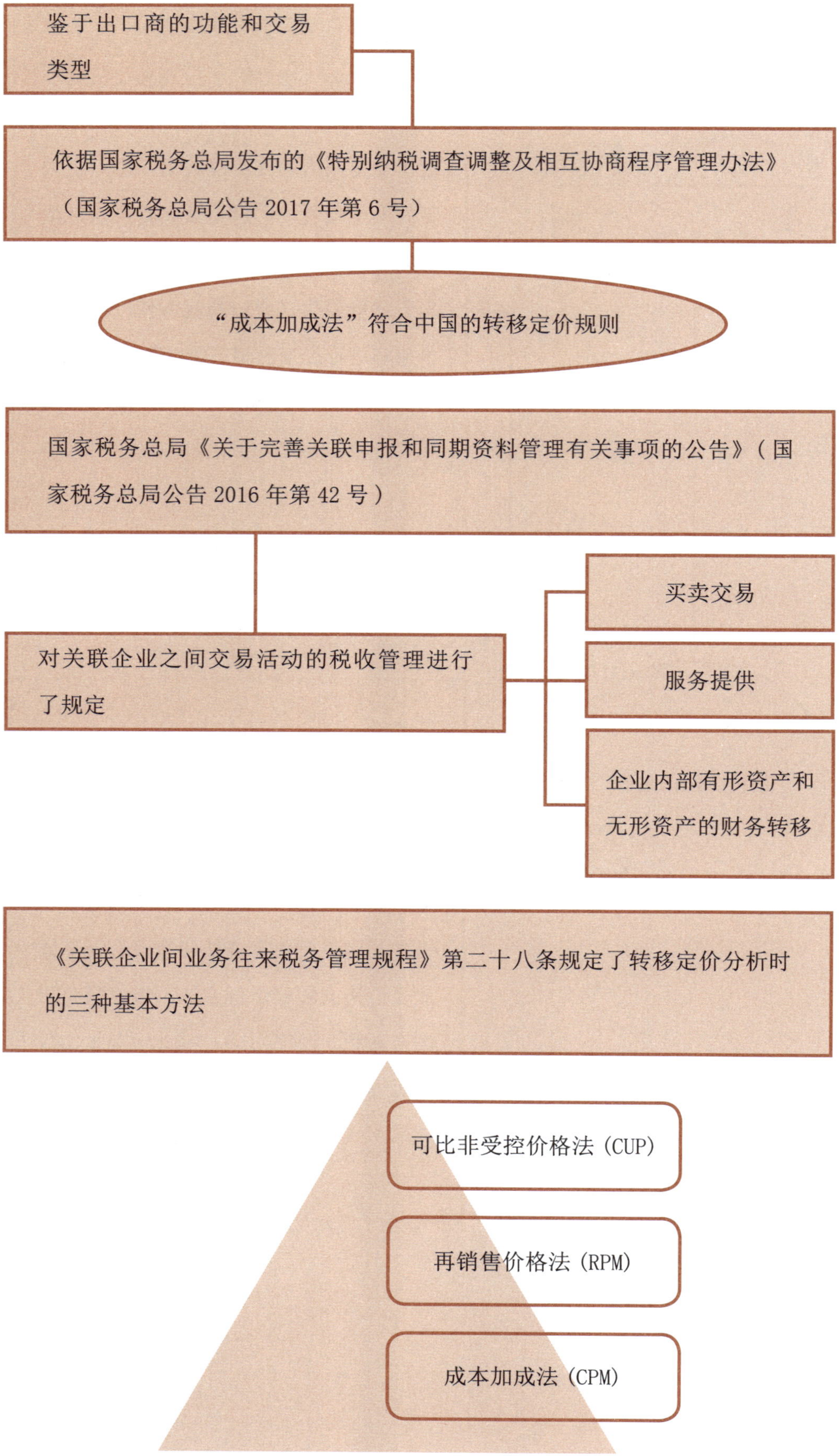
鉴于出口商的功能和交易类型
依据国家税务总局发布的《特别纳税调查调整及相互协商程序管理办法》（国家税务总局公告 2017 年第 6 号）
“成本加成法”符合中国的转移定价规则
国家税务总局《关于完善关联申报和同期资料管理有关事项的公告》（国家税务总局公告 2016 年第 42 号）
对关联企业之间交易活动的税收管理进行了规定
买卖交易
服务提供
企业内部有形资产和无形资产的财务转移
《关联企业间业务往来税务管理规程》第二十八条规定了转移定价分析时的三种基本方法
可比非受控价格法（CUP）
再销售价格法（RPM）
成本加成法（CPM）

可比非受控价格法（CUP）

按独立企业间进行相同业务活动的价格确定公平成交价格。

再销售价格法（RPM）

以外商投资企业获得的总利润为基础。采用这种方法，应限于外商投资企业作为再销售者未对商品进行实质性增值加工，仅是简单加工或单纯的购销业务。

成本加成法（CPM）

将外商投资企业的商品或服务成本加上正常的利润作为公平成交价格。采用这种方法，应注意成本费用的计算必须符合中国税法的有关规定，并且应合理地确定所适用的成本利润率。

集成电路价格组成

包括

- 材料成本
- 一般费用
- 毛利（成本加成率）

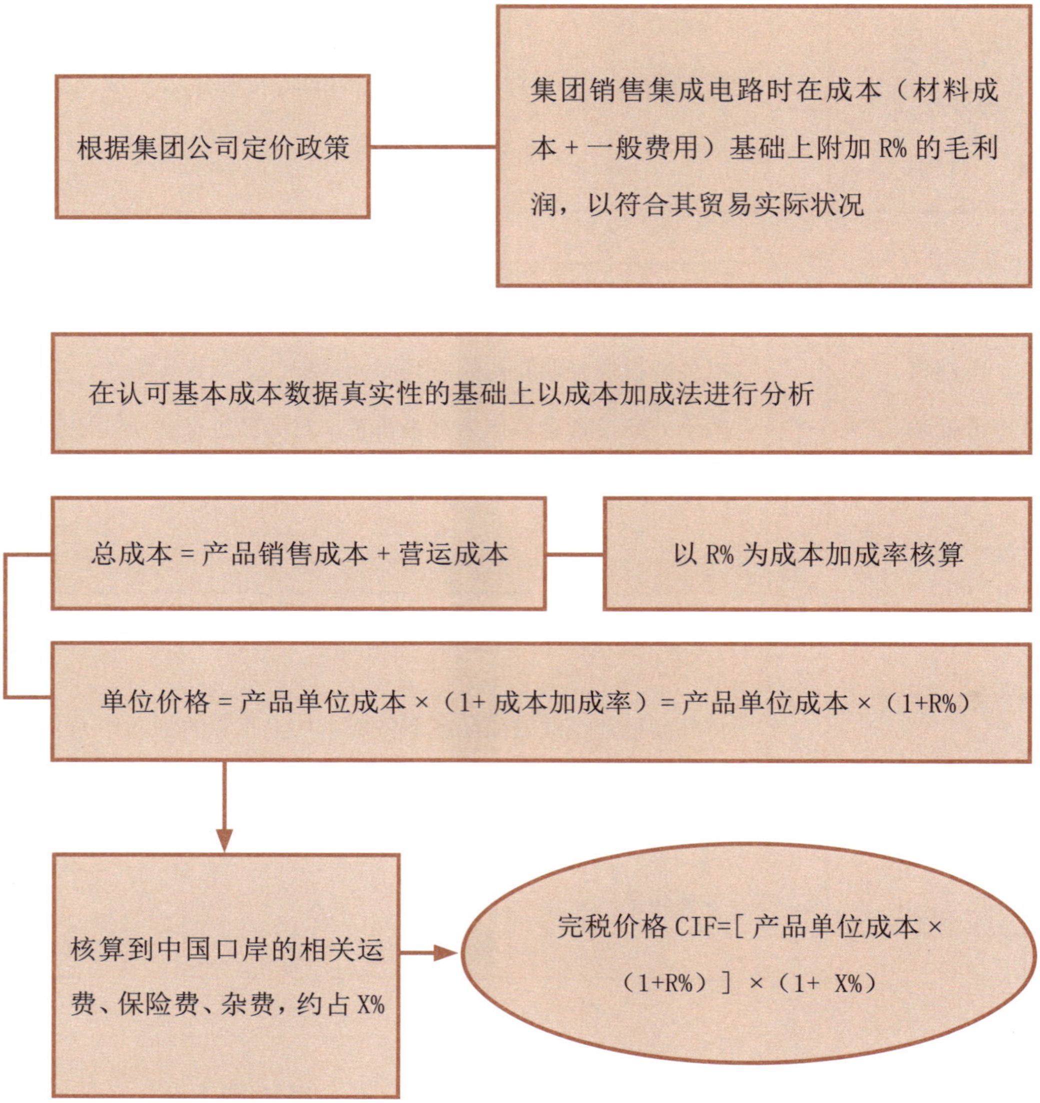
根据集团公司定价政策
集团销售集成电路时在成本（材料成本 + 一般费用）基础上附加 R% 的毛利润，以符合其贸易实际状况
在认可基本成本数据真实性的基础上以成本加成法进行分析
总成本 = 产品销售成本 + 营运成本
以 R% 为成本加成率核算
单位价格 = 产品单位成本 ×（1+ 成本加成率）= 产品单位成本 ×（1+R%）
核算到中国口岸的相关运费、保险费、杂费，约占 X%
完税价格 CIF=[产品单位成本 ×（1+R%）] ×（1+ X%）

（三）案例点评

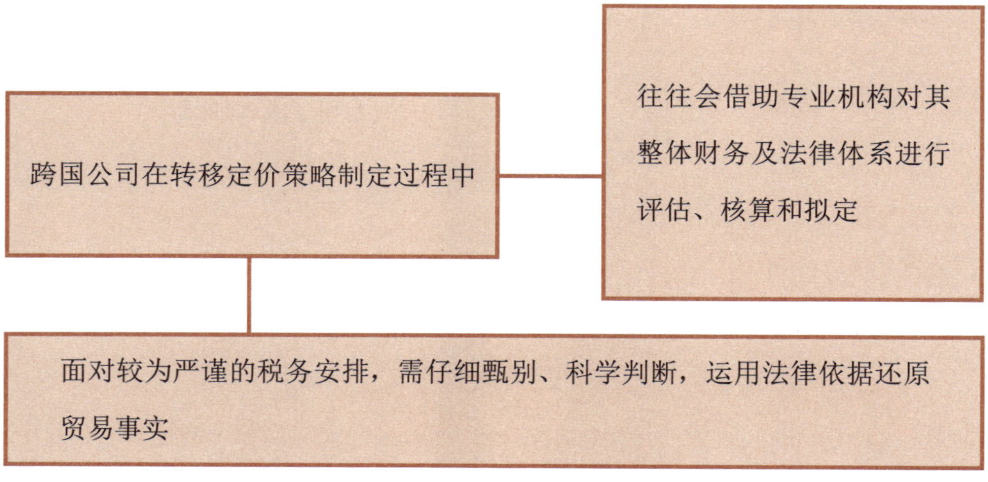
跨国公司在转移定价策略制定过程中
往往会借助专业机构对其整体财务及法律体系进行评估、核算和拟定
面对较为严谨的税务安排，需仔细甄别、科学判断，运用法律依据还原贸易事实

合理借用成本加成法

《WTO 估价协定》规定在评估特殊关系是否影响成交价格时，要求海关审查以下内容：交易双方的行为是否与该行业正常定价惯例相一致；卖方是否如同向其无关系的买方那样定价；有关价格是否已经包括了卖方的全部成本加上代表公司在一段具有代表性的时间内出售同级同类货物取得的利润。

此时有必要引入 OECD 理论进行分析判断，即可比非受控价格法（CUP）、再销售价格法（RPM）、成本加成法（CPM）、交易净利润率法（TNM）和利润分割法（PSM）。前三种方法，一般称为传统交易法，是确定关联企业间交易行为是否独立的最直接的方法；在上述三种方法无法实施时，可采用后两种方法，以利润为基础，通过比较具体交易项目的利润，推断转移价格是否合理。

通常适用于进行连续生产的关联企业之间的交易，交易的中间产品在连续生产中大量增值，但又缺乏可比非受控价格作参考。在借用成本加成法的同时，以公允的会计准则和方法，对其贝里比率对成本加成法的调整进行了更正，企业最终接受海关的估价意见。

三、受控成本加成影响商品成交价格案例

（一）基本事实

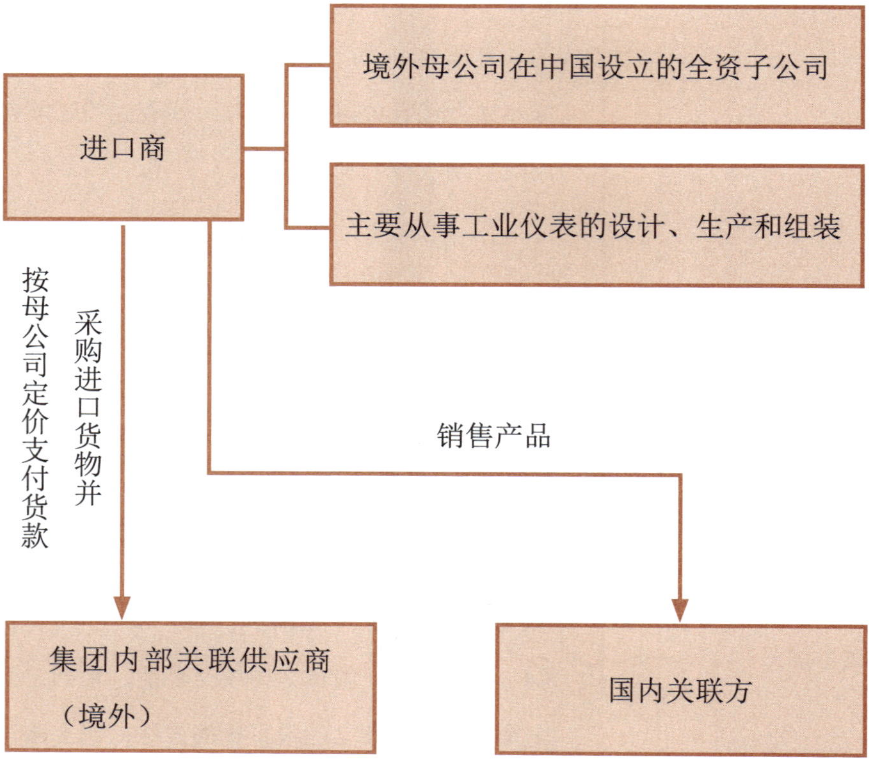

（二）集团定价政策

关联公司产品价格 = 全球产品价格清单 × 关联公司价格系数清单

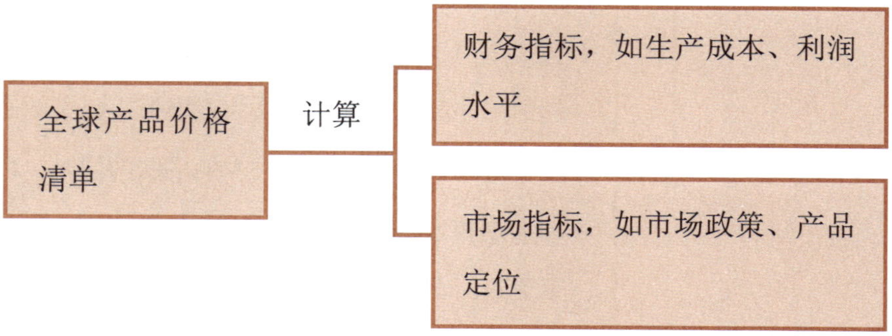

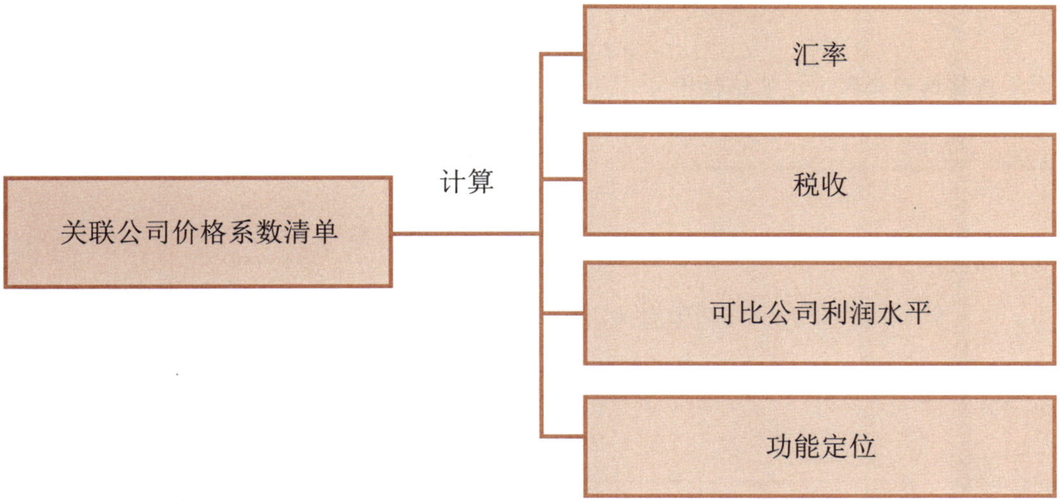
关联公司价格系数清单
计算
汇率
税收
可比公司利润水平
功能定位

（三）海关估价分析

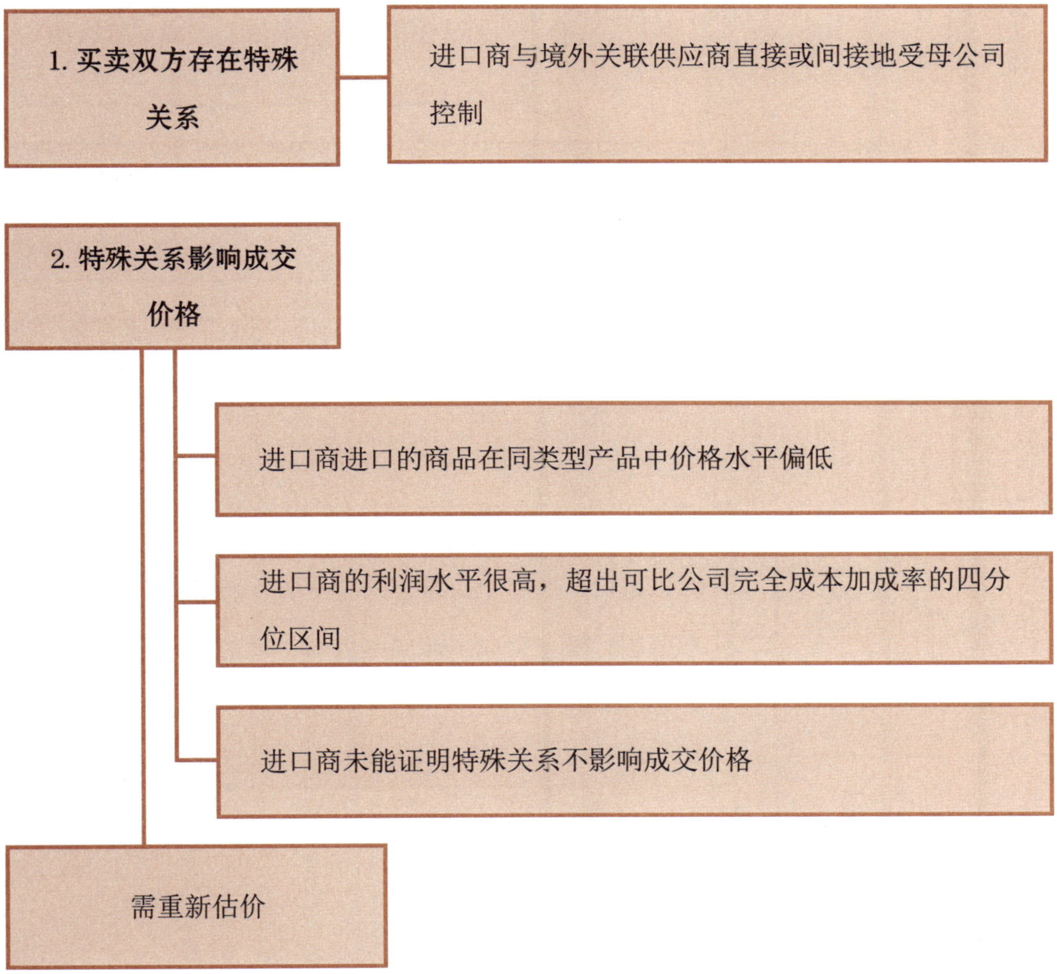
1. 买卖双方存在特殊关系
进口商与境外关联供应商直接或间接地受母公司控制
2. 特殊关系影响成交价格
进口商进口的商品在同类型产品中价格水平偏低
进口商的利润水平很高，超出可比公司完全成本加成率的四分位区间
进口商未能证明特殊关系不影响成交价格
需重新估价

3. 选择使用合理方法实施估价

依据《中华人民共和国海关审定进出口货物完税价格办法》第六条

海关对估价方法进行了依次筛选

由于进口商和海关无法找到同时或者大约同时相同和类似货物的成交价格

无法使用相同或类似货物成交价格法

进口商无法准确提供相关财务信息，加上其国内销售环节受特殊关系影响

无法使用倒扣价格法或计算价格法

使用合理方法实施估价

即以进口商转移定价报告的完全成本加成率为基础，参照同行业完全成本加成率水平，确定企业进口货物的完税价格

4. 利用加成因素分析法，科学分析企业成本加成率的合理性

供应商提出利润高的原因

进口商日常管理系统的运行及维护费用、产品质量标准及成本控制管理工作的相关费用全部由母公司承担，进口商不分摊该项管理费用

进口商的产品百分之百销售给关联方，因此销售环节的费用明显低于市场同行业竞争企业

进口商将研发费用放入其他业务支出进行核算，未计入费用科目，这与可比公司的统计口径不同

在客观、公平的原则下

遵循公允的会计原则

利用加成因素分析法

对影响完全成本加成率的因素量化分析

完全成本加成率 = 营业利润 ÷（主营业务成本 + 主营业务税金及附加 + 管销费用）=（毛利润 − 管销费用）÷（主营业务收入 − 毛利润 + 管销费用）

其中，管销费用为管理费用与销售费用之和。

变形公式

完全成本加成率 =（毛利率 − 管销费用 ÷ 主营业务收入）÷（1− 毛利率 + 管销费用 ÷ 主营业务收入）

完全成本加成率的影响因素

毛利率

与完全成本加成率呈正向变动

管销费用收入比

与完全成本加成率呈反向变动

管销费用 ÷ 主营业务收入

加成因素分析法

依据财务指标（完全成本加成率）与其驱动因素（毛利率和管销费用收入比）之间的关系，从数量上确定各驱动因素对指标影响程度的一种方法。

加成因素分析法步骤

确定分析对象

确定需要分析的财务指标（完全成本加成率），比较其实际数额（本年度进口商的完全成本加成率）和标准数额（本年度同行业完全成本加成率的中位值），并计算两者的差额。

确定该财务指标的驱动因素（毛利率、管销费用收入比）

根据该财务指标的形成过程，建立财务指标和各驱动因素之间的函数关系模型（完全成本加成率的变形公式）。

确定各驱动因素的替换顺序

按顺序计算各驱动因素脱离标准的差异对财务指标的影响

在先替换管销费用收入比的情况下，管销费用收入比变动对完全成本加成率的影响仍达到 X_1%，占全部因素影响比率的 X_2%（超过 50%）

毛利率变动对完全成本加成率的影响是 X_3%，占全部因素影响比率的 X_4%（不到 50%）

不论采用何种替换顺序，管销费用收入比对完全成本加成率的影响比率均超过 50%

利用加成因素分析法得出的结果显示，管销费用收入比的偏低是造成进口商完全成本加成率偏高的主要原因

（四）估价结论

根据加成因素分析法的分析结果

进口商提出剔除管销费用收入比明显偏低因素的影响，重新评估进口商的利润水平

由于造成进口商管销费用水平偏低的原因具体量化比较困难

用可比公司除研发费用外的管销费用收入比中位值加进口商实际发生的研发费用，替换目前的管销费用，重新计算进口商的完全成本加成率

经计算，管销费用按上述方法调整后，进口商的完全成本加成率为 X_5%（该数值依然高于可比公司的上四分位值 X_6%），以调整后进口商的完全成本加成率 X_5% 为基础，按照可比公司完全成本加成率中位值 X_7%，对主营业务成本进行调整，调整的金额作为进口商品价格的调整金额

（五）案例点评

利用加成因素分析法分析企业完全成本加成率的合理性是本案例估价的关键

加成因素分析法

根据分析指标与其驱动因素的关系，从数量上确定各因素对分析指标的影响方向及程度

既可以全面分析各因素对某一经济指标的影响

又可以单独分析某个因素对经济指标的影响

本案例

利用加成因素分析法成功地找出影响完全成本加成率的驱动因素

通过用可比公司中位值替换驱动因素的方式，合理地调整进口商的完全成本加成率

最终对主营业务成本和进口商品价格进行调整

四、关联交易采用市场回溯法影响商品成交价格案例

（一）基本事实

进口商

出口商的关联公司

进口商品的申报价格是根据集团全球统一的转移定价政策制定的

该定价政策采用市场回溯法确定进口商品申报价格

市场回溯法是指根据市场对产成品的价格需求，进口商通过核算，扣除加工成本、合理费用，保留公司的合理利润，反推算出进口商品价格

符合《OECD 转让定价指南》所规定的再销售价格法的原理

海关从三个方面质疑进口商申报价格的合理性

进口商的进口商品申报价格大幅低于海关掌握的其他品牌同等级商品的进口价格

市场上A品牌同等级商品的进口价格为Y_1，B品牌同等级商品的进口价格为Y_2，比进口商的申报价格高E_1%～E_2%

进口商品的申报价格低于货物成本，不符合商业惯例

进口商品主要原材料的国际市场价格持续上涨，进口原材料的申报价格按适当的权重计算出进口商品的成本为Y_3（撇开生产成本、生产费用和利润不计），其高于进口商品的申报价格

进口商进口的商品经过相同工艺简单切割后，产成品与同一申报价格的同样商品在国内市场的销售价格迥异，有悖于正常商业规律

进口商进口不同种类型号的商品长期保持同一价格，经过相同工艺简单切割后在国内市场销售的产成品却因不同品种而价差悬殊，价格相差幅度最大达E_3倍，不符合正常商业规律

（二）海关估价分析

买卖双方存在特殊关系

运用 OECD 利润分割法对买卖双方的功能和风险进行分析

出口商掌握原材料和加工核心技术，进口商仅负责切割和包装

出口商的利润低至近乎零，进口商的利润却高达 S%（S% > 100%）

买卖双方的利润分配与买卖双方承担的功能和风险不相符

进口商品在境外生产环节的利润严重偏低，特殊关系对进口商品的成交价格产生实质性影响

根据《中华人民共和国海关审定进出口货物完税价格办法》第八条、第十六条、第十七条、第十八条的规定，重新进行估价

由于进口商品所在行业和品牌的独特性，进口商无法提供相同或类似货物的成交价格，而海关掌握的其他品牌商品的申报价格又不能严格符合相同或类似货物方法估价的条件

由于《OECD 转让定价指南》中“再销售价格法”的原理与《中华人民共和国海关审定进出口货物完税价格办法》中“倒扣价格法”的原理类似，考虑使用倒扣价格方法进行估价

但是，进口商无法提供与进口商品同等级或者同种类商品在境内第一销售环节销售时通常的利润和一般费用，无法使用倒扣价格估价方法

由于进口商无法提供计算价格方法所需的各项数据，因此无法采用计算价格方法进行估价

采用合理方法进行估价，最终使用毛利率法进行计算

毛利率 =（销售收入 - 销售成本）/ 销售收入

进口商品完税价格（单价）= 进口主材料成本（不含关税）/ 基于成品销售数量的主材料消耗数量

进口主材料成本（不含关税）=（销售收入 - 销售收入 × 销售毛利率 - 人工制造费用 - 辅料材料费用 - 其他运杂费用）/（1+ 关税率）

进口商品完税价格（单价）=（销售收入 - 销售收入 × 销售毛利率 - 人工制造费用 - 辅料材料费用 - 其他运杂费用）/（1+ 关税率）/ 基于成品销售数量的原材料消耗数量

采用市场上公开的可比公司毛利率的中位值作为合理毛利率，通过上述计算公式，重新计算进口商品的完税价格

（三）案例点评

本案例的焦点在于，进口商品的原申报价格是否符合采用《OECD 转让定价指南》的市场回溯法确定的合理价格

运用《OECD 转让定价指南》的利润分割法证明，该转移定价政策过分夸大简单分割加工过程的盈利水平，未根据商品在不同生产环节所承担的功能和风险去合理分配利润

特殊关系影响了进口商品的成交价格

毛利率法符合公认会计原则，以客观量化的数据资料为基础，采用毛利率法计算和确定进口货物的完税价格

五、净利润受控交易影响商品成交价格案例

（一）基本事实

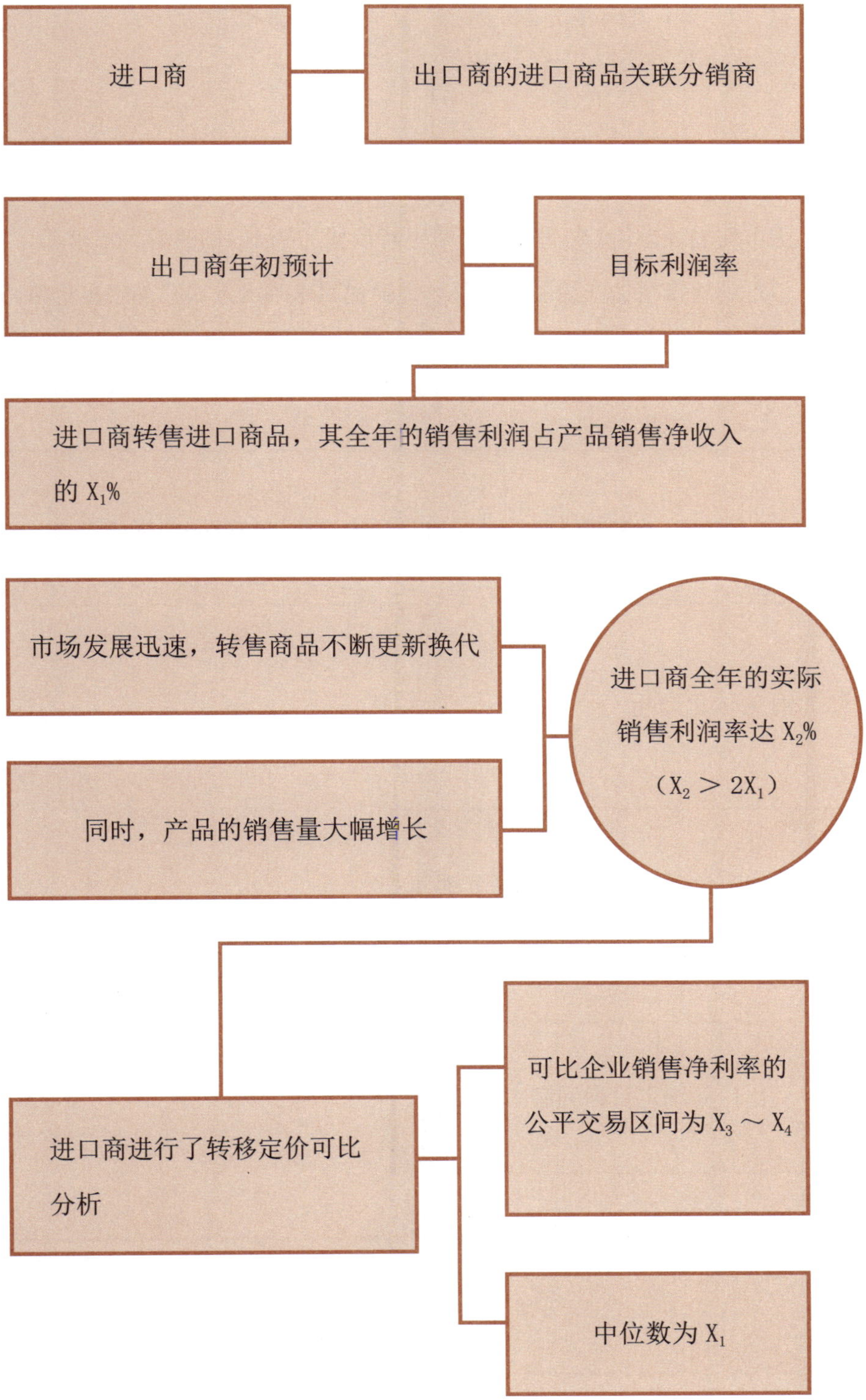

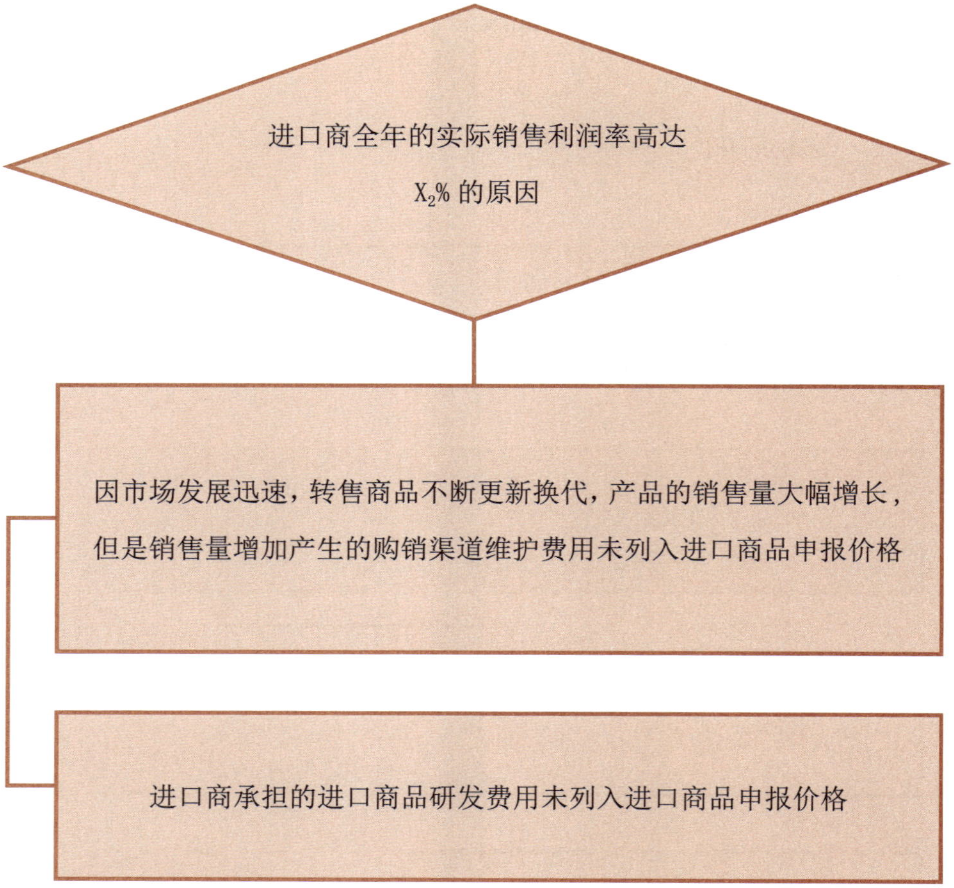
进口商全年的实际销售利润率高达
X₂% 的原因
因市场发展迅速，转售商品不断更新换代，产品的销售量大幅增长，但是销售量增加产生的购销渠道维护费用未列入进口商品申报价格
进口商承担的进口商品研发费用未列入进口商品申报价格

（二）海关估价分析

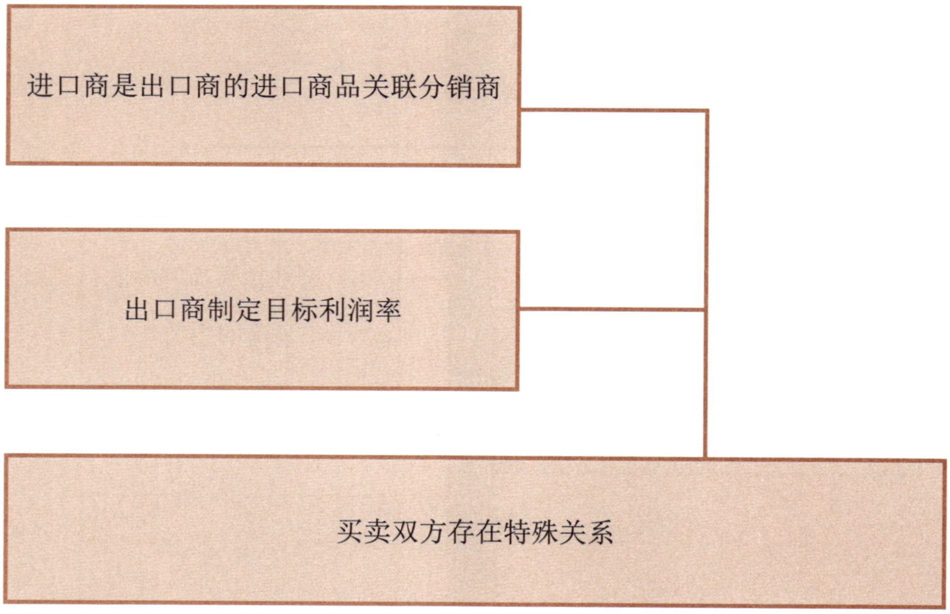
进口商是出口商的进口商品关联分销商
出口商制定目标利润率
买卖双方存在特殊关系

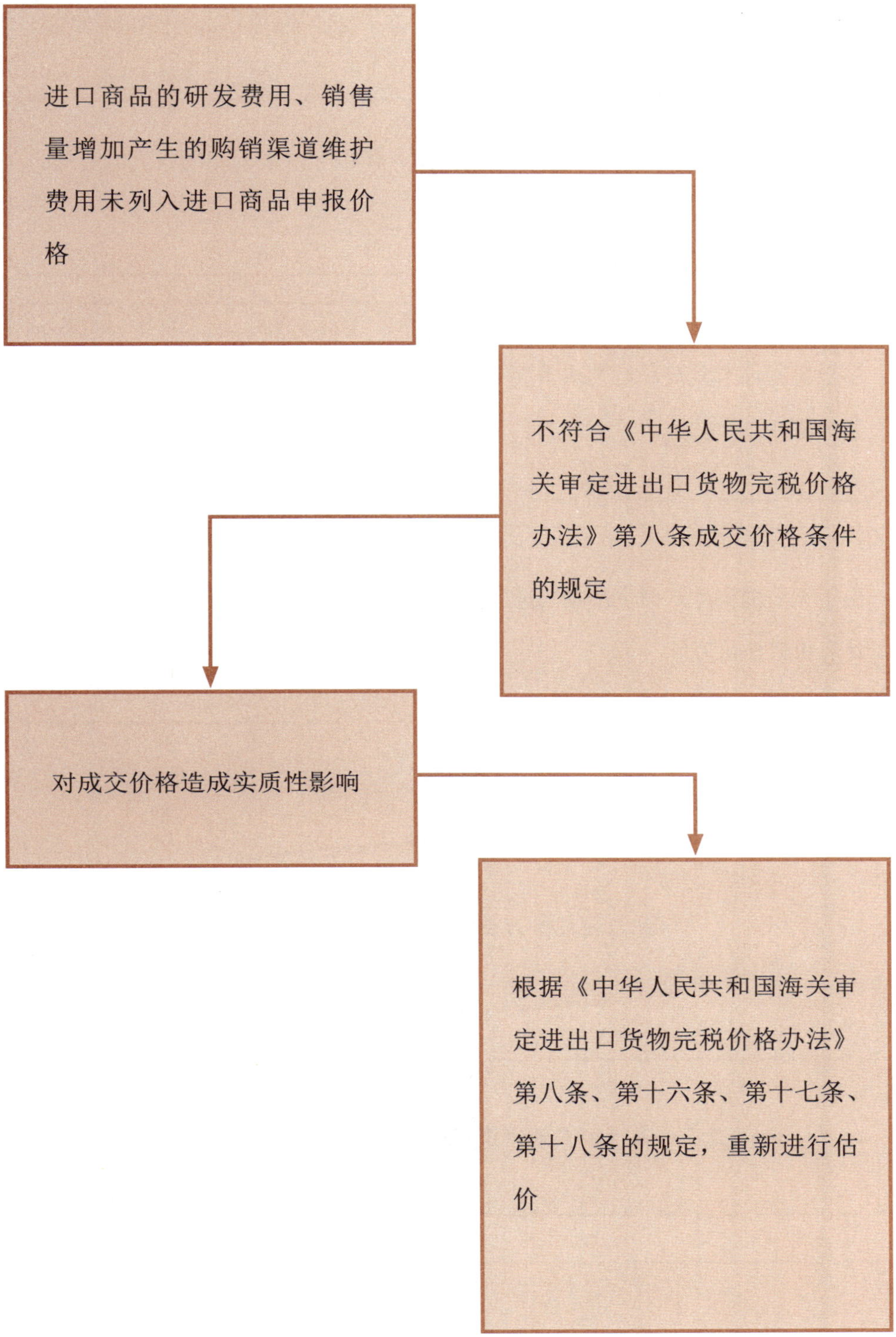
进口商品的研发费用、销售量增加产生的购销渠道维护费用未列入进口商品申报价格
不符合《中华人民共和国海关审定进出口货物完税价格办法》第八条成交价格条件的规定
对成交价格造成实质性影响
根据《中华人民共和国海关审定进出口货物完税价格办法》第八条、第十六条、第十七条、第十八条的规定，重新进行估价

由于未能掌握相同及类似货物的价格资料，所以无法采用相同或类似货物的估价方法

由于流通环节复杂，运营成本存在差异，所以无法采用倒扣估价方法计算完税价格

由于无法提供生产商生产销售成本、利润及一般费用情况，所以也无法使用计算价格估价方法

排除上述估价方法，采用合理方法估价

进口商应对上一年的转售进口商品净利润进行回溯性调整

将申报价格调高至四分位法中位值（合理范围）

进口价格 = 国内销售价格 ×（1- 再销售利润率）

六、独家代理影响商品成交价格案例

（一）基本事实

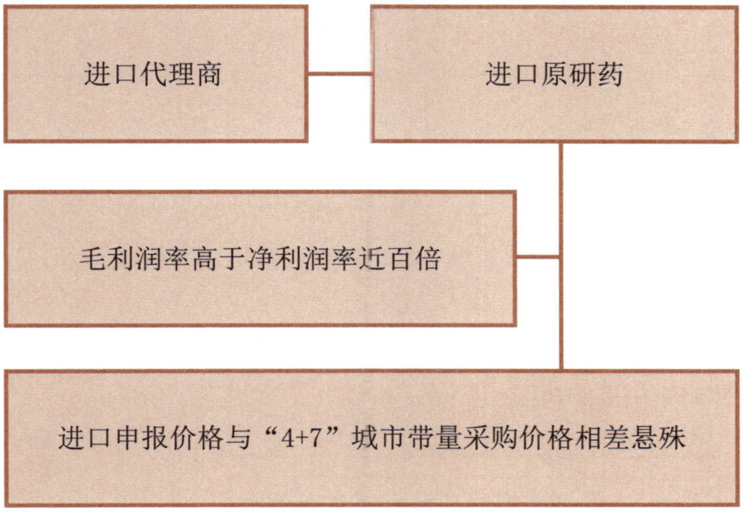

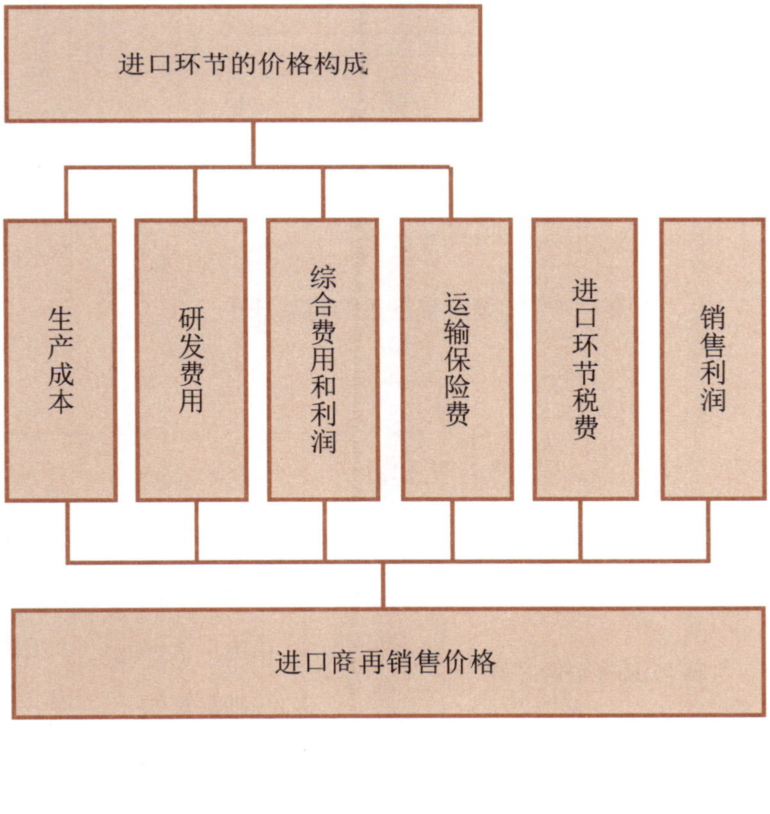

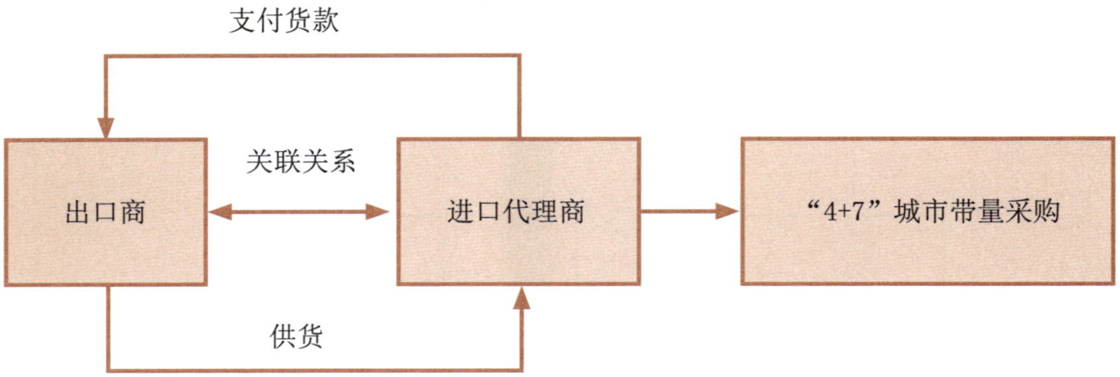
支付货款
出口商
关联关系
进口代理商
“4+7”城市带量采购
供货

（二）海关估价分析

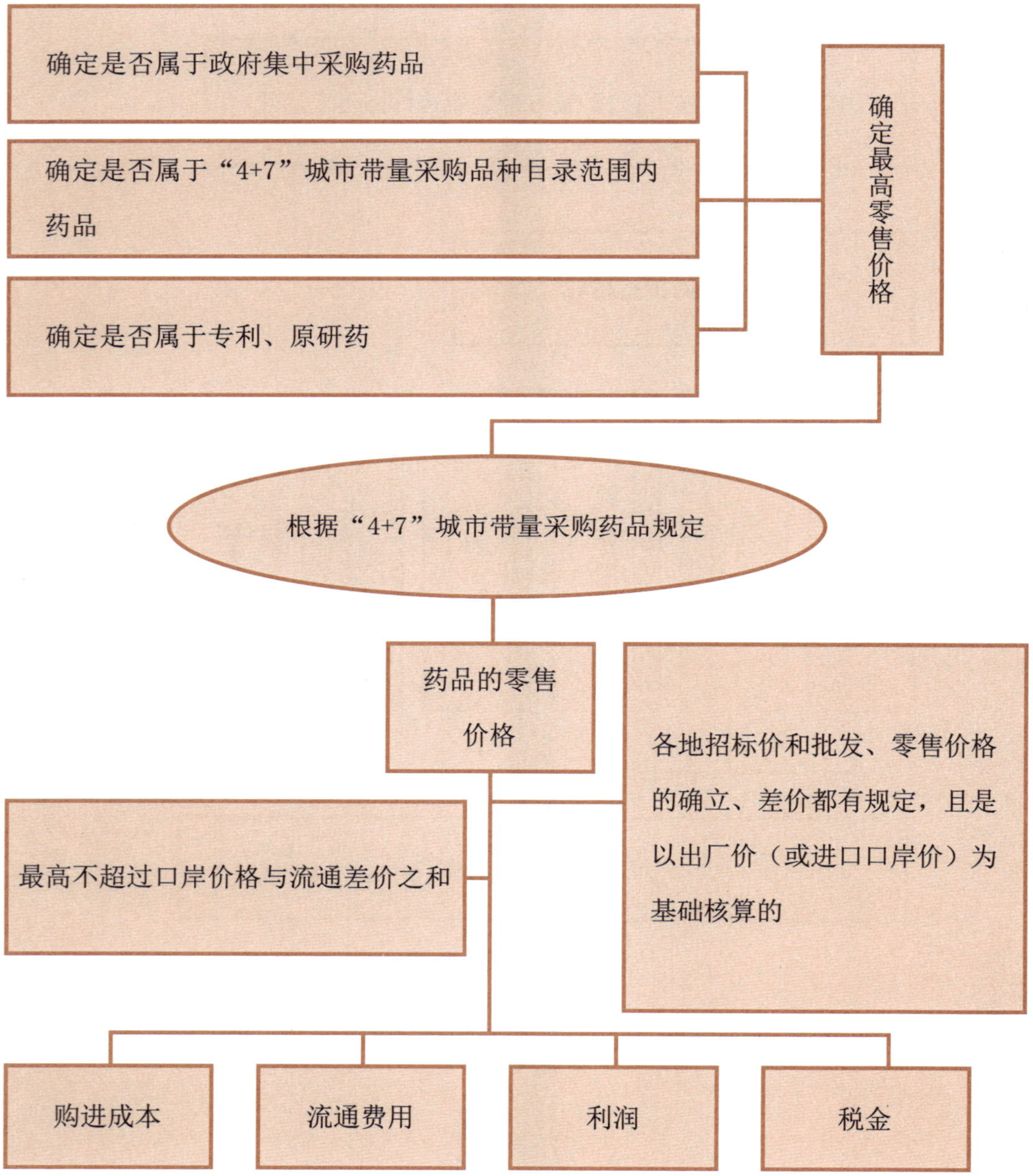
确定是否属于政府集中采购药品
确定是否属于“4+7”城市带量采购品种目录范围内药品
确定是否属于专利、原研药
确定最高零售价格
根据“4+7”城市带量采购药品规定
药品的零售价格
各地招标价和批发、零售价格的确立、差价都有规定，且是以出厂价（或进口口岸价）为基础核算的
最高不超过口岸价格与流通差价之和
购进成本
流通费用
利润
税金

测试完税价格 = “4+7”城市带量采购价格－进口环节税费－进口商利润

测试完税价格与申报价格应一致

如按企业申报价计算

其零售价不符合国家“4+7”城市带量采购药品清单价格

如按照国家“4+7”城市带量采购药品规定要求计算

实际完税价格应高于申报价格

从上述公式推算出进口代理商所进药品“4+7”城市带量采购价格与进口申报价格之间出现大幅差价的原因

申报的药品属于原研药，原研药研发费用较高，此笔费用未全部纳入申报价格

根据《中华人民共和国海关审定进出口货物完税价格办法》第八条、第十六条、第十七条、第十八条的规定

认定买卖双方之间存在特殊关系，对成交价格产生实质性影响，需重新估价

由于未能掌握相同及类似货物的价格资料，所以无法采用相同或类似货物的估价方法

由于流通环节复杂、地域性保护明显、经销单位负责招标、药品价格各不相同、运营成本存在差异，不可能各个省区采取不同的完税价格，所以无法采用倒扣估价方法计算完税价格

由于无法提供生产商生产销售成本、利润及一般费用情况，所以也无法使用计算价格估价方法

排除上述估价方法，采用合理方法估价

依据会计总则将商标使用费、研发费、技术提成费、推广费等相关费用分摊到当期进口药品完税价格计征税款

（三）案例点评

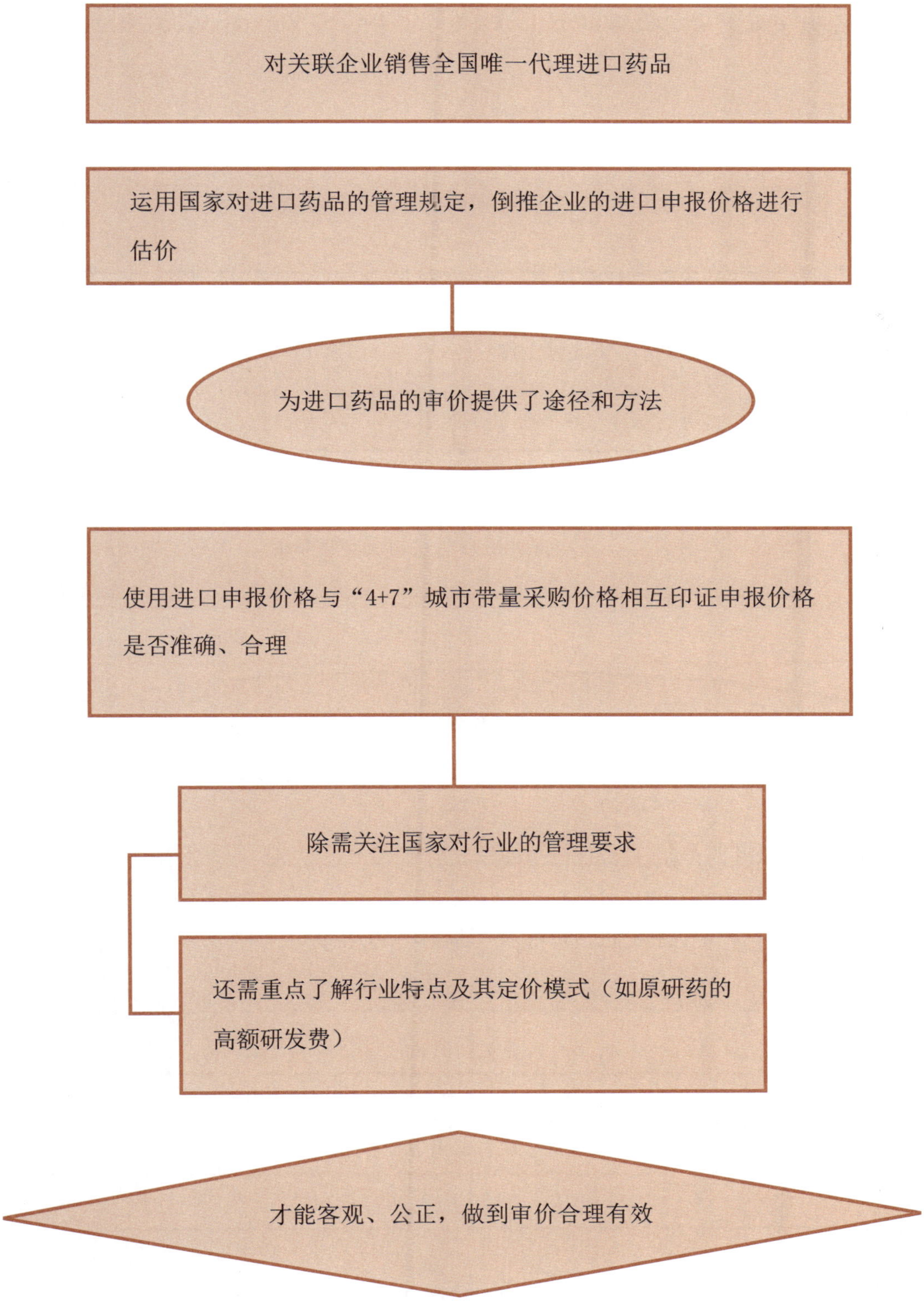
对关联企业销售全国唯一代理进口药品
运用国家对进口药品的管理规定，倒推企业的进口申报价格进行估价
为进口药品的审价提供了途径和方法
使用进口申报价格与“4+7”城市带量采购价格相互印证申报价格是否准确、合理
除需关注国家对行业的管理要求
还需重点了解行业特点及其定价模式（如原研药的高额研发费）
才能客观、公正，做到审价合理有效

七、转单定价进口大豆影响成交价格案例

（一）基本事实

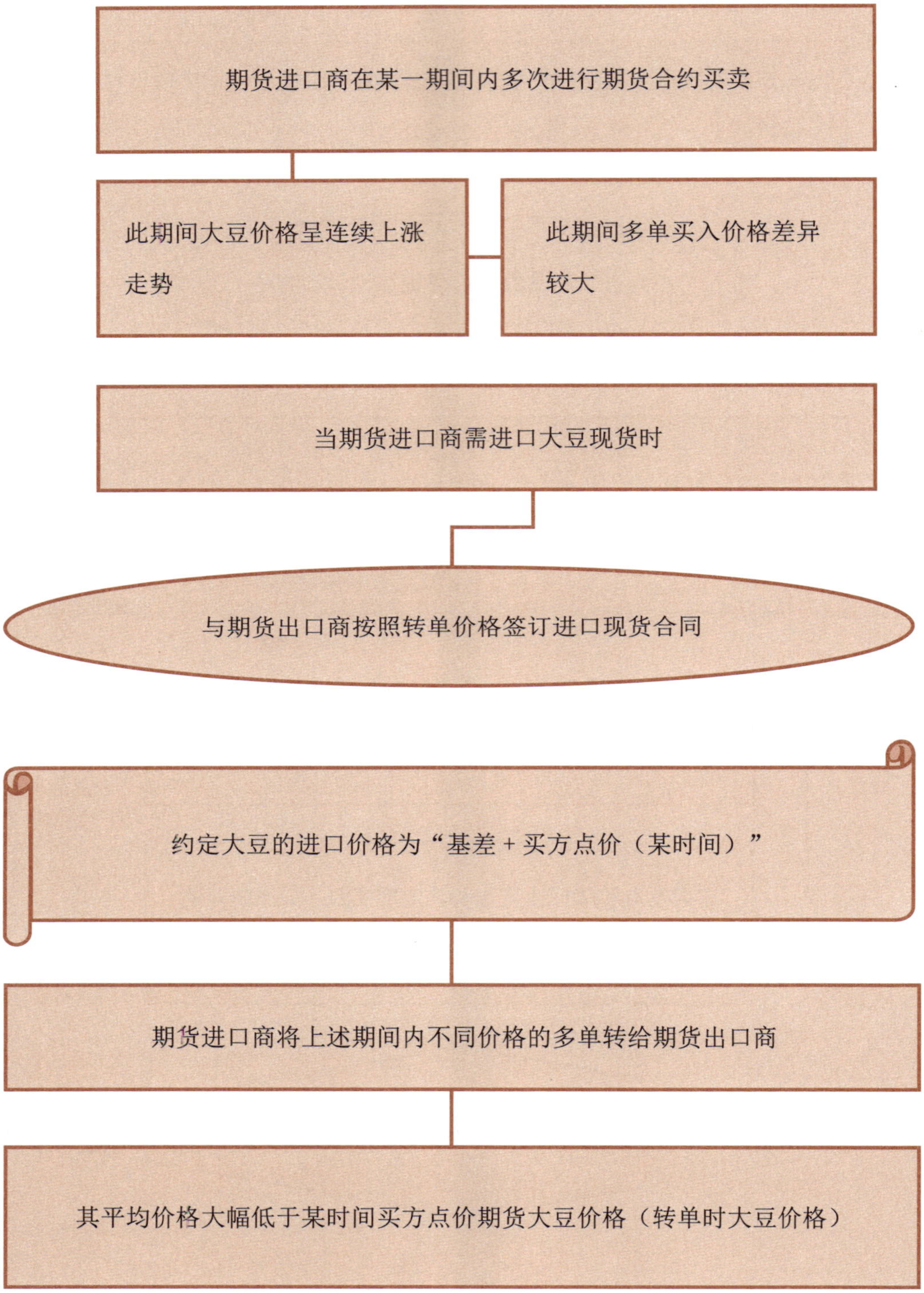

根据 CBOT（芝加哥期货交易所）市场某时期的实际价格走势

如期货进口商签约后不转单给期货出口商

通过期货出口商直接在 CBOT 市场点价买入多单

买入价格将不会低于某时间买方点价期货大豆价格（转单时大豆价格）

期货进口商的转单条件是要求期货出口商以其转单价格提供大豆现货

期货出口商承担的义务是用其在期货市场的空头平掉进口商的多单，同时为期货进口商提供大豆现货

无论大豆价格如何变化，也不管进口商转单价格是高还是低，期货出口商卖出期货空头的价格与其买入大豆现货的价格是相同的，其利润通过约定的基差锁定

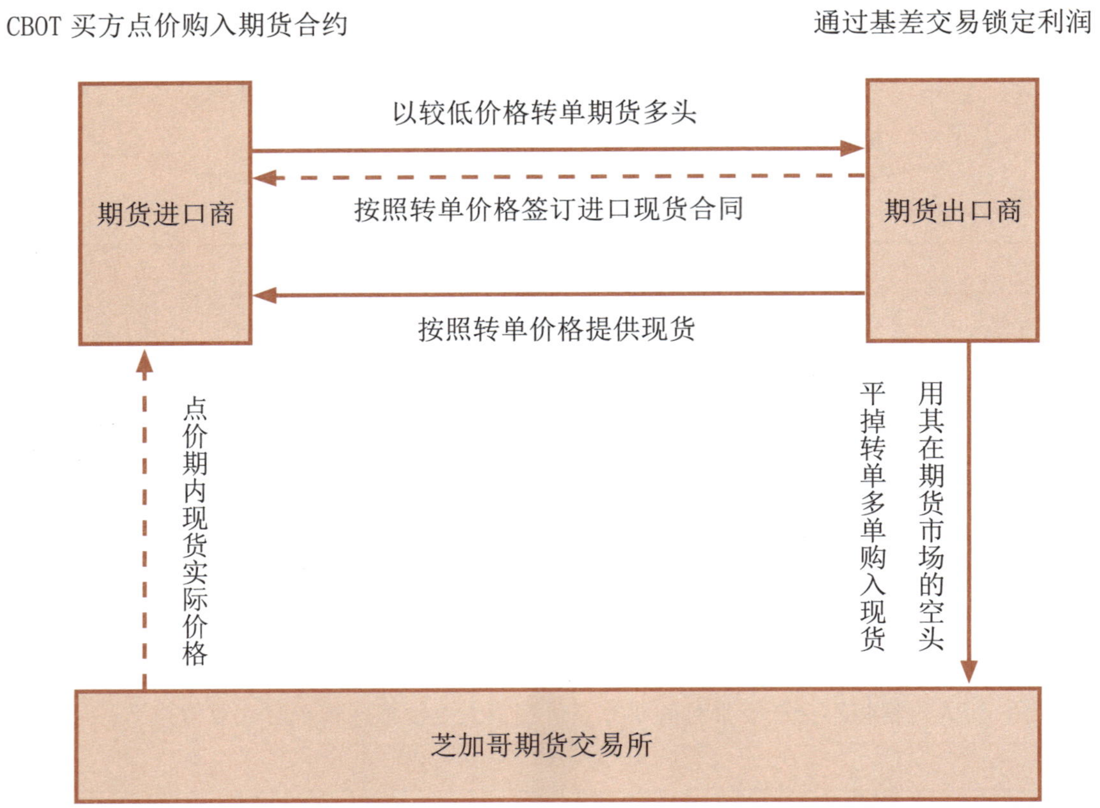

（二）海关估价分析

1. 确定成交价格是否受影响

根据《中华人民共和国海关审定进出口货物完税价格办法》第十条规定

有下列情形之一的，应当视为进口货物的价格受到了使该货物成交价格无法确定的条件或者因素的影响：“……（二）进口货物的价格是以买方向卖方销售其他货物为条件而确定的……”

期货进口商的转单条件是要求期货出口商以其转单价格提供大豆现货

即期货进口商不以低于同期期货市场价格向期货出口商转单提供大豆期货多头，期货出口商则不可能以明显低于同期大豆期货的价格向期货进口商提供大豆现货

如果期货进口商直接在 CBOT 市场点价买入多单，买入价格将大幅高于其转单平均价格

根据上述交易情况可以判定，这种以转单定价方式进口大豆的申报价格受到了影响

不符合成交价格条件

2. 确定估价方法

根据《中华人民共和国海关审定进出口货物完税价格办法》第六条规定

海关与期货进口商进行了价格磋商

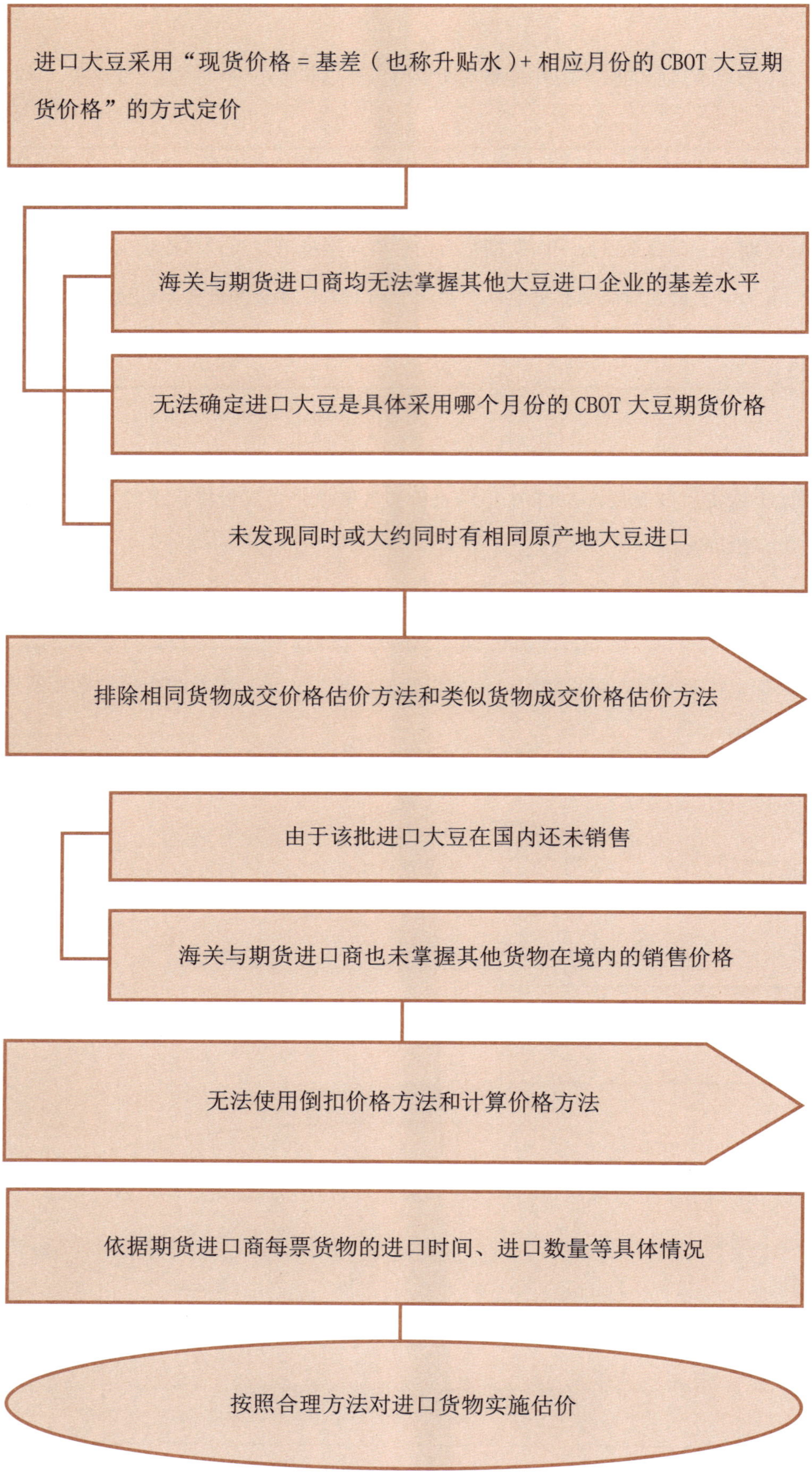
进口大豆采用“现货价格 = 基差（也称升贴水）+ 相应月份的 CBOT 大豆期货价格”的方式定价
海关与期货进口商均无法掌握其他大豆进口企业的基差水平
无法确定进口大豆是具体采用哪个月份的 CBOT 大豆期货价格
未发现同时或大约同时有相同原产地大豆进口
排除相同货物成交价格估价方法和类似货物成交价格估价方法
由于该批进口大豆在国内还未销售
海关与期货进口商也未掌握其他货物在境内的销售价格
无法使用倒扣价格方法和计算价格方法
依据期货进口商每票货物的进口时间、进口数量等具体情况
按照合理方法对进口货物实施估价

（三）估价结论

采用合理方法实施估价

根据大豆期货定价模式及中国大豆期货进口商普遍采用的行业惯例

以期货进口商与期货出口商签订的现货进口合同规定的“基差＋买方点价期内 CBOT 期货大豆价格”为基础实施估价

经过对期货进口商进口合同的签订时间、执行时间、同期 CBOT 期货价格走势，以及转单前对应多单买入价格进行了解

确定其以转单定价方式进口大豆的价格及相应时间点

经磋商

海关以合同规定的基差及同期 CBOT 期货市场大豆最低成交价格为基础

综合考虑期货进口商的进口数量、商业水平等因素，对其以转单定价方式进口大豆的完税价格进行了估价

（四）案例点评

1. 对特殊定价模式是否影响成交价格的认定

随着中国对外贸易的迅速发展以及国际化进程的加快，买卖双方对进口货物价格的定价方式也突破单一的现货交易模式，日趋多样化

部分进口商未取得直接从事境外期货业务的资质，但出于套期保值的需要，往往通过境外有资质的公司在境外期货市场开立账户，并以委托的方式进行交易

面对日益复杂的国际交易环境

相关贸易方和海关应加强对大宗散货定价方式的关注

全面审查

- 交易方式
- 定价模式
- 行业惯例
- 市场行情

2. 特殊经营模式是否影响成交价格的认定

通过深度的市场调研，摸清大豆进口的交易方式、定价模式、行业惯例

将期货进口商进口大豆的成交价格确定方式及价格做比对

准确判断期货进口商的转单定价方式是否影响进口大豆成交价格

（五）相关行业知识

1. 大豆期货交易的基本运作方式

期货市场

按照一定的程序，通过商品交易所和经纪商买卖货物、有价证券、股票指数、期权等商品的远期交割合约交易的一种市场

在期货市场内交易的“商品”并非实际货物，而是各种各样的“期货合约”

期货合约是交易所为便于期货交易而制定的标准的具有法律效力的合同凭证

对应固定数量的商品，期货交易者可以通过期货合约的对冲赚取期货交易利润

两种形式

买空

交易者买入期货合约，待价格上涨后以较高价格卖出期货合约，从而赚取利润

卖空

交易者在不持有期货合约的情况下，在市场内卖出期货合约，待价格下跌后以较低的价格买入相应数量的合约对冲平仓，从而赚取利润

2. 大豆的定价模式

（1）基差交易

又称期货定价、购买升贴水，是指买卖双方以一定时期内期货市场上的商品价格为基础，加上双方协商确定的价差（又称基差、升贴水），从而确定现货价格并进行现货商品买卖的定价方式。

在这种定价方式下，买卖双方在签订合同时，并不直接确定合同价格，而是协商确定合同现货与期货合约的基差，并指定以特定市场的特定商品合约作为定价基础。

合同签订后，在基差交易中，买卖双方中的一方或者双方可以通过点价（也称叫价）选择以期货合约的某一特定成交价格作为计算现货合同价格的基础，从而掌握合同定价的主动权，获得对自己更为有利的价格。

根据买卖双方在基差交易中的作用，可分为买方叫价、卖方叫价、双方叫价等形式。

（2）转单定价

也称“场外交易”，转单定价的具体操作方式为：进口商从其期货套期保值账户上选择一定数量的多单，按照原来的买入价格转给卖方（为降低进口现货大豆的关税成本，其一般选择点价价格较低的期货合约多单转单），要求卖方按照期货合约转单的价格为其提供大豆现货。

3. 中国大豆进口商普遍采用的行业惯例

为规避价格波动风险，掌握定价主动权，目前，中国大豆进口商多采用买方叫价基差交易方式确定进口大豆的成交价格

定价公式

现货价格 = 基差（也称升贴水）+ 相应月份的 CBOT 大豆期货价格

通常合同中确定基差价格，但不选定期货价，而是规定交易的一方（多为买方）在双方允许的时间内选定期货价格

合同执行中，进口商根据大豆国际期货市场价格走势在规定的期限内确定买入相应月份的期货合约价格（点价），并以委托单的形式告知供应商

经双方确认，进口商点价的价格即为选定的期货价，加上基差经数量折算后，形成购买现货的价格

大豆买卖合同签订后，卖方承担的义务

拥有 CBOT 市场大豆期货的空头和为买方提供大豆现货

大豆买卖合同签订后，买方承担的义务

买入 CEOT 市场大豆期货的多单并购入大豆现货，从而使期货市场平仓

八、按集团规定价格采购进口铁矿砂影响成交价格案例

（一）基本事实

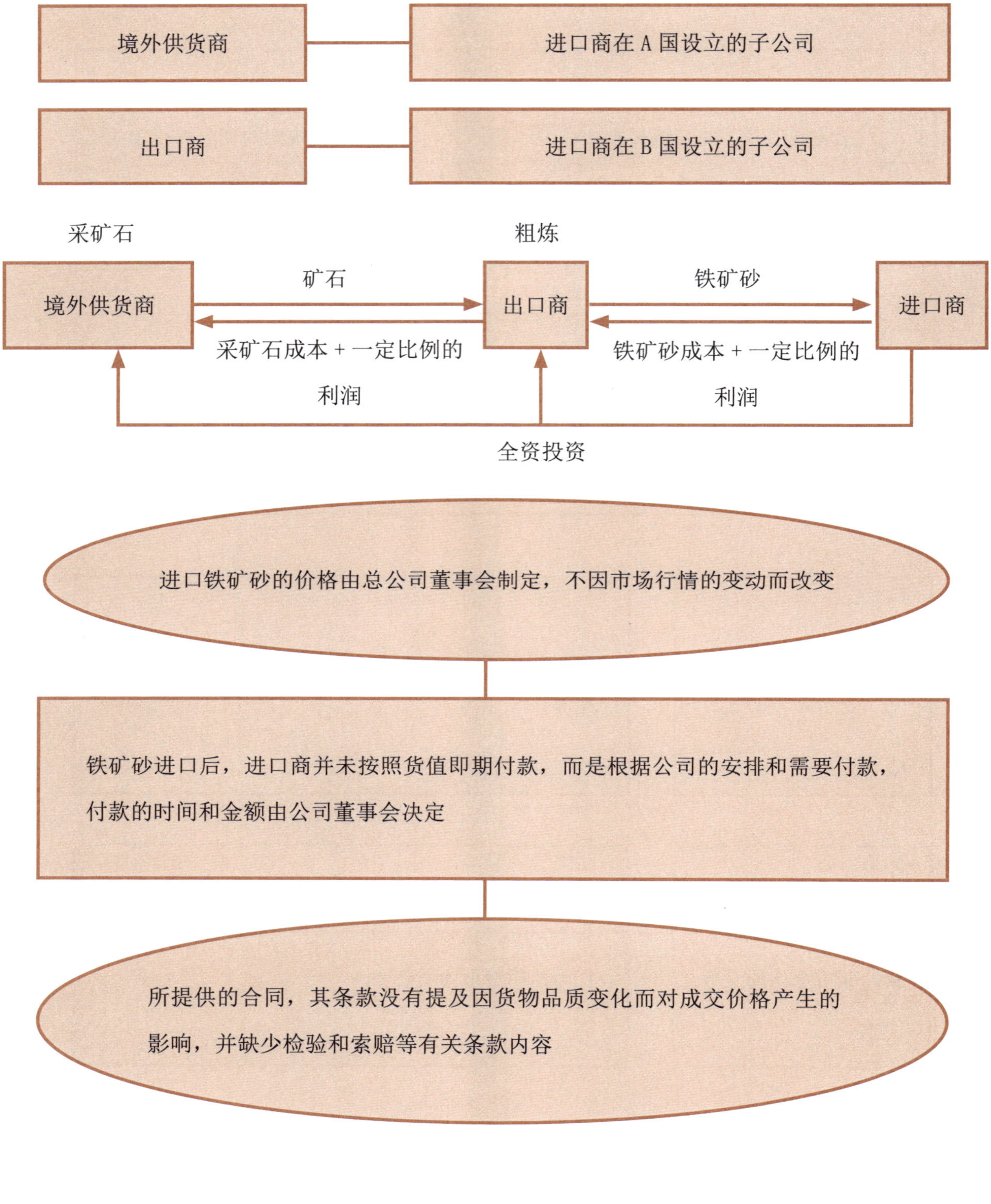

进口商进口含量大致相同的铁矿砂，其所申报价格的变动规律与其他口岸进口铁矿砂的价格变动规律不符，且价格波动幅度较小

（二）海关估价分析

1. 确定买卖双方是否存在特殊关系

A 国供货商、B 国出口商是进口商设立在境外的全资子公司

根据《中华人民共和国海关审定进出口货物完税价格办法》第十六条的规定

买卖双方之间存在特殊关系

2. 确定特殊关系是否影响成交价格

以集团董事会来决定进口商品价格，不受市场行情的变化而改变

根据《中华人民共和国海关审定进出口货物完税价格办法》第八条、第十七条、第十八条的规定

构成对成交价格产生实质性影响

海关不接受进口商的申报价格

3. 确定估价方法

经磋商，海关与进口商均未找到相同和类似货物的价格资料，进口商也没有提供采用计算方法所用的相关材料

适用倒扣价格方法实施估价

- 进口商向海关提供的销售生铁（铸铁）[进口铁矿砂加工成生铁（铸铁）后进行销售] 的增值税发票，其日期在海关接受被估货物申报之日起 90 天内
- 所销售商品系铁矿砂经加工后的生铁（铸铁），其价格属进一步加工后货物的销售价格
- 进口商进口铁矿砂后加工并直接销售，这属于在境内第一销售环节销售，即进口商的销售价格是在境内第一销售环节销售的价格
- 进口商与境内销售对象无特殊关系
- 该批进口铁矿砂按加工出成率产出生铁（铸铁），且一次性销售数量符合合计的货物销售总量最大

符合《中华人民共和国海关审定进出口货物完税价格办法》
第二十三条、第二十四条、第五十一条的规定

第二十三条　倒扣价格方法，是指海关以进口货物、相同或者类似进口货物在境内的销售价格为基础，扣除境内发生的有关费用后，审查确定进口货物完税价格的估价方法。该销售价格应当同时符合下列条件：（一）是在该货物进口的同时或者大约同时，将该货物、相同或者类似进口货物在境内销售的价格；（二）是按照货物进口时的状态销售的价格；（三）是在境内第一销售环节销售的价格；（四）是向境内无特殊关系方销售的价格；（五）按照该价格销售的货物合计销售总量最大。

第二十四条　按照倒扣价格估价方法审查确定进口货物完税价格的，下列各项应当扣除：

（一）同等级或者同种类货物在境内第一销售环节销售时，通常的利润和一般费用（包括直接费用和间接费用）以及通常支付的佣金；（二）货物运抵境内输入地点起卸后的运输及其相关费用、保险费；（三）进口关税、进口环节海关代征税及其他国内税。

如果该货物、相同或者类似货物没有按照进口时的状态在境内销售，应纳税义务人要求，可以在符合本办法第二十三条规定的其他条件的情形下，使用经进一步加工后的货物的销售价格审查确定完税价格，但是应当同时扣除加工增值额。

前款所述的加工增值额应当依据与加工成本有关的客观量化数据资料，该行业公认的标准、计算方法及其他的行业惯例计算。

按照本条的规定确定扣除的项目时，应当使用与国内公认的会计原则相一致的原则和方法。

第五十一条 ……大约同时，是指海关接受货物申报之日的大约同时，最长不应当超过前后 45 日。按照倒扣价格法审查确定进口货物的完税价格时，如果进口货物、相同或者类似货物没有在海关接受进口货物申报之日前后 45 日内在境内销售，可以将在境内销售的时间延长至接受货物申报之日前后 90 日内。

确定可以采用倒扣价格方法实施估价

（三）估价结论

采用倒扣价格法实施估价

通过互联网调阅国内两家冶炼生铁（铸铁）的上市公司上一年度报告并与该公司数据对比，确定其利润水平相近。

依据上述规定结合进口商提供的铁冶炼车间部门总账及明细账、铁冶炼车间成本明细表、吨铁生产成本表、铁矿砂入账明细及相关费用原始凭证等，扣除下列费用：

（1）每吨铁矿砂冶炼生铁（铸铁）的一般费用（包括管理费用和财务费用等）；

（2）每吨铁矿砂运抵境内输入地点之后的运费、保险费、装卸费及其他相关费用；

（3）进口铁矿砂的进口增值税，税率为 13%（关税税率为 0）；

（4）每吨铁矿砂的国内加工增值额［每吨铁矿砂的国内加工增值额 = 每吨铁矿砂冶炼生铁的国内生产成本 × 铁矿砂冶炼生铁（铸铁）的出成率］。

由于铁矿砂冶炼提取生铁（铸铁）后，有副产品且铁渣仍有残值，经海关审定，进口商提供的销售副产品及铁渣的“销售价格”同样符合《中华人民共和国海关审定进出口货物完税价格办法》第二十四条运用倒扣价格方法的规定。

故“销售价格”应为销售副产品及铁渣的增值税发票上列明的销售价格（含销项税）与销售生铁（铸铁）的增值税发票上列明的销售价格（含销项税）的合计。因此，每吨铁矿砂的完税价格 =[“销售价格”÷(1+ 利润率)- 一般费用 - 国内加工增值额 - 运抵境内输入地点之后的运费、保险费、装卸费及其他相关费用]÷(1+ 进口增值税税率)。

（四）案例点评

1. 对合计销售总量最大的认定

合计销售总量最大是指在进口后的第一销售环节，以相同的价格售予与转售者无特殊关系的购买者(可能是多个购买者)的销售数量总和。如果有关货物在国内一次性全部出售，则此销售量就是最大的合计销售总量，这时货物的单价就是最大的合计销售总量的单位价格。如果有关货物是分批出售的，即全部货物以较小的数量分若干批，按不同的价格卖给不同的购买者，将按相同价格出售的所有货物数量相加，得到按每种价格出售的货物各自的总数，然后比较这些按不同价格出售的货物总数，则其中按相同价格销售数量最大的货物单位价格就是最大的合计销售总量的单位价格。

首先，应确认进口商提供的销售价格符合销售总量最大。

其次，根据该进口商每批铁矿砂进口数量及铁矿砂出成率的行业特点，以及进口商近一年的销售记录，确认进口商向国内企业一次性销售的数量符合合计货物销售总量最大。

2. 对扣除项中“利润和一般费用”的认定

根据《中华人民共和国海关审定进出口货物完税价格办法》第二十四条规定，“利润和一般费用”包括直接费用和间接费用。在使用倒扣价格估价方法时，需调阅进口商相关的会计报表及相关账册（有时涉及近几年的），并通过参考其他同类型公司的利润和一般费用水平，确认利润率和相关费用；通过财务账册对管理费用、财务费用等“一般费用”进行核算确认。

《中华人民共和国海关审定进出口货物完税价格办法》对倒扣价格估价方法的使用有严格的规定，如果没有充足的估价理由和证据材料，建议慎用。

九、离岸公司长期合同影响进口石油成交价格案例

（一）基本事实

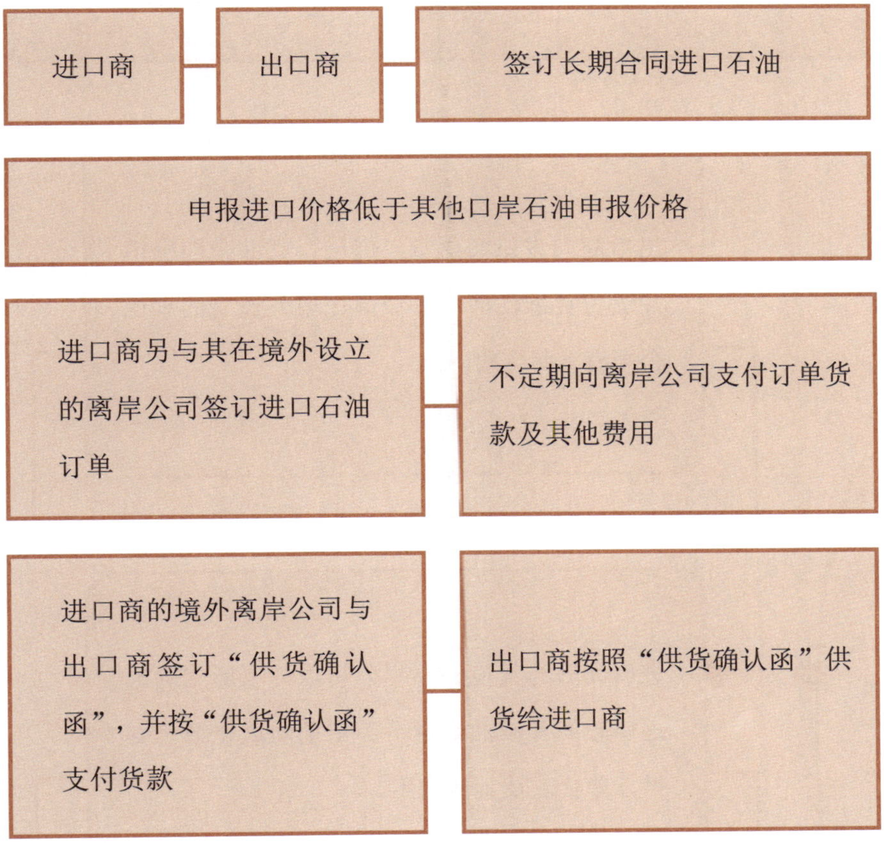

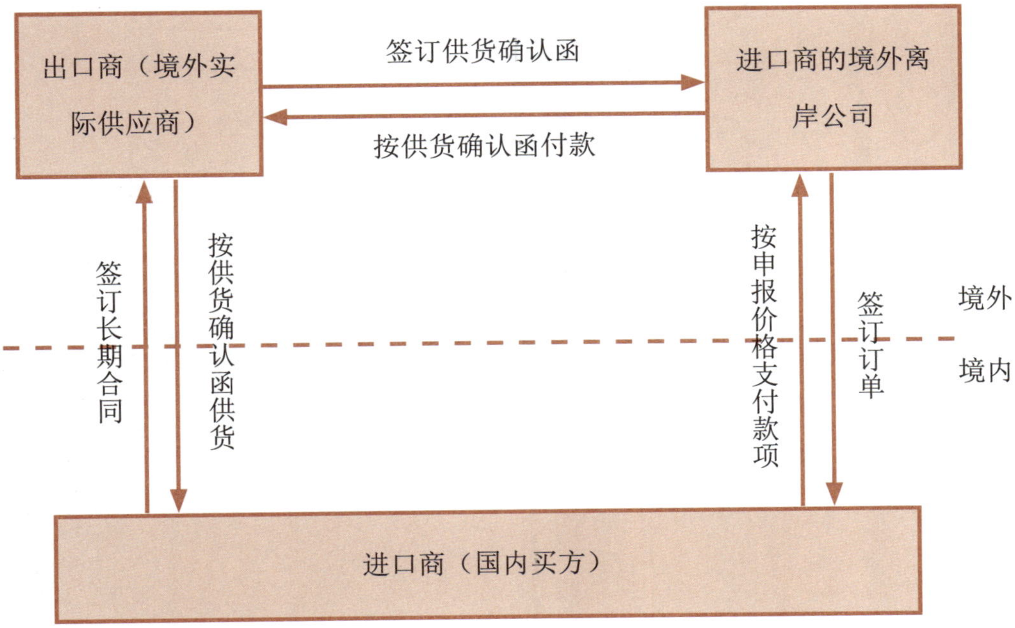

（二）海关估价分析

1. 年度合同成交价格合理性问题

基本贸易流程

出口商向进口商供货，但进口商并未向出口商支付货款，而对进口商在境外设立的离岸公司有实际支付。

进口商另与其境外离岸公司以订单形式确定进口时间及石油数量，不定期向离岸公司支付订单货款及其他费用。

境外离岸公司再与出口商签订“供货确认函”，并按“供货确认函”支付货款，出口商按照“供货确认函”供货给国内进口商。

进口商以年度长期合同进口石油，其申报价格长期不变且明显低于其他口岸进口石油的申报价格，与国际石油价格呈连续上涨的趋势不符。

2. 确定交易方之间的特殊关系是否影响成交价格

根据《中华人民共和国海关审定进出口货物完税价格办法》第八条、第十七条、第十八条的规定

境外离岸公司与进口商之间存在特殊关系，且构成对成交价格产生实质性影响

3. 确定估价方法

进口商不能提供相同或者类似货物的成交价格资料

无法使用相同或者类似货物成交价格估价方法

进口商未能提供使用倒扣价格估价方法和计算价格估价方法所需数据资料

无法使用倒扣价格估价方法和计算价格估价方法

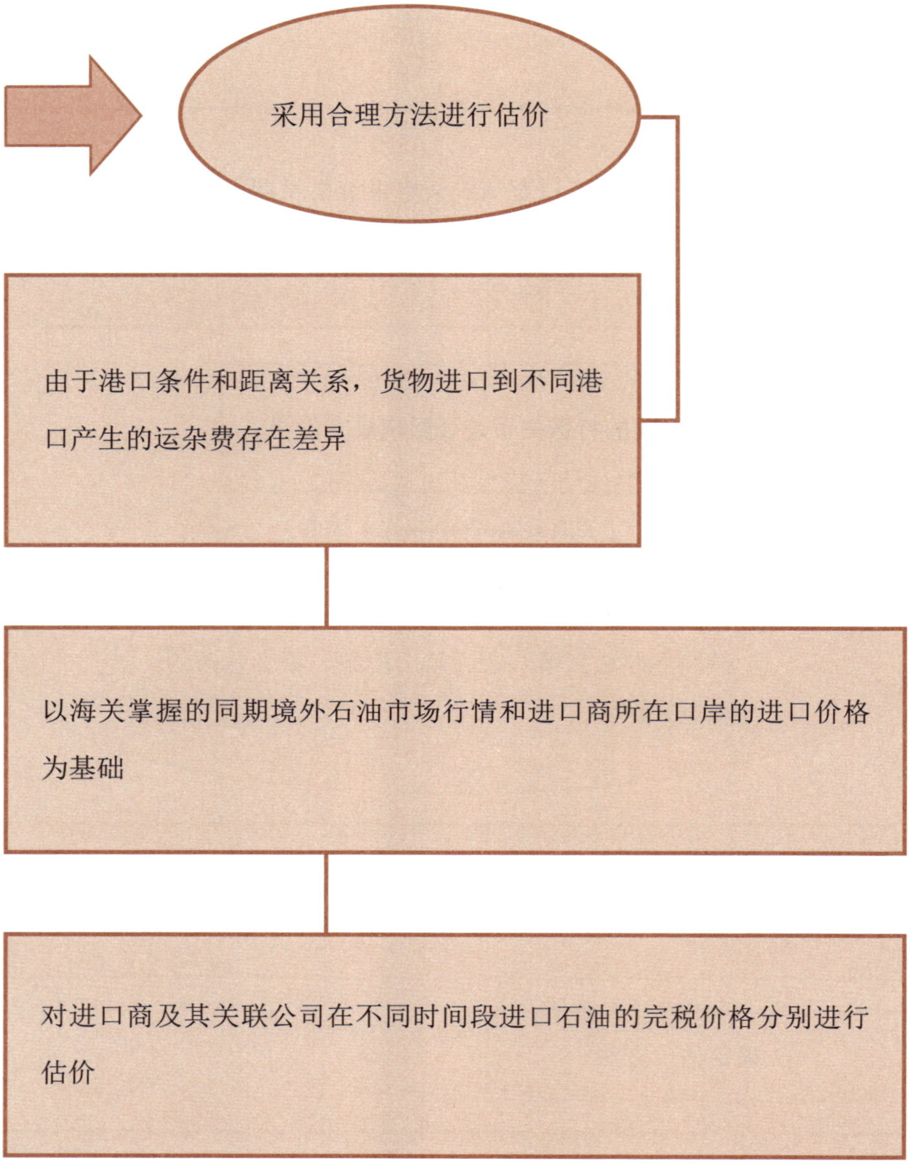
采用合理方法进行估价
由于港口条件和距离关系，货物进口到不同港口产生的运杂费存在差异
以海关掌握的同期境外石油市场行情和进口商所在口岸的进口价格为基础
对进口商及其关联公司在不同时间段进口石油的完税价格分别进行估价

（三）案例点评

石油交易具有其独特的行业惯例和贸易模式，较多涉及大合同交易、特殊关系交易等情况。买卖双方关系、成交方式等均会对价格造成影响

往往通过报关单证难以反映这些情况

应通过多种渠道收集价格信息以及与企业交易相关的各类合同、补充协议、授权书、订单等信息资料，进一步了解货物的成交过程并收集相关单证，以准确分析判断申报价格的合理性

在价格波动剧烈及行业中签订大合同减少的情况下，对于企业的大合同，应进一步了解其签订的原因及合理性

是否存在特殊关系且是否影响成交价格

对于买卖双方存在特殊关系的，应重点了解买卖双方的关系、价格制定的方法、利润分配及价格风险承担情况等，以核实特殊关系是否影响价格

离岸公司参与贸易运作可以给企业带来一定的贸易便利，同时也会掩盖企业进出口活动的真实性和合法性。在实际贸易活动中，还需要不断完善海关的监管理念和模式，以还原贸易实质

十、无利润销售保修料件影响进口汽车成交价格案例

（一）基本事实

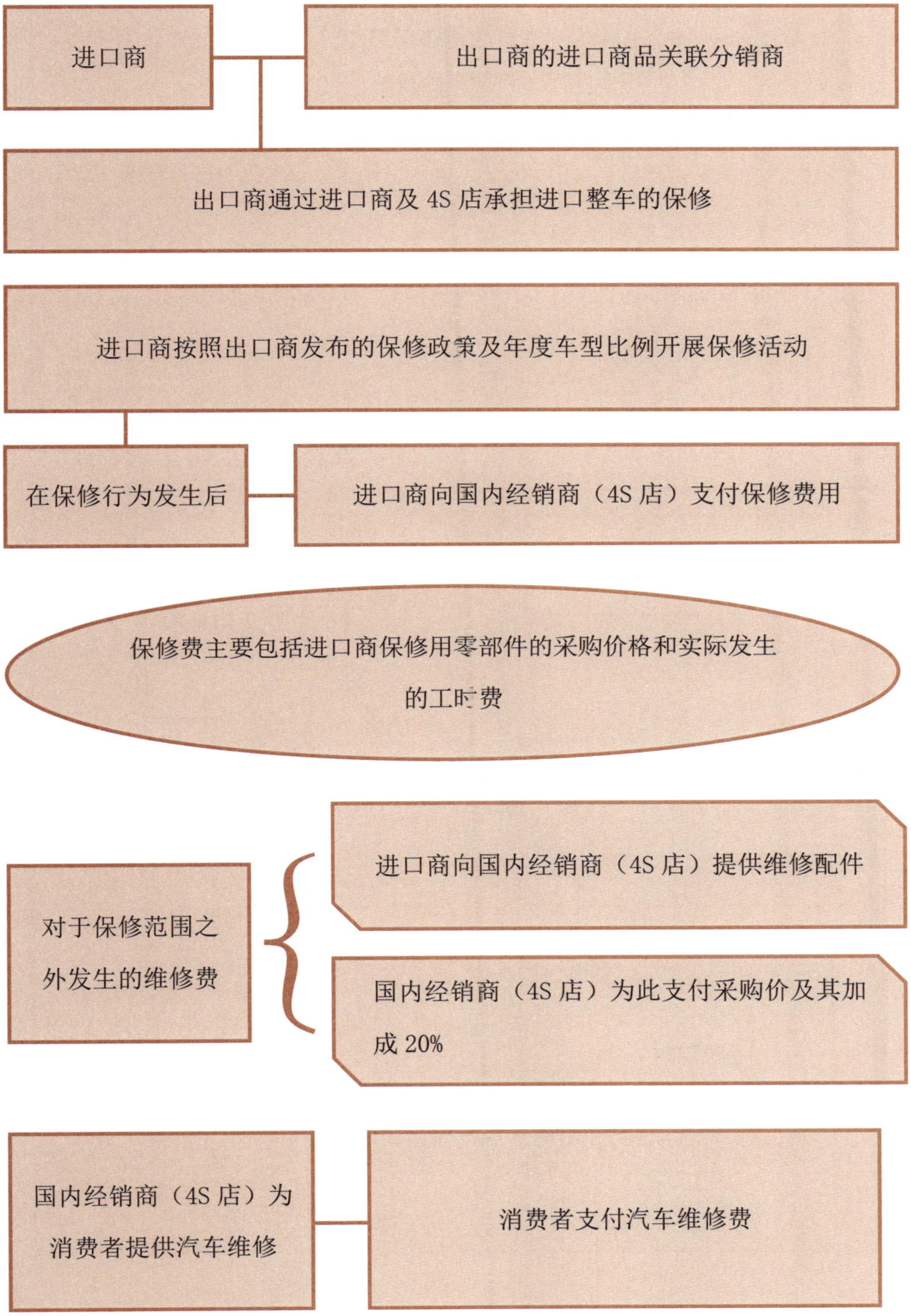

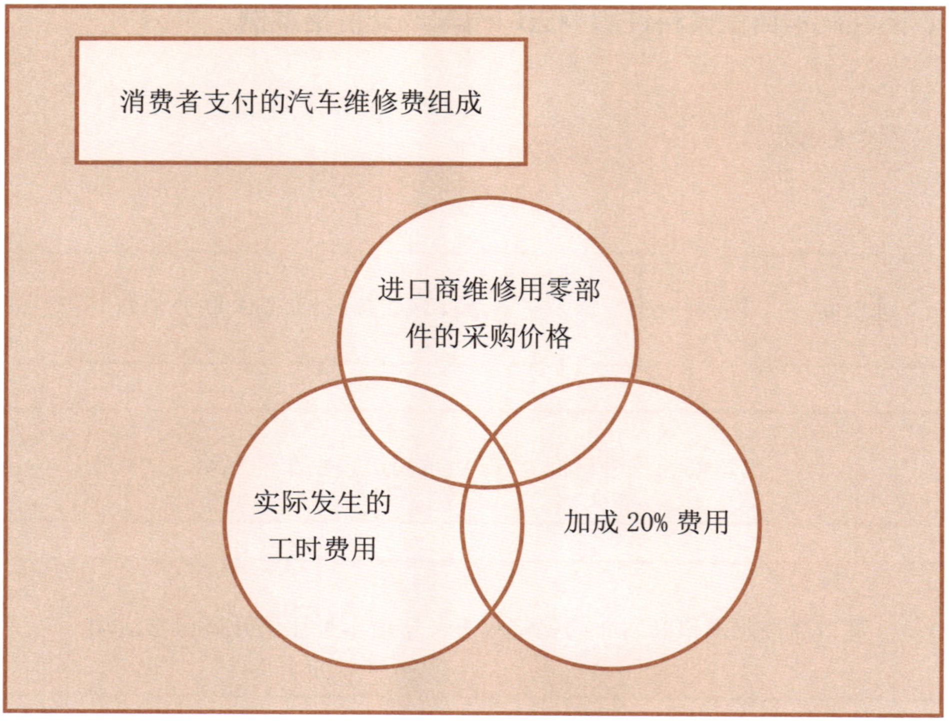
消费者支付的汽车维修费组成
进口商维修用零部件的采购价格
实际发生的工时费用
加成 20% 费用

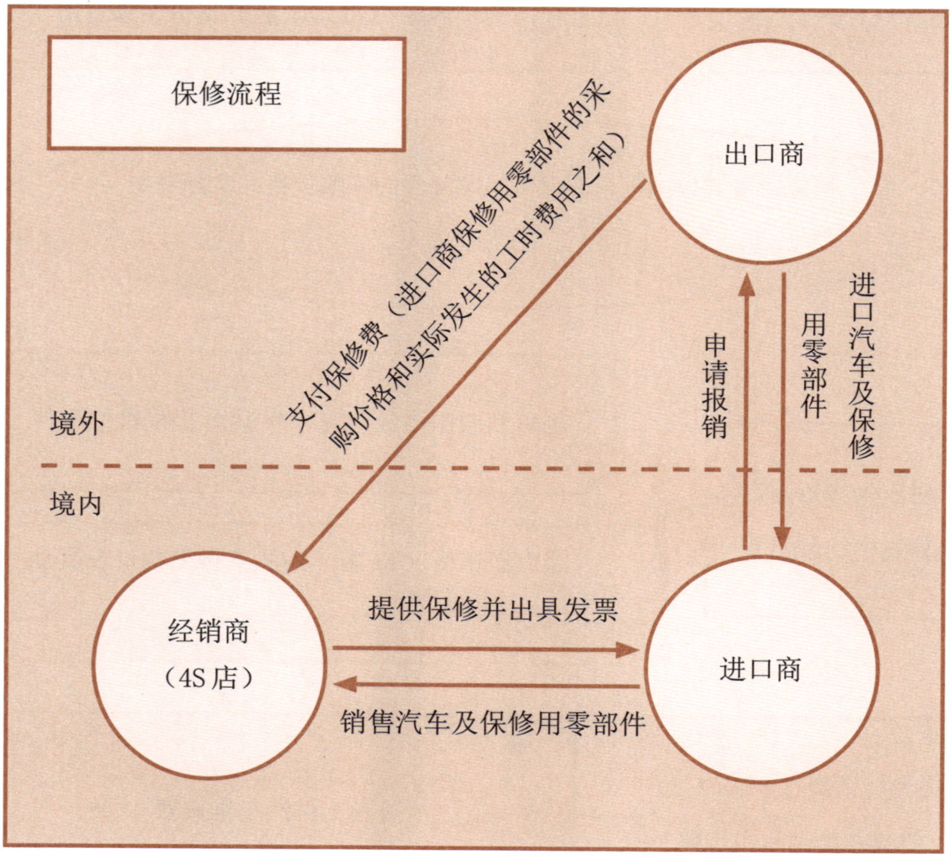
保修流程
出口商
支付保修费（进口商保修用零部件的采购价格和实际发生的工时费用之和）
申请报销
用零部件
进口汽车及保修
境外
境内
经销商
（4S 店）
提供保修并出具发票
销售汽车及保修用零部件
进口商

（二）海关估价分析

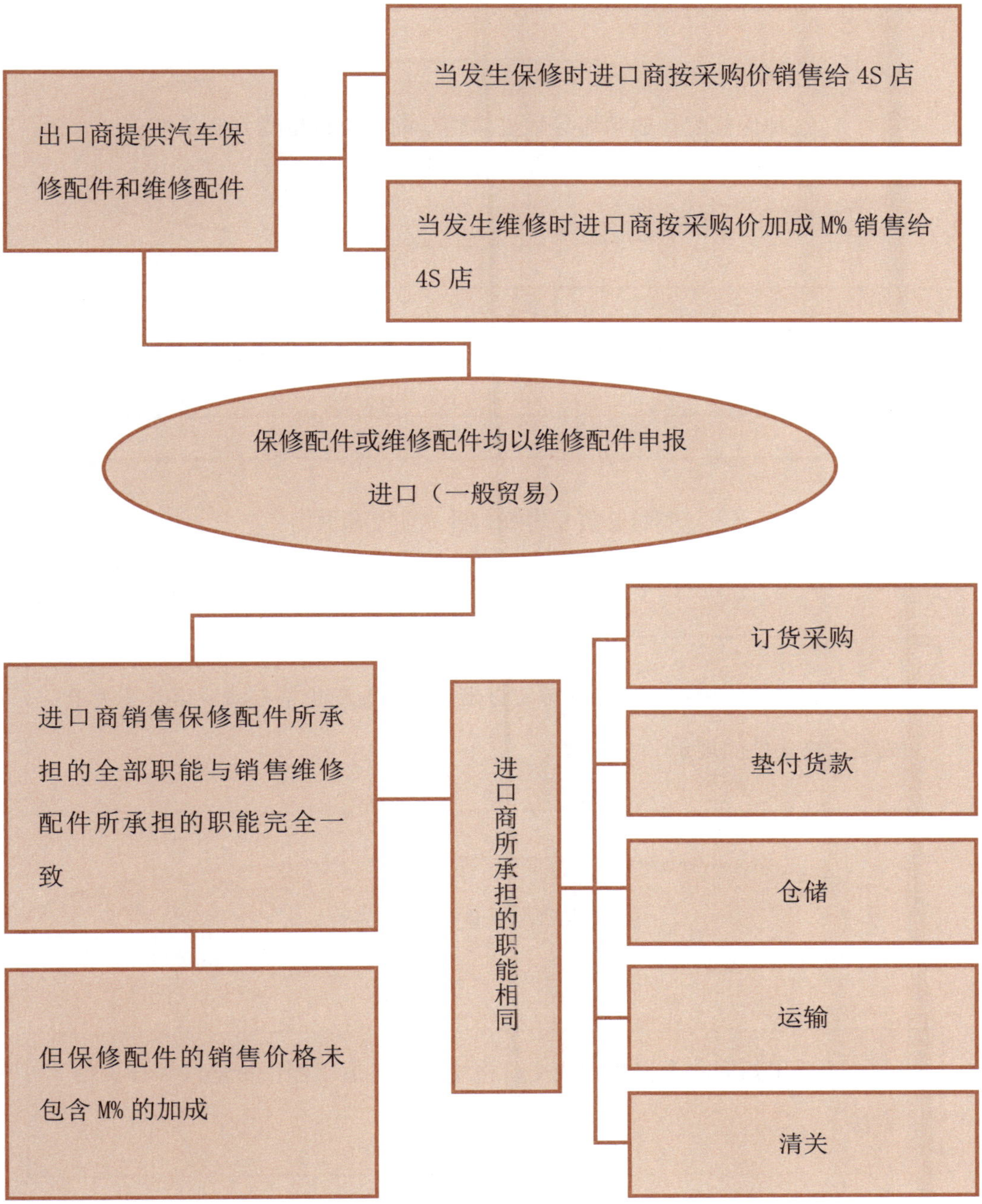
出口商提供汽车保修配件和维修配件
当发生保修时进口商按采购价销售给 4S 店
当发生维修时进口商按采购价加成 M% 销售给 4S 店
保修配件或维修配件均以维修配件申报进口（一般贸易）
进口商销售保修配件所承担的全部职能与销售维修配件所承担的职能完全一致
但保修配件的销售价格未包含 M% 的加成
进口商所承担的职能相同
订货采购
垫付货款
仓储
运输
清关

此类无利润销售是汽车出口商（集团）出于特殊情形或特殊战略的考虑

这种保修配件的销售导致进口整车的成交价格受到实质性影响

由于贸易双方的特殊关系对进口整车的成交价格产生实质性影响

不符合贸易客观、独立的交易原则

不符合《中华人民共和国海关审定进出口货物完税价格办法》第八条关于成交价格条件的规定

需对进口汽车重新实施估价

由于不适用相同和类似货物成交价格法，也不适用倒扣价格法和计算价格法

采用合理方法进行估价。保修费的支付是代出口商履行保修义务，其属于进口汽车成交价格组成部分。因此，将销售的保修配件按照销售维修配件的正常贸易加征 M% 计入相关进口整车的完税价格

（三）案例点评

海关估价技术委员会评论 20.1 对于保修的规定

如果保修已包括在货物单价中， 按协定处理保修费用的困难将并不显现。当卖方向顾客提供保修时，卖方在制定货物价格时会考虑保修因素。任何可归于保修的额外成本将是价格的一部分且作为销售的一个条件将支付该部分成本。在此种情况下，协定不允许作任何扣除，且保修费用是成交价格的一部分，即使其与货物的实付或应付价格相区分。

如果卖方以合同形式将保修风险转嫁给第三方， 那么可能表现为交易被分开了。卖方与第三方签订的合同显示，任何保修风险均由第三方根据卖方指令或代表卖方承担。实付或应付价格的定义是为进口货物向卖方或为卖方利益而已付或应付的支付总额，包括作为销售进口货物的条件由买方向卖方，或为履行卖方的义务而由买方向第三方实付或应付的全部款项。所以， 当卖方要求买方向第三方支付， 而该第三方已与卖方签约提供保修服务，该笔支付应包括在进口货物的成交价格中。同样地， 如果保修服务由与卖方有关系的其他方提供则情况也是一样的。

当卖方将保修风险转嫁给买方时，卖方可能选择在货物以外另开保修发票。此时，保修成本仍是出口销售的一项条件且应被认为是实付或应付价格也就是总的支付的一部分。

第二章 成交价格调整项目案例指引

第一节 成交价格调整项目估价解析

成交价格的概念

《中华人民共和国海关审定进出口货物完税价格办法》第七条规定：“进口货物的成交价格，是指卖方向中华人民共和国境内销售该货物时买方为进口该货物向卖方实付、应付的，并且按照本章第三节的规定调整后的价款总额，包括直接支付的价款和间接支付的价款。”成交价格方法是我国海关估价的第一种方法，也是 WTO 各成员使用频率最高的一种估价方法。

成交价格和申报价格的区别

成交价格来源于进口商的申报价格，但是与申报价格又存在一定的区别，可以认为成交价格是特定的申报价格，或者是符合一定条件的申报价格。符合成交价格条件的申报价格必须同时满足以下三个条件：（1）买卖双方之间存在真实的、公平的销售行为，销售没有受到与本次贸易无关的因素影响；（2）申报价格必须完整地包括贸易的全部事实，包括间接支付和直接支付，包括预付款和后付款，包括实付或应付价格等；（3）申报价格中必须完整地包括应税的全部费用，包括销售佣金、协助的费用、转售收益等费用。三个条件缺一不可，否则海关将根据估价的法律法规对申报价格进行调整。

调整项目一　特许权使用费

（一）特许权使用费的基本概念和估价要点

根据我国海关现有关于特许权使用费的估价规定，符合两个条件的特许权使用费应计入进口货物的完税价格：特许权使用费与进口货物有关；特许权使用费的支付构成进口货物销售的条件。

在确定应计入进口货物价格的特许权使用费金额时，只要有证据表明上述特许权使用费本身构成进口货物价格的组成部分，则其金额本身或金额的确定方法对于上述认定不产生影响。

1. 特许权使用费概述

WTO 特许权使用费的定义

《WTO 估价协定》中对特许权使用费有更为明确的定义。为了确保 WTO 各成员能够正确地运用《WTO 估价协定》，该协定在第八条第 1 款 c 项中对“特许权和许可费”进行了定义。该协定第八条的有关注释阐明：①本款所指的专利和许可费应包括对专利、商标及版权所支付的费用，但在进口国（地区）内复制产品的费用不能加入进口货物的实付或应付价格中确定海关完税价格；②如果进口商支付的是因取得在进口国（地区）内转售或分销进口货物权利的许可费，只要这笔许可费不是所估货物向进口国（地区）出口销售的一项要件，那么该项支付不应加入进口货物的实付或应付价格中。

根据上述条款，海关估价技术委员会以列举的方式对“特许权和许可费”进行了定义。“特许权和许可费”应包括：①为专利支付的费用；②为商标支付的费用；③为版权支付的费用。同时有两种例外的情况：①在进口国（地区）内复制产品的费用；②因取得在进口国（地区）内转售或分销进口货物权利的许可费，并且这笔特许权费不是所估货物向进口国（地区）出口销售的一项要件。

为进口货物支付的“特许权和许可费”必须满足一定的条件才是应税的。从第八条第 1 款 c 项的规定出发，应税的“特许权和许可费”必须是：①与被估货物有关；②作为被估货物销售的一项要件； ③必须是直接或间接支付的，尚未包括在实付或应付价格内。

满足上述条件的“特许权和许可费”必须以客观、量化的数据为基础（第八条第 3 款）。如果客观、量化的数据不存在，不能按第八条规定作为成交价格调整项，那么进口货物的成交价格就不能按第一条确定为完税价格。

专利和专有技术

专利和专有技术是特许权使用费中出现的两类主要特许权形式，也是历史最为悠久的两类特许权形式。《中华人民共和国海关审定进出口货物完税价格办法》第五十一条对“专利”和“专有技术”给予了明确的定义。专利与专有技术的共同特点包括以下三项：

①专利与专有技术都是人类创造性思维活动的成果，都是非物质形态的知识；

②专利与专有技术通常共处于实施一项技术所需的知识总体之中，即一项技术仅有专利是不能完全实施的，必须同时具有专有技术，才能使一项技术得以顺利实施；

③在技术贸易中，一项技术转让合同往往同时包括专利与专有技术许可两项内容，它们相互依存，共同完成一项技术转让交易。

由于技术所有人选择保护的途径不同，所以两者之间又存在区别，专利与专有技术的区别包括以下四项：

①专利技术必须公开其发明，公开是保护的前提，专有技术是以保持秘密为其生命的技术，所以是未公开的，不为公众所知的技术；

②专利技术受专利法的保护，专有技术不受工业产权法的保护，主要是依靠持有人严守秘密，一旦秘密泄露，专有技术也就失去了其独占价值；

③专利技术有一定的保护期限，超过了法定期限后，该专利技术即为全人类的共同财富，专有技术没有保护期限的限制，只要该项技术没有泄密，就可以一直保持下去；

④专利技术的范围受专利法的约束，必须是有形知识，专有技术既包括有形知识，也包括无形知识，范围更加广泛。

2. 特许权使用费的估价要点

海关对特许权使用费进行征税的依据

进口货物经常会牵涉各种类型的无形权利，这些权利可能与货物的制造、销售、使用或转售等活动有关。在大多数情况下，如果有关货物的价格中除货价外，还含有为使用有关权利所支付的价款，而且该项权利与进口状态下的货物密切有关，那么完税价格应当包含全部价款。海关虽然对特许权使用费进行征税，但是实际征收的对象还是进口货物本身。海关对特许权使用费征税的依据，是因为买卖双方出于种种考虑，对被估货物的价值进行了人为的拆分，将货款拆分为有形货物和无形资产两部分，但由于特许权使用费的支付与货物的销售行为密不可分，所以海关将其视为一个整体进行估价。

转售收益和特许权使用费的差异

根据《中华人民共和国海关审定进口货物完税价格办法》，转售收益是指“卖方直接或间接从买方对该货物进口后转售、处置或使用所得中获得的收益”，而特许权使用费是“与该货物有关并作为卖方向中华人民共和国销售该货物的一项条件，应当由买方直接或间接支付的”。因此，转售收益是针对进口货物的一项延期支付，而特许权使用费是针对无形权利的支付。在某些情况下，转售收益和特许权使用费都表现为根据进口商的销售额确定向卖方的支付金额。因此，海关会根据进口商延期支付所针对的标的物进行合理判断。如果标的物为进口货物，应视为转售收益；如果标的物为无形权利，则应按特许权使用费征税。

进口国（地区）内发生的复制权费与特许权使用费的关系

根据《WTO 估价协定》对第八条第 1 款（c）的解释，“为在进口国（地区）内复制进口货物的权利所支付的费用不用计入进口货物的实付或应付价格”。应计入实付或应付价格的特许权使用费是与进口货物有关的，支付所指的标的是进口货物本身。复制权费支付所指的标的不是进口货物本身，而是进口商在国（地区）内复制进口货物的权利，是对未来工序的支付。因此，在进口国（地区）内发生的复制权费就不用计入完税价格。

特许权使用费的范围

由于在国际贸易中涉及权利支付的情况复杂，因此，WTO没有详细列明特许权使用费发生的各种可能情况。根据《WTO估价协定》关于对第八条特许权使用费的解释性说明，“特许权使用费可以包括对专利、商标和版权所支付的费用”，以及《中华人民共和国海关审定进出口货物完税价格办法》中“特许权使用费，是指进口货物的买方为取得知识产权权利人及权利人有效授权人关于专利权、商标权、专有技术、著作权、分销权或者销售权的许可或者转让而支付的费用”，凡是涉及与进口货物有关的某项权利使用费都属于海关应予以审核的特许权使用费的范围，具体包括专利权使用费、商标权使用费、著作权使用费、专有技术使用费、分销或转售权费和其他类似费用。

与进口货物有关的专利技术费

下列三种专利技术费被认为与进口货物有关：

①含有专利或专有技术的；

②使用专利方法或专有技术生产的；

③为实施专利或专有技术而专门设计或制造的。

此外，专利技术的获得方式不影响海关的判定结论。例如，专利、专有技术以磁带、磁盘、光盘或其他类似介质形式进口的，或通过网络、卫星等方式下载或传输的，只要符合上述三个条件之一的，都应认为与进口货物有关。

与进口货物有关的商标费

下列三种商标费被认为与进口货物有关：

①附有商标的；

②进口后附上商标直接可以转售的；

③进口时已含有商标权，经过轻度加工后附上商标即可转售的。

因此，只要认定商标与进口货物密不可分，则即使货物进口时未附上商标，海关仍将认定商标费与进口货物有关。

特许权使用费应税的条件

计入进口货物完税价格的特许权使用费必须同时符合下列三个条件：

①与进口货物有关；

②费用的支付作为卖方出口销售该货物到中华人民共和国关境内的条件；

③特许权使用费在申报时未计入完税价格。

货物销售的条件

货物销售的条件是指特许权使用费的支付构成进口货物的卖方向中华人民共和国关境内销售该货物的前提条件，即买方未支付上述费用则卖方不会把进口货物销售给买方，或者该货物不可能以合同议定的条件成交。如果存在上述两种可能性之一的，海关就认定特许权使用费的支付构成了货物销售的条件。

不用计入完税价格的特许权使用费

进口货物涉及的下列特许权使用费属于单独列明的，经海关审查确认后，不计入进口货物的完税价格：

①为在境内复制进口货物而支付的费用；

②技术培训及境外考察费用。

其中“技术培训费用”是指基于卖方或与卖方有关的第三方对买方派出的技术人员进行与进口货物有关的技术指导，进口货物的买方将支付培训师资及人员的教学、食宿、交通、医疗保险等相关费用。如果收货人申报的完税价格中已经包含上述费用的，且费用是单独列明的，海关应当予以扣除；如果上述费用未单独列明的，且海关依据收货人提供的数据资料无法确定的，上述费用将不予扣除。

（二）应税特许权使用费的认定

1. 认定依据

- 认定依据
  - 《中华人民共和国进出口关税条例》
  - 《中华人民共和国海关审定进出口货物完税价格办法》

2. 认定条件

- 认定特许权使用费是否应税需满足的条件
  - 是否存在有形的进口货物
  - 特许权使用费是否与进口货物有关
  - 特许权使用费的支付是否构成货物进口销售的条件

3. 认定条件详解

条件	核心 / 实质	关注点
存在有形的进口货物	“是否存在有形的进口货物”是认定应税特许权使用费的前提	海关在认定特许权使用费是否应税时，首先应确定买方是否同时进口有形货物。重点关注特许权使用费对应的特许权是什么，特许权以何种形式进入中国。
关联性	“特许权使用费是否与进口货物有关”是认定应税特许权使用费的关键	《中华人民共和国海关审定进出口货物完税价格办法》第十三条列举了一些特许权与进口货物有关的情况，根据典型特许权的种类，分别规定了特许权使用费与进口货物有关的各类情形。
销售条件	“特许权使用费的支付是否构成货物进口销售的条件”是认定应税特许权使用费的实质	《中华人民共和国海关审定进出口货物完税价格办法》第十四条规定了特许权使用费的支付构成货物进口销售条件的两种情形，但判断标准较为抽象，海关在实际操作中很难发现“不支付特许权使用费则不能购得进口货物”的直接证据，经常需要采用推定方式进行间接或反向论证，与纳税义务人之间容易产生争议。因此，“是否构成货物进口销售的条件”是海关认定特许权使用费是否应税的重点和难点。

需要注意的是，《中华人民共和国海关审定进出口货物完税价格办法》第十三条并没有使用穷举法，而只是列出了一些典型形式。如果实践中发现未列入《中华人民共和国海关审定进出口货物完税价格办法》第十三条的特许权使用费形式，则应根据立法原意开展实质性审核，而不能简单地根据名称进行判断。

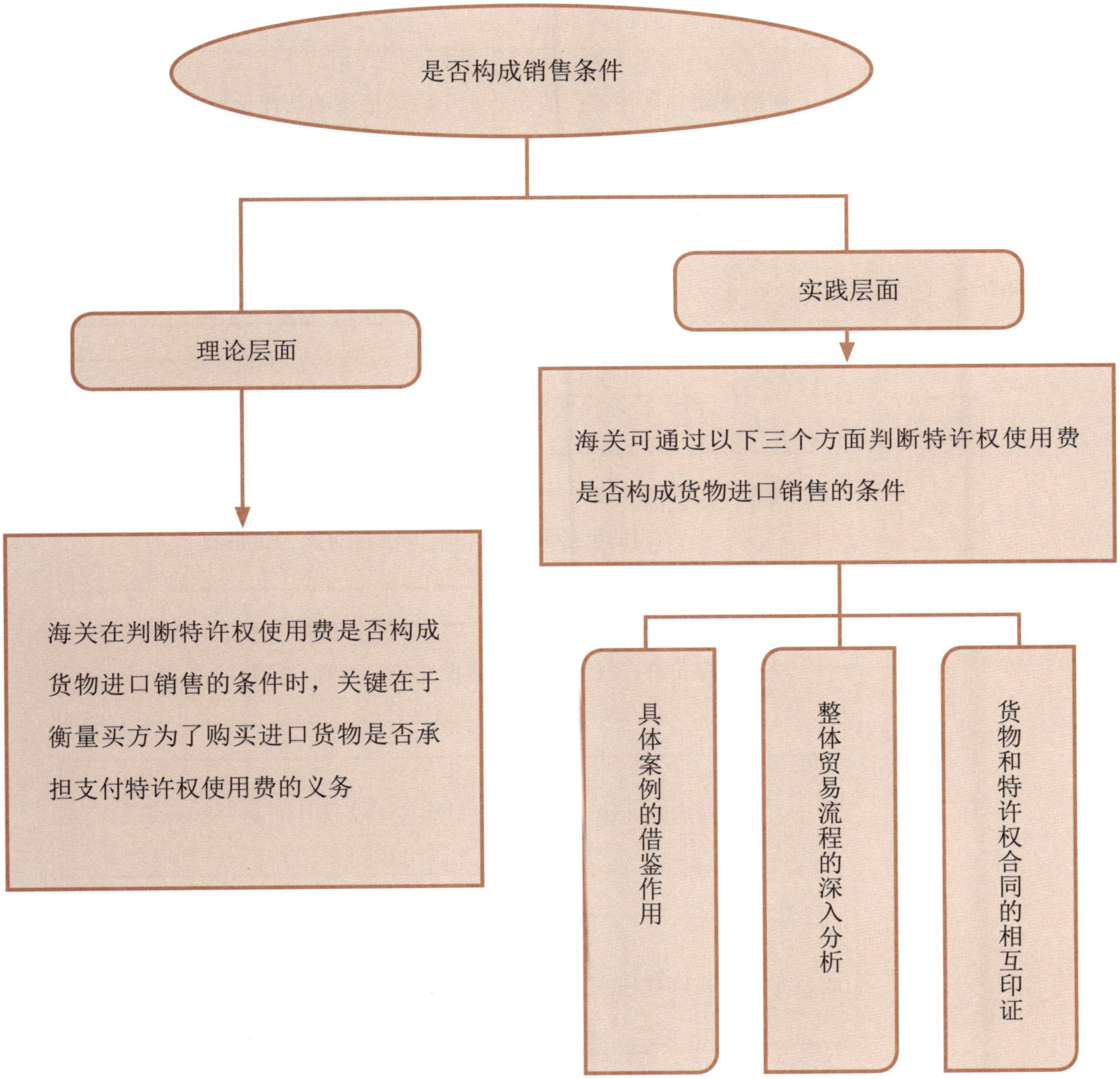

（三）应税特许权使用费不存在重复征收

进口货物 ↔ 特许权使用费 → 特许权使用费应计入完税价格

《中华人民共和国海关审定进出口货物完税价格办法》第十一条规定

需要强调的是，除非有明确规定，其他部门的规章对于海关估价的法律认定没有约束力

虽然国内税务部门和海关对同一笔特许权使用费进行征税，但课税对象和纳税义务人不同

纳税对象
- 海关特许权使用费的课税对象为进口的有形货物
- 国内的营业税和所得税的课税对象为特许权

纳税义务人
- 海关特许权使用费的纳税义务人为有形货物的买方
- 国内的营业税和所得税的纳税义务人为无形资产的卖方

因此，海关对特许权使用费征税不存在重复征收的问题

调整项目二　协助费

（一）海关估价意义的协助

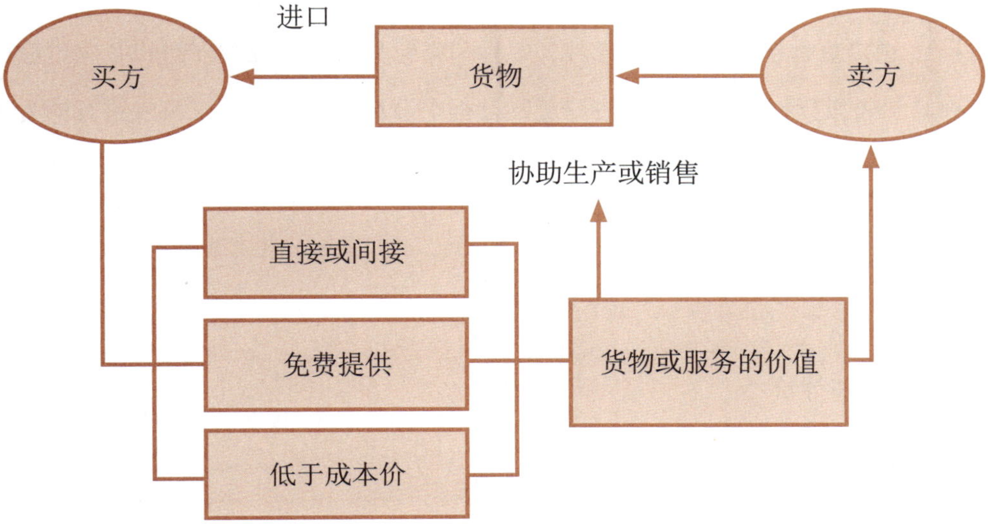

（二）中国海关协助费相关规定

《中华人民共和国进出口关税条例》第十九条

进口货物的下列费用应当计入完税价格……（四）与该货物的生产和向中华人民共和国境内销售有关的，由买方以免费或者以低于成本的方式提供并可以按适当比例分摊的料件、工具、模具、消耗材料及类似货物的价款，以及在境外开发、设计等相关服务的费用。

《中华人民共和国海关审定进出口货物完税价格办法》第十一条

以成交价格为基础审查确定进口货物的完税价格时，未包括在该货物实付、应付价格中的下列费用或者价值应当计入完税价格……（二）与进口货物的生产和向中华人民共和国境内销售有关的，由买方以免费或者以低于成本的方式提供，并且可以按适当比例分摊的下列货物或者服务的价值：1. 进口货物包含的材料、部件、零件和类似货物；2. 在生产进口货物过程中使用的工具、模具和类似货物；3. 在生产进口货物过程中消耗的材料；4. 在境外进行的为生产进口货物所需的工程设计、技术研发、工艺及制图等相关服务……

（三）协助费的分类和计价

协助费的类别		
	进口货物包含的材料、部件、零件和类似货物	会计上对应成本项下的直接材料
	在生产进口货物过程中使用的工具、冲模、铸模和类似货物	会计上对应成本项下的制造费用中的工具、模具
	在生产进口货物过程中消耗的材料	会计上对应成本项下的制造费用中的低值易耗品
	生产进口货物所必需的，在进口国（地区）以外的其他地方所从事的工程、开发、工艺、设计工作及计划和规划	会计上对应期间费用中的管理费用

协助费的计价

- 协助的货物或服务是买方从与其无特殊关系的第三方购买的，应当计入的价值为购入价格
- 协助的货物或服务是买方自行生产或者从有特殊关系的第三方获得的，应当计入的价值为生产成本
- 协助的货物或服务是买方租赁获得的，应当计入的价值为买方承担的租赁成本
- 协助的货物或服务在被提供给卖方前已经被买方使用过，应当计入的价值为根据国内公认的会计原则对其进行折旧后的价值
- 协助的货物或服务经进口商或其关联方使用折余价值仅为残值的，则协助仅以提供给外方的运输成本计价

（四）协助费的认定和分摊

1. 协助费认定的重点

- 与进口货物的生产和向中华人民共和国境内销售有关
- 由买方提供
- 以免费或者以低于成本的方式提供

与进口货物的生产和向中华人民共和国境内销售有关

首先判断该协助货物或服务是否与进口货物的生产和向中华人民共和国境内销售有关。买方可以将协助货物或服务直接提供给卖方，也可以提供给第三方，只要该批协助货物或服务最终用于被估货物的生产和销售过程，就构成了协助的条件。需要注意的是，只有直接用于进口货物生产过程中的设备、工具、模具的价值才能计入。

由买方提供

确定实际销售行为和涉及销售行为的买方。由于我国企业在进口时，多委托外贸代理公司负责物流、报关事宜，在这种情况下，即使国内最终用户与外贸公司签订的是销售合同，如果海关有证据证明实际销售行为发生在国外卖方与国内最终用户之间，外贸公司只是起到代理作用，则海关应以国内实际最终用户作为买方，并根据国内最终用户对外交付的货物或服务，审定应税协助的范围，不能简单地以外贸公司负责进口申报的行为，而免除实际买方的纳税义务和举证责任。

以免费或者以低于成本的方式提供

如果买方将协助货物或服务销售给卖方，或者向卖方收取了对应的费用，则该协助的价值不应另行调整，应视为进口货物的发票价格中已经包含了协助的价格。只有在买方以免费或者以低于成本的方式提供时，海关才需根据相关规定确定应税协助的价格。

2. 协助费的分摊

协助货物或服务的价值或费用全部消耗在进口货物本身的生产或出口销售中，则应全部分摊到进口货物的价格中。

如果有关货物不是一次进口的，则应视具体情况，根据进口商的要求和所提供的单证资料，按下列三种方法之一对协助价值或费用进行分摊：

（1）将协助价值或费用分摊于第一批货物；（2）将协助价值或费用分摊于截至第一批货物发运时已生产出的货物；（3）将协助价值或费用分摊于全部预计生产的货物。

调整项目三　保修费

（一）保修费概念和法律依据

<table>
<tr><td>概念渊源</td><td colspan="2">商业意义上的保修概念源于《中华人民共和国产品质量法》（2018年修正，以下简称《产品质量法》）。</td></tr>
<tr><td rowspan="3">法律法规</td><td></td><td>条款内容</td></tr>
<tr><td rowspan="2">《产品质量法》</td><td>第二十六条　生产者应当对其生产的产品质量负责。产品质量应当符合下列要求：（一）不存在危及人身、财产安全的不合理的危险，有保障人体健康和人身、财产安全的国家标准、行业标准的，应当符合该标准；（二）具备产品应当具备的使用性能，但是，对产品存在使用性能的瑕疵作出说明的除外；（三）符合在产品或者其包装上注明采用的产品标准，符合以产品说明、实物样品等方式表明的质量状况。</td></tr>
<tr><td>第四十条　售出的产品有下列情形之一的，销售者应当负责修理、更换、退货；给购买产品的消费者造成损失的，销售者应当赔偿损失：（一）不具备产品应当具备的使用性能而事先未作说明的；（二）不符合在产品或者其包装上注明采用的产品标准的；（三）不符合以产品说明、实物样品等方式表明的质量状况的。
销售者依照前款规定负责修理、更换、退货、赔偿损失后，属于生产者的责任或者属于向销售者提供产品的其他销售者（以下简称供货者）的责任的，销售者有权向生产者、供货者追偿。
销售者未按照第一款规定给予修理、更换、退货或者赔偿损失的，由产品质量监督部门或者工商行政管理部门责令改正。
生产者之间，销售者之间，生产者与销售者之间订立的买卖合同、承揽合同有不同约定的，合同当事人按照合同约定执行。</td></tr>
</table>

		条款内容
法律法规	《产品质量法》	第四十一条　因产品存在缺陷造成人身、缺陷产品以外的其他财产（以下简称他人财产）损害的，生产者应当承担赔偿责任。生产者能够证明有下列情形之一的，不承担赔偿责任：（一）未将产品投入流通的；（二）产品投入流通时，引起损害的缺陷尚不存在的；（三）将产品投入流通时的科学技术水平尚不能发现缺陷的存在的。
	《中华人民共和国海关审定进出口货物完税价格办法》	第十五条　进口货物的价款中单独列明的下列税收、费用，不计入该货物的完税价格：（一）厂房、机械或者设备等货物进口后发生的建设、安装、装配、维修或者技术援助费用，但是保修费用除外…… 第五十一条　……实付、应付价格，指买方为购买进口货物而直接或者间接支付的价款总额，即作为卖方销售进口货物的条件，由买方向卖方或者为履行卖方义务向第三方已经支付或者将要支付的全部款项。间接支付，指买方根据卖方的要求，将货款全部或者部分支付给第三方，或者冲抵买卖双方之间的其他资金往来的付款方式……
审价要点	应税与否的根本在于是否构成成交价格中的间接支付，这就要求明确保修责任的划分。由于保修是货物销售的一项条件，所以除买方额外自行增加的保修成本以外，其他形式的保修费用均应计入进口货物的完税价格。	

（二）WTO 关于保修费的法律规范

国别／机构	法律法规	条款内容
WTO	海关估价技术委员会评论 对于保修的解释性	保修是对货物担保的一种形式，如对汽车和电子产品，保修应包含由承担保修方为弥补缺陷（零部件和人工）或者满足某些条件进行替换的成本。如果不符合这些条件，保修将是无效的。保修包括货物隐藏的缺陷，例如不应该存在的缺陷并且该缺陷影响货物的使用或减少其使用。 两种基本的情形：（a）由卖方直接或间接负担的成本和承担的保修风险，该条款反映在货物的价格中；（b）由买方直接或间接负担的成本和承担的保修风险并且在货物的价格中有所考虑。
	海关估价技术委员会评论 对于保修的规定——由卖方承担保修	如果保修已包括在货物单价中，按协定处理保修费用的困难将并不显现。当卖方向顾客提供保修时，卖方在制定货物价格时会考虑保修因素。任何可归因于保修的额外成本将是价格的一部分且作为销售的一个条件将支付该部分成本。在此种情况下，协定不允许作任何扣除，且保修是成交价格的一部分即使其与货物的实付或应付价格相区分。 当卖方将保修转嫁给买方时，卖方可能选择在货物以外另开保修的发票。此时，保修成本仍是出口销售的一项条件且应被认为是实付或应付价格也就是总的支付的一部分。 如果卖方以合同形式将保修风险转嫁给第三方，那么可能表现为交易被分开了。卖方与第三方签订的合同显示任何保修风险均由第三方根据卖方指令或代表卖方承担。在对第一条的注释中，对实付或应付价格的定义是为进口货物向卖方或为卖方利益而已付或应付的支付总额。在附件Ⅲ的第七段中更进一步指出实付或应付价格包括作为销售进口货物的条件由买方向卖方，或为履行卖方的义务而由买方向第三方实付或应付的全部款项。所以，当卖方要求买方向第三方支付，而该第三方已与卖方签约提供保修服务，该笔支付应包括在进口货物的成交价格中。同样地，如果保修服务由与卖方有关系的其他方提供则情况也是一样的。

国别／机构	法律法规	条款内容
WTO	海关估价技术委员会评论对于保修的规定——由买方承担保修	正如在第五段（b）中指出的，如果存在这样的情况，即买方决定由其自己负担保修的成本，此时，任何支付或由买方为保修发生的其他成本，既然是由买方自己从事的活动，按对第一条的注释则不是实付或应付价格的一部分。
	海关估价技术委员会评论对于保修的规定——保修协议	对交易是两个分开的合同标的的情况，一个是货物的合同，另一个则是保修的合同。卖方／买方有时通过“单独的”合法的合同对保修另行支付。对这种情况，应对货物“销售”的所有环境及“保修”进行仔细检查。保险协议将与保修是货物的一项保证的货物的销售合同联系起来。即使可能存在一个独立的保修协议，该协议中卖方向买方设定了一个义务以作为货物销售的一项条件，但这只是上述列出情况的一种变化而已。
	海关估价技术委员会评论对于保修的规定——与保修有关的其他问题	根据在货物进口几天或几个月以后的一份最初的协议，为满足保修合同，部件免费提供给买方，则部件应按协定第二条至第七条规定的方法进行估价。买方可能称关税已在进口时支付，既然进口货物的价格已涵盖了任何潜在的保修费用，因此不应对“免费”替换货物再进行估价。这方面应根据成员的法律和程序正确处理。

第二节 估价案例

一、特许权使用费涉及授权使用进口零部件图纸及标准案例

（一）股权构成

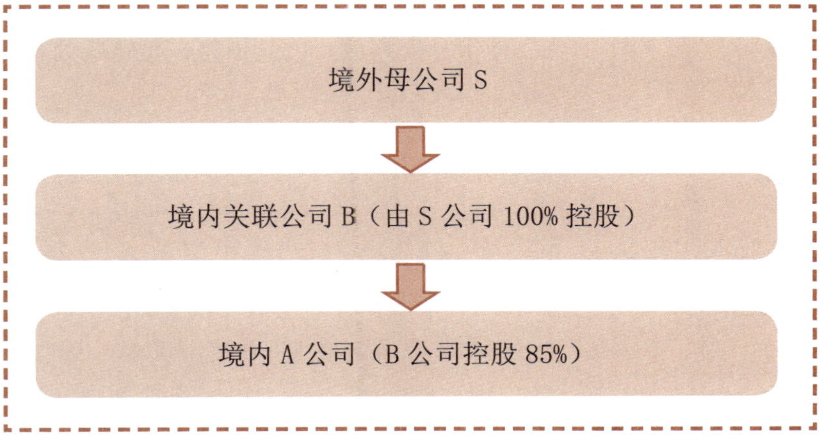

（二）贸易流程

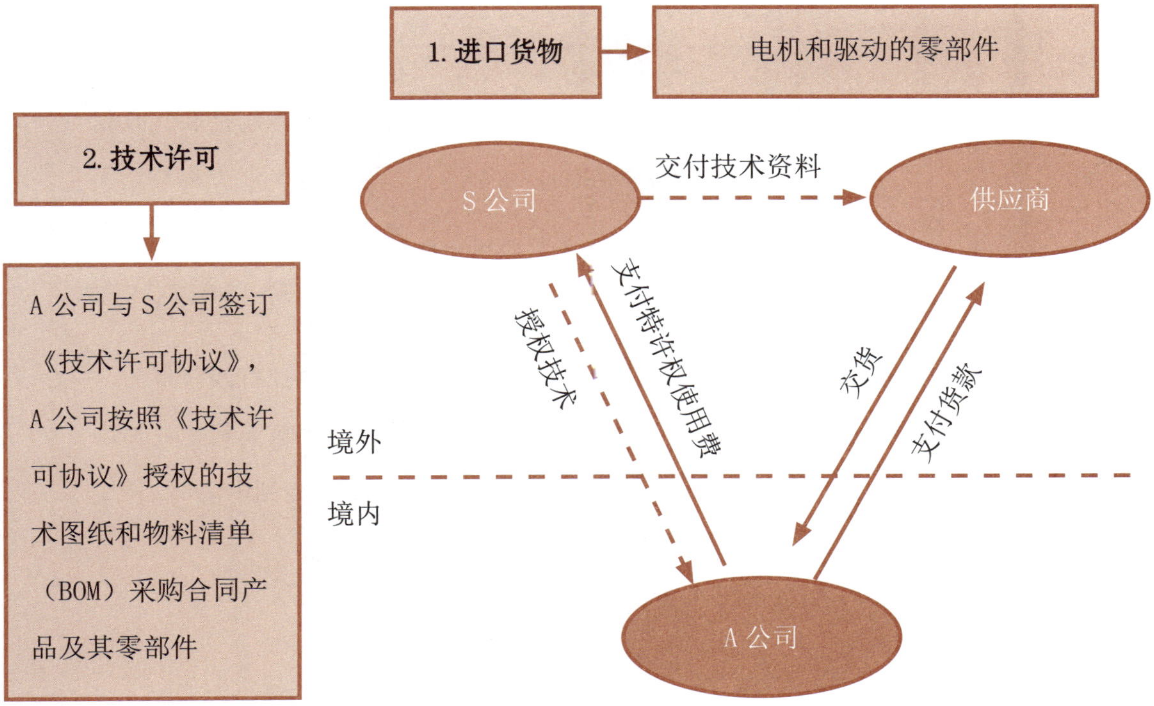

（三）特许权使用费的应税审查

1. 相关性

（1）《技术许可协议》

许可条款

S 公司授权 A 公司不可转让、非排他的、不得转许可的关于专有技术和专利的许可，用于生产、测试、使用合同产品，以及销售、租赁或处置合同产品和部件。

费用条款

每季度 A 公司应该按照合同产品净售价的一定百分比向 S 公司支付特许权使用费。

定义条款

“合同产品”指电机产品和驱动产品。

“专有技术”指所有关于合同产品的制造和 / 或测试的技术信息。

“专利”指在本协议期限内 S 公司拥有或获得的，并且可以被应用于制造、测试、销售或其他处理、操作或使用合同产品的所有专利、专利申请。

（2）技术图纸与进口商品的比对关系

根据《技术许可协议》，S 公司向 A 公司提供的技术资料有技术图纸、造型手册、基本标准、制造流程等文件。

其中，技术图纸由 S 公司依据《技术许可协议》授权给 A 公司使用，技术图纸包含 S 公司的专有技术或专利。经比对，技术图纸编号与进口货物申报规格中的料号一致。

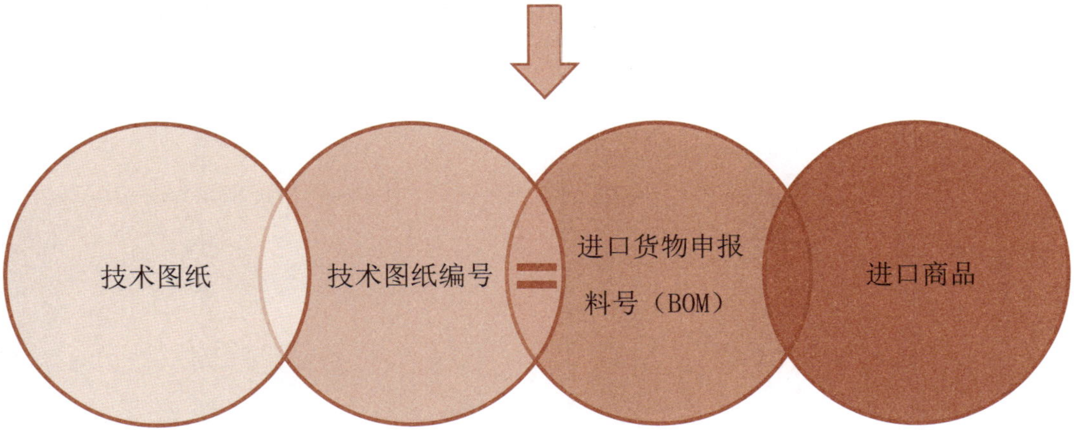

序号	进口商品申报品名	申报料号	图纸编号	图纸所有人
1	电机	X_1	X_1	S 公司
2	高速电力机车用 IGBT 模块	X_2	X_2	S 公司
3	变频调速装置	X_3	X_3	S 公司
4	绝缘门极晶体管	X_4	X_4	S 公司
5	电路板	X_5	X_5	S 公司
6	电机用定子总成	X_6	X_6	S 公司
7	高速电力机车用双辅助变流器	X_7	X_7	S 公司
8	电源板	X_8	X_8	S 公司
9	电机用转子总成	X_9	X_9	S 公司
10	逆变柜	X_{10}	X_{10}	S 公司
11	电抗器	X_{11}	X_{11}	S 公司
12	电缆	X_{12}	X_{12}	S 公司
13	螺栓	X_{13}	X_{13}	S 公司
14	螺母	X_{14}	X_{14}	S 公司

（3）相关性的认定

认定依据

《中华人民共和国海关审定进出口货物完税价格办法》第十三条

进口货物含有专利或者专有技术

用专利方法或者专有技术生产的

为实施专利或者专有技术而专门设计或者制造的

＋

特许权使用费是用于支付专利权或者专有技术使用费

满足上述条件，特许权使用费应当视为与进口货物有关

本案例中 A 公司向母公司 S 支付的特许权使用费，是用于支付 S 公司的专利权或专有技术使用费，且 A 公司进口货物是用 S 公司的专有技术或专利生产制造的

因此，上述特许权使用费与 A 公司的进口货物有关

2. 销售条件

（1）《采购协议》

保证条款

供应商保证，所有在合同项下提供的货物 / 服务应当符合 S 公司的图纸、规格或者其他要求。

财产条款

为履行合同而提供给供应商的 S 公司的财产，例如图纸、规格、数据和类似财产，应当仍然是 S 公司的财产。

工具条款

S 公司提供的工具、图形、样品、模型、节段、图样、标准、格式、文件和标准尺寸等，以及依据这些制成的物品，应是 S 公司的财产，在未经 S 公司书面同意的情况下，不得给予任何第三方和用于合同规定以外的目的。

终止条款

在收到终止通知后，供应商应立即停止该采购订单下的所有工作，立即通知并使其所有供应商或分包商停止相关工作。同时，供应商应返还 S 公司按采购订单向其提供的所有相关材料。

（2）《技术许可协议》和《采购协议》

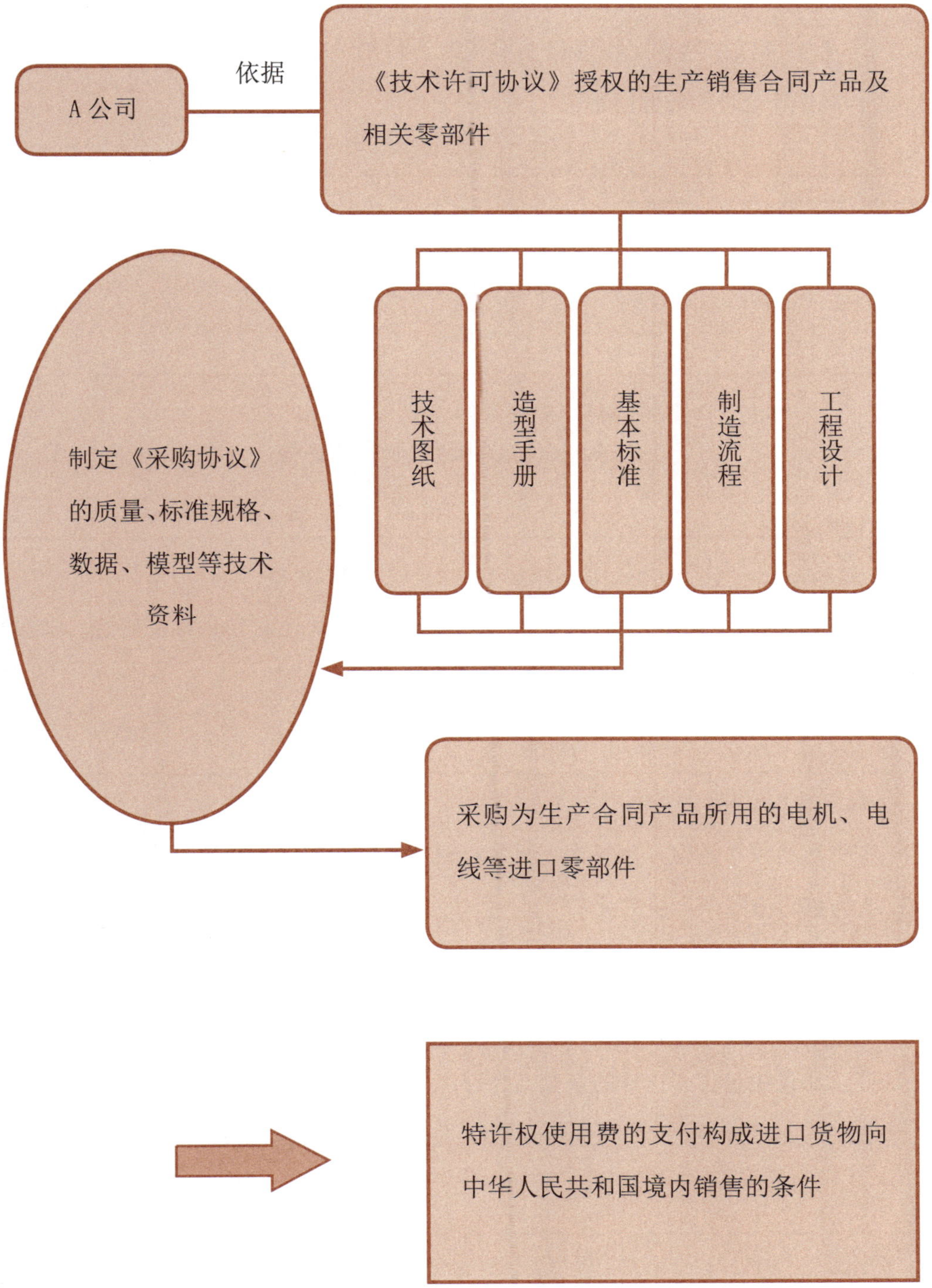

（3）《海关估价纲要》关于销售条件的规定

以下事实可以作为确定特许权使用费的支付是否构成销售要件的考虑因素

- 在供应合同或相关文件中提及特许权使用费
- 在许可协议中提及货物的销售
- 根据销售合同或许可协议条款，如买方未向许可方支付特许权使用费，则会导致销售协议的终止
- 在许可协议中约定，如果不支付特许权使用费，制造商则被禁止生产、销售含有许可方知识产权的货物
- 许可协议中包含了这样的条款：允许许可方对货物的生产以及制造商和进口商之间的销售活动（出口销售至进口国或地区）实施超出质量控制的管理
- 如果有证据证明，卖方（制造商）所销售商品是按照特许权使用费涉及的技术资料（包含图纸、标准、规范等形式）生产制造的

（四）结论

《中华人民共和国海关审定进出口货物完税价格办法》第十一条

"……（三）买方需向卖方或者有关方直接或者间接支付的特许权使用费，但是符合下列情形之一的除外：1．特许权使用费与该货物无关；2．特许权使用费的支付不构成该货物向中华人民共和国境内销售的条件……"

《中华人民共和国海关审定进出口货物完税价格办法》第十三条

"符合下列条件之一的特许权使用费，应当视为与进口货物有关：（一）特许权使用费是用于支付专利权或者专有技术使用权，且进口货物属于下列情形之一的：1. 含有专利或者专有技术的；2. 用专利方法或者专有技术生产的；3. 为实施专利或者专有技术而专门设计或者制造的……"

《中华人民共和国海关审定进出口货物完税价格办法》第十四条

"买方不支付特许权使用费则不能购得进口货物，或者买方不支付特许权使用费则该货物不能以合同议定的条件成交的，应当视为特许权使用费的支付构成进口货物向中华人民共和国境内销售的条件。"

A公司支付的特许权使用费与进口货物相关，且构成销售条件，应计入进口货物的完税价格中。

（五）混合特许权使用费的量化分摊

成本比例分摊法

应税特许权使用费 = 实付应付的特许权使用费 ×（与特许权使用费相关的进口货物 + 关税）/ 与特许使用费相关制成品的总成本

成本比例分摊法的含义

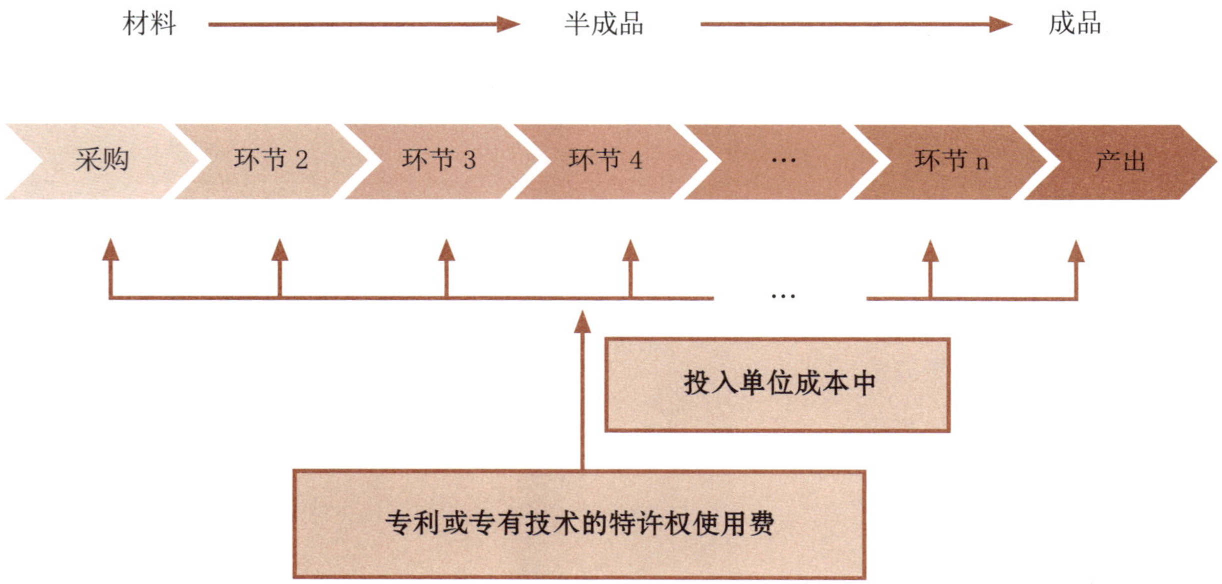

在纳税义务人没有客观量化证据证明各环节的技术费用各占多少的情况下，在会计处理上，各环节技术的价值（费用）多少可以在各环节商品成本分布上反映出来。因此，可以用成本分布作为混合费用的分配标准。

二、进口汽车零部件入门费、提成费案例

（一）基本情况

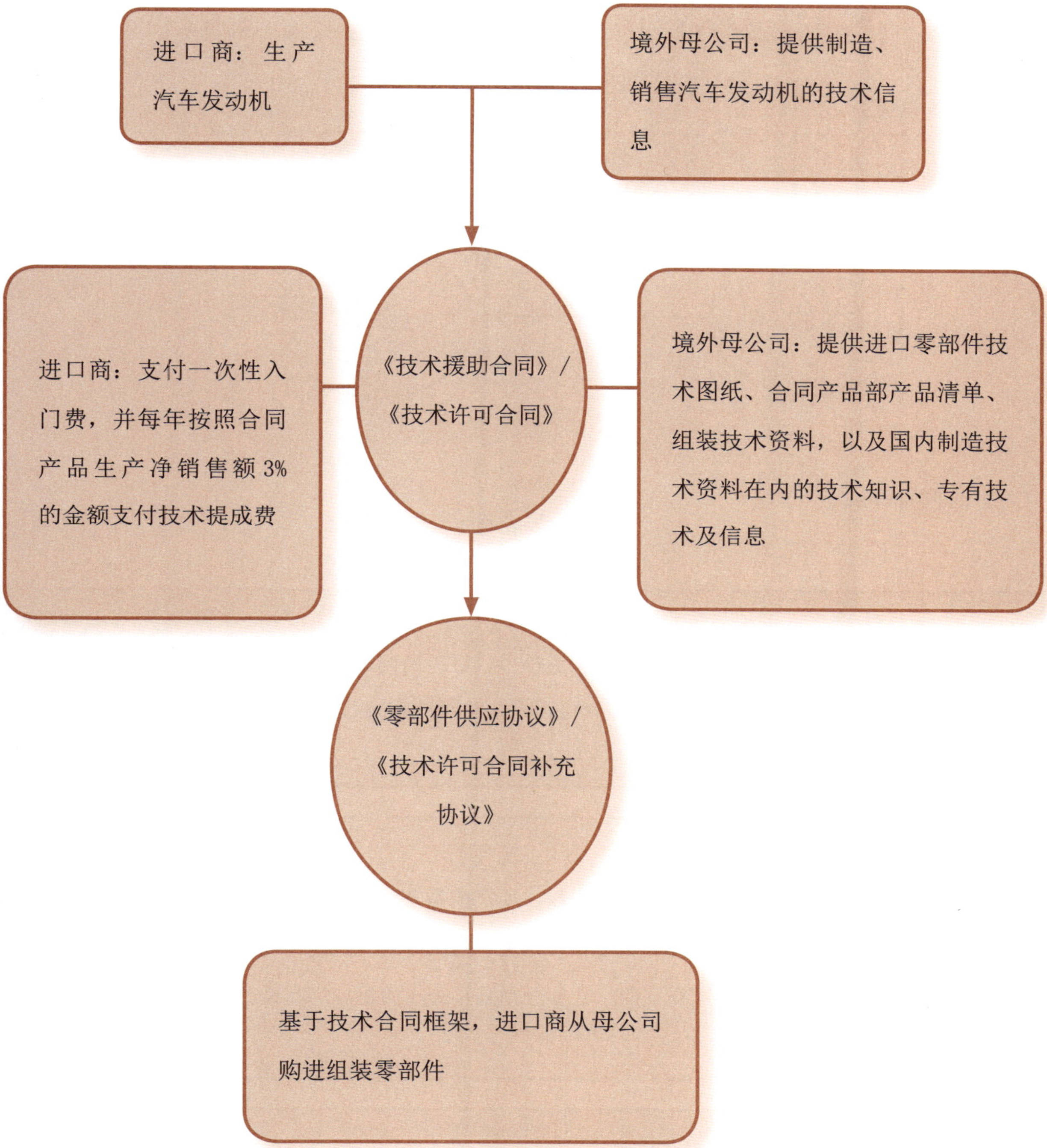

（二）贸易流程

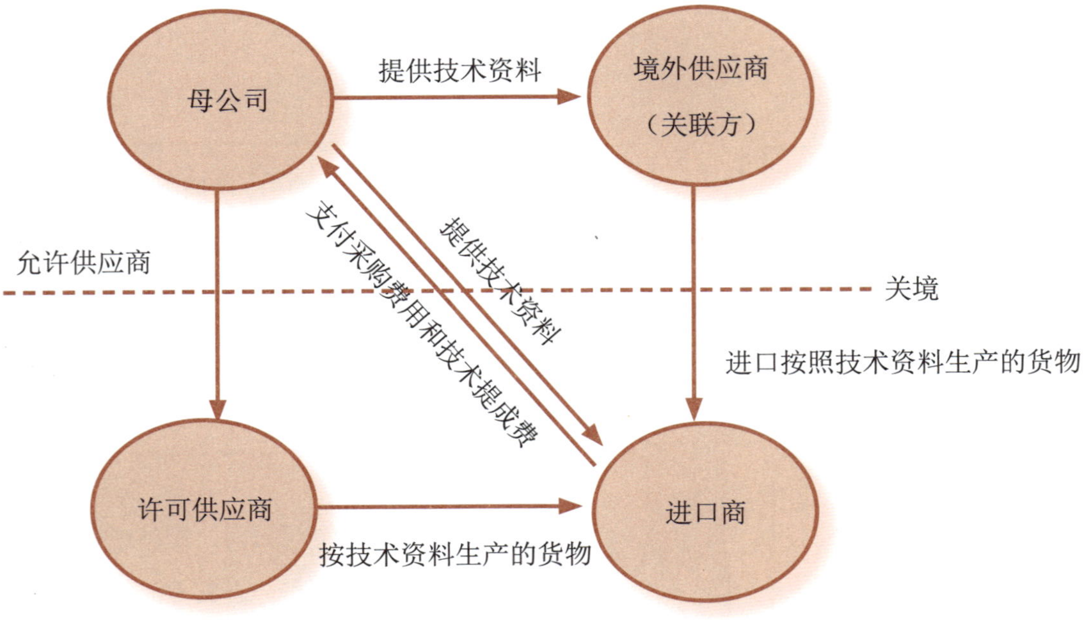

（三）合同特殊规定

从技术合同看，双方约定的仅涉及国内制造环节，进口商向母公司支付的特许权使用费仅是使用母公司的技术在国内制造生产合同产品，与进口货物无关。

从采购合同看，进口商有完全的采购自主权，所需的零部件既可以向母公司采购，也可以在国内采购，其零部件目前的国产化率达 90% 以上；母公司提供给进口商的零部件，一部分是母公司及其境外关联公司生产提供的，一部分则是母公司的配套厂商设计生产提供的。

从费用计提看，技术提成费是按照销售额扣除进口零部件的采购价格即销售净额计提支付给母公司的，向母公司采购的越少，其支付的特许权使用费就越多。

（四）特许权使用费的应税审查

1. 进口货物含有专有技术

零部件的供给是基于《技术援助合同》生效的前提下而进行的商业活动。

提供技术合同规定的技术资料，其记载了进口零部件的各种技术指标，体现了产品设计。进口商对其有保密义务。

技术资料是母公司所拥有的专利或专有技术。进口零部件均标有对应料号，该料号与技术资料的编号相同。不同车型的发动机必须由特定的零部件一一对应制作而成。

2. 构成销售条件的审查

零部件供给协议是技术合同的组成部分 《技术援助合同》规定“在母公司同意进口商的要求时，由母公司向进口商提供该合同产品及其零部件。详细内容，另外签订《零部件供应协议》予以规定”。进口商根据《技术援助合同》支付入门费、技术提成费是公司进行零部件采购、合同产品生产和销售的条件之一。

零部件的使用受到限制 进口商对于零部件没有绝对的处置权，对其处置和使用的权利必须以《技术许可合同》的履行作为前提条件。

不支付特许权使用费，所有合同协议均解除 《技术援助合同》约定“不支付根据本合同的条件应该支付的费用，可解除本合同”，《零部件供应协议》规定“技术援助合同失效时，可立即解除本协议书”。

进口零部件和国内采购零部件，均受母公司的控制 首先，对零部件的国内采购供应商的选定必须通过母公司同意（支付特许权才能得到母公司同意）；其次，国内零部件须按照母公司提供的零部件图纸进行生产，并符合生产许可产品的技术要求。同时，无论是进口还是国产零部件，技术合同规定按照母公司图纸生产的零部件仅能用于合同产品的制造，不得擅自转让和处置。

（五）结论

《中华人民共和国海关审定进出口货物完税价格办法》

第十一条

“……（三）买方需向卖方或者有关方直接或者间接支付的特许权使用费，但是符合下列情形之一的除外：

1．特许权使用费与该货物无关；2．特许权使用费的支付不构成该货物向中华人民共和国境内销售的条件……”

第十三条

“符合下列条件之一的特许权使用费，应当视为与进口货物有关：

（一）特许权使用费是用于支付专利权或者专有技术使用权，且进口货物属于下列情形之一的：1．含有专利或者专有技术的；2．用专利方法或者专有技术生产的；3．为实施专利或者专有技术而专门设计或者制造的……”

第十四条

“买方不支付特许权使用费则不能购得进口货物，或者买方不支付特许权使用费则该货物不能以合同议定的条件成交的，应当视为特许权使用费的支付构成进口货物向中华人民共和国境内销售的条件。”

进口商采购的进口零部件含有母公司的专利和专有技术，同时其在履行《技术许可合同》的过程中支付入门费、技术提成费的行为，已经构成进口货物向中华人民共和国境内销售的条件，实际应付的入门费、技术提成费应计入进口零部件的完税价格。

三、进口可编程控制器支付技术使用费案例

（一）基本情况

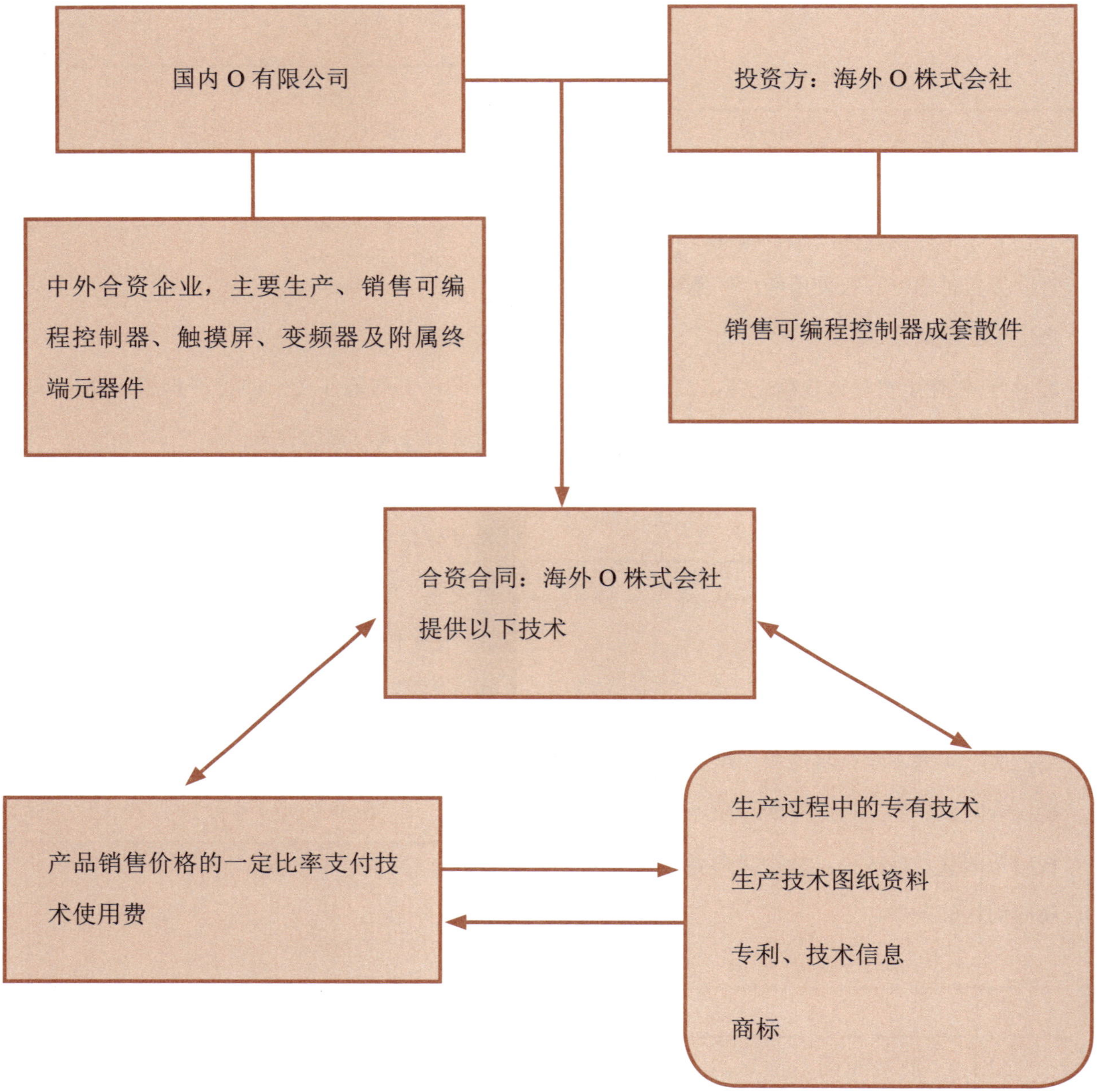

（二）贸易流程

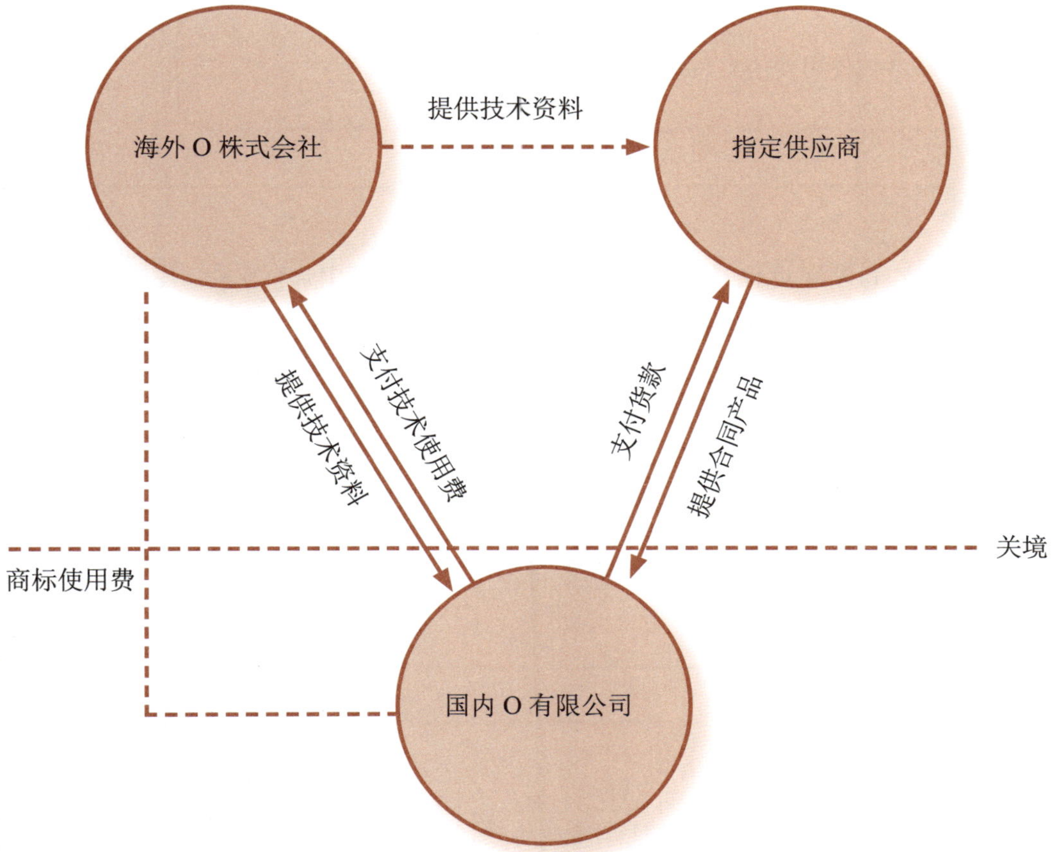
海外O株式会社
提供技术资料
指定供应商
支付技术使用费
提供技术资料
支付货款
提供合同产品
关境
商标使用费
国内O有限公司

（三）特许权使用费的认定过程

特许权使用费的支付是否与进口货物有关。

进口自海外O株式会社的可编程控制器成套散件中含有专利，海关取得了进口货物所含专利清单及专利文件。

特许权使用费的支付是否构成购进进口货物的条件。

根据《合资合同》及《技术转让协议》，海外O株式会社向国内O有限公司提供生产产品的相关技术，后者为此向其支付技术使用费。

对外直接或者间接支付特许权使用费及实付或应付金额。

从国内O有限公司的财务数据显示，为了获得该技术使用权，合计对其支付人民币X元。

（四）商标使用费的认定

根据《合资合同》的内容，国内O有限公司因使用O商标所支付的商标使用费是否与进口商品相关，决定对应的特许权使用费是否需计入完税价格。

1. 国内O有限公司进口的可编程控制器成套散件，需经过复杂的生产加工工序，深加工后才能达到对外销售状态。

2. 成套散件进口时，并不带有商标，进口后经过专门工序附于最终产品上。

（五）结论

法律依据

《中华人民共和国进出口关税条例》第十九条，“进口货物的下列费用应当计入完税价格……（五）作为该货物向中华人民共和国境内销售的条件，买方必须支付的、与该货物有关的特许权使用费。”

《中华人民共和国海关审定进出口货物完税价格办法》第十三条，“符合下列条件之一的特许权使用费，应当视为与进口货物有关：

（一）特许权使用费是用于支付专利权或者专有技术使用权，且进口货物属于下列情形之一的：

1．含有专利或者专有技术的；

2．用专利方法或者专有技术生产的；

3．为实施专利或者专有技术而专门设计或者制造的……”

《中华人民共和国海关审定进出口货物完税价格办法》第十三条，“……（二）特许权使用费是用于支付商标权，且进口货物属于下列情形之一的：

1．附有商标的；

2．进口后附上商标直接可以销售的；

3．进口时已含有商标权，经过轻度加工后附上商标即可以销售的。”

最终认定

国内O有限公司为使用海外O株式会社的技术所支付的技术使用费，与进口货物有关且构成购买进口货物的条件，其对外支付的特许权使用费应调整计入进口货物的完税价格。

而因使用海外O株式会社的商标所支付的销售费用，与进口货物无关，无须计入进口货物的完税价格。

四、进口商品规划服务费和设计费案例

（一）基本情况

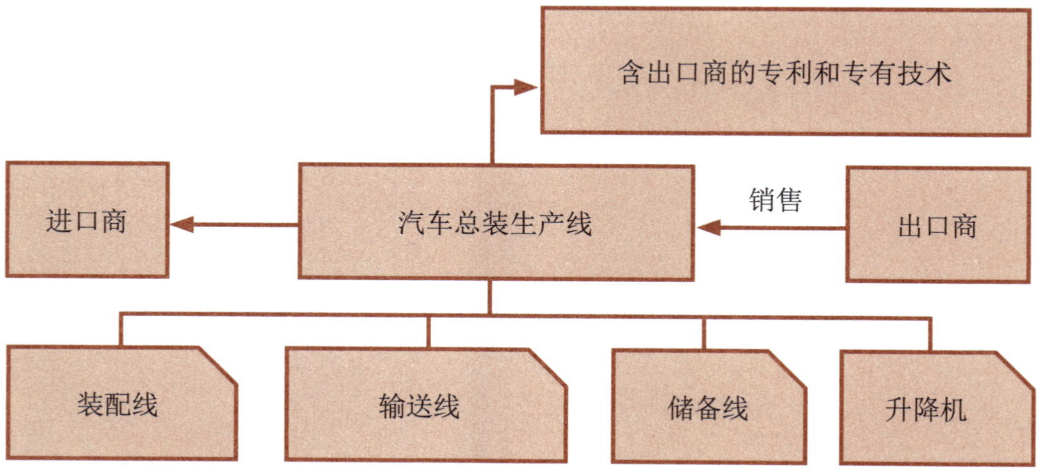

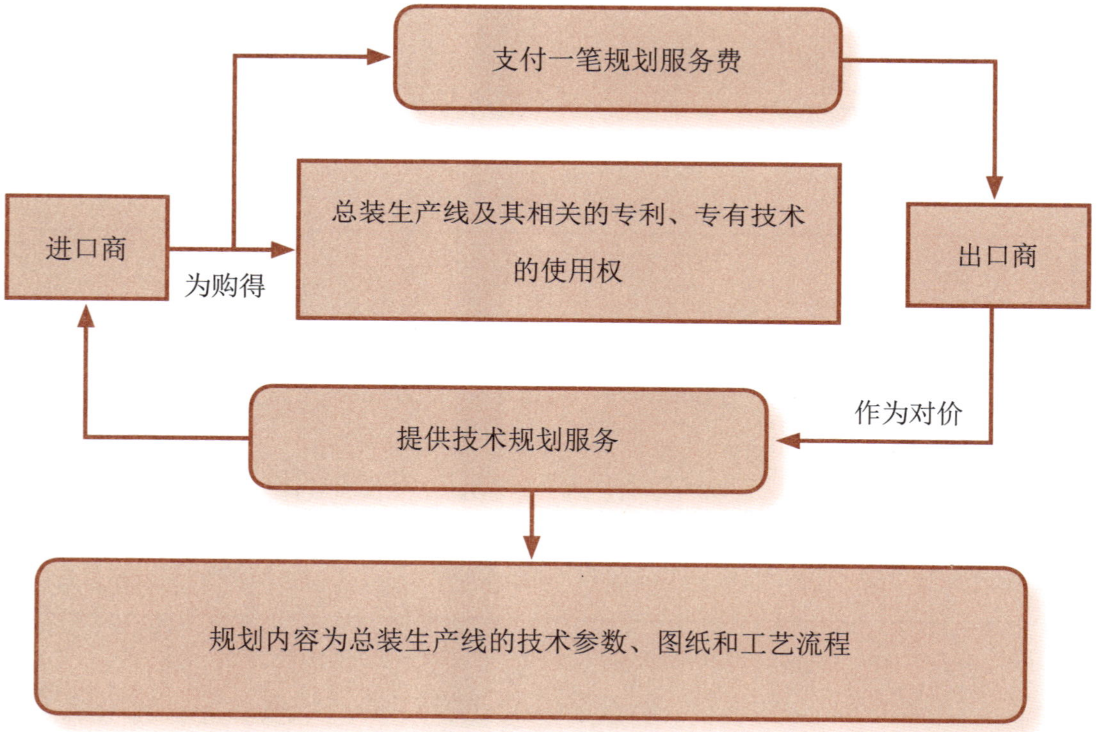

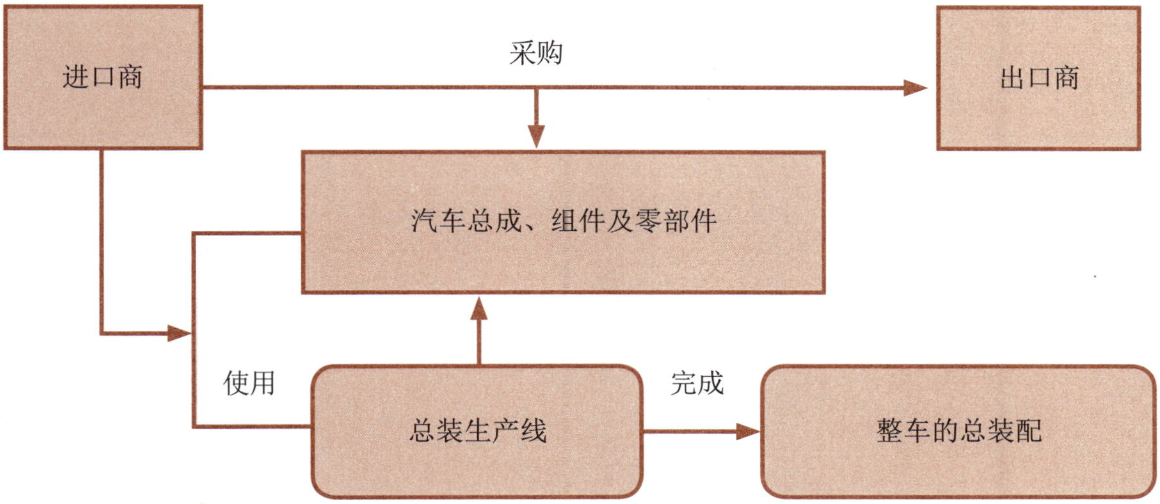
进口商
采购
出口商
汽车总成、组件及零部件
使用
总装生产线
完成
整车的总装配

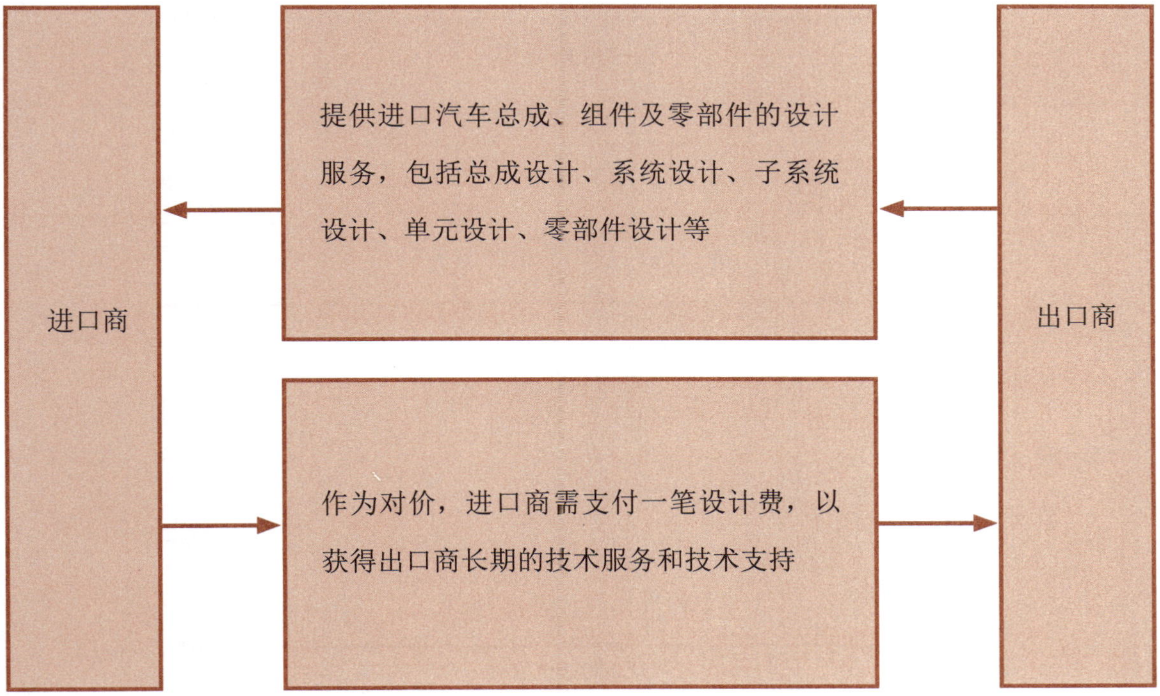
进口商
提供进口汽车总成、组件及零部件的设计服务，包括总成设计、系统设计、子系统设计、单元设计、零部件设计等
出口商
作为对价，进口商需支付一笔设计费，以获得出口商长期的技术服务和技术支持

（二）贸易流程

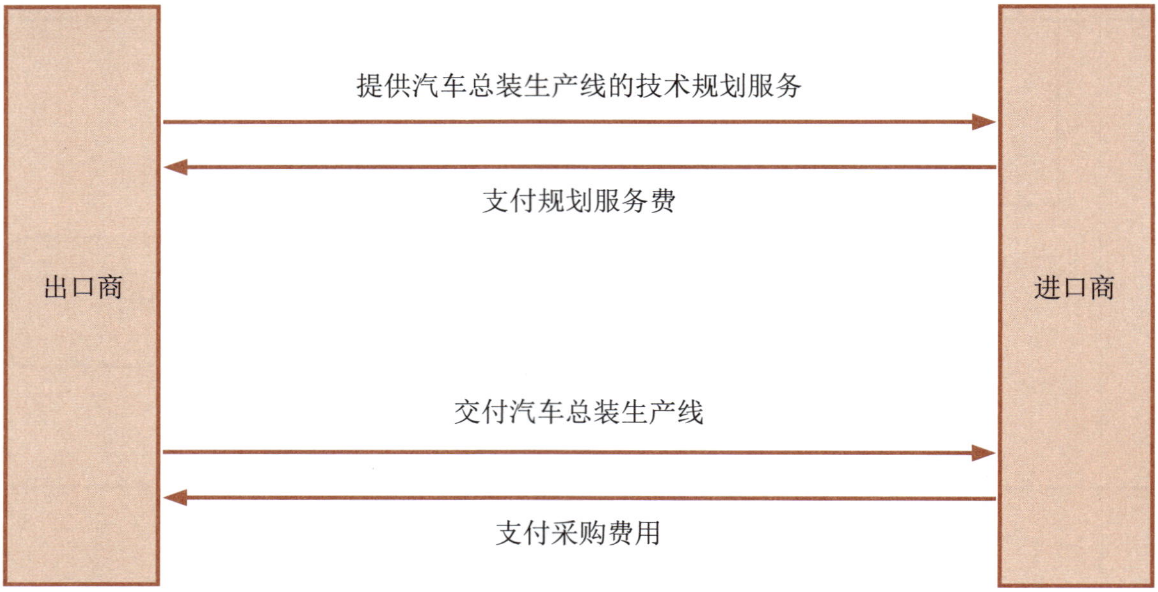
出口商
提供汽车总装生产线的技术规划服务
支付规划服务费
交付汽车总装生产线
支付采购费用
进口商

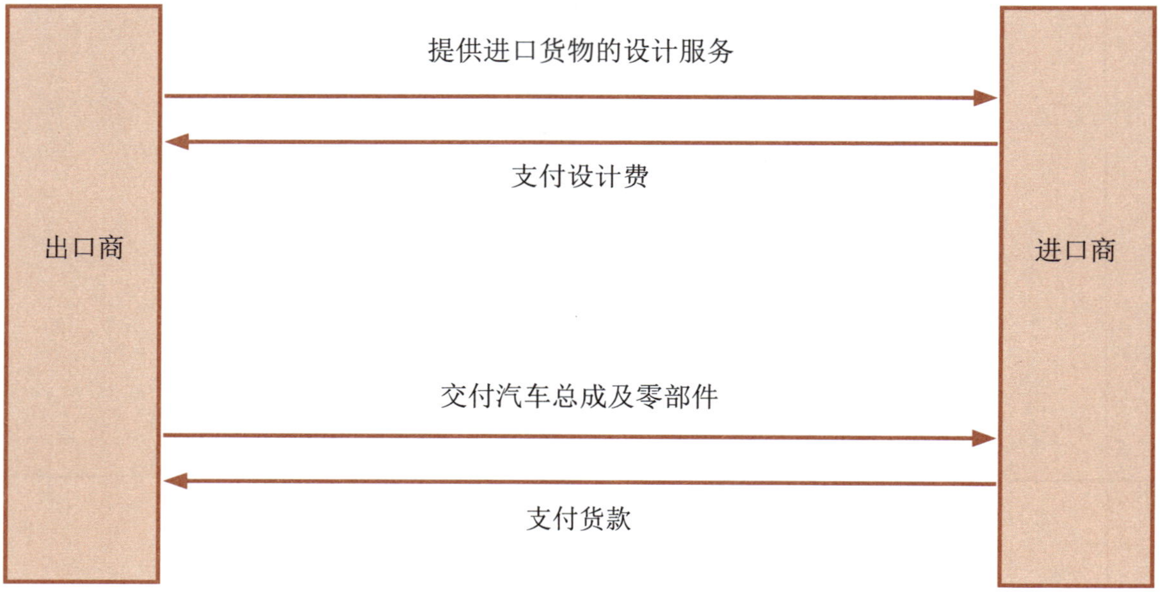
出口商
提供进口货物的设计服务
支付设计费
交付汽车总成及零部件
支付货款
进口商

（三）总装工艺流程

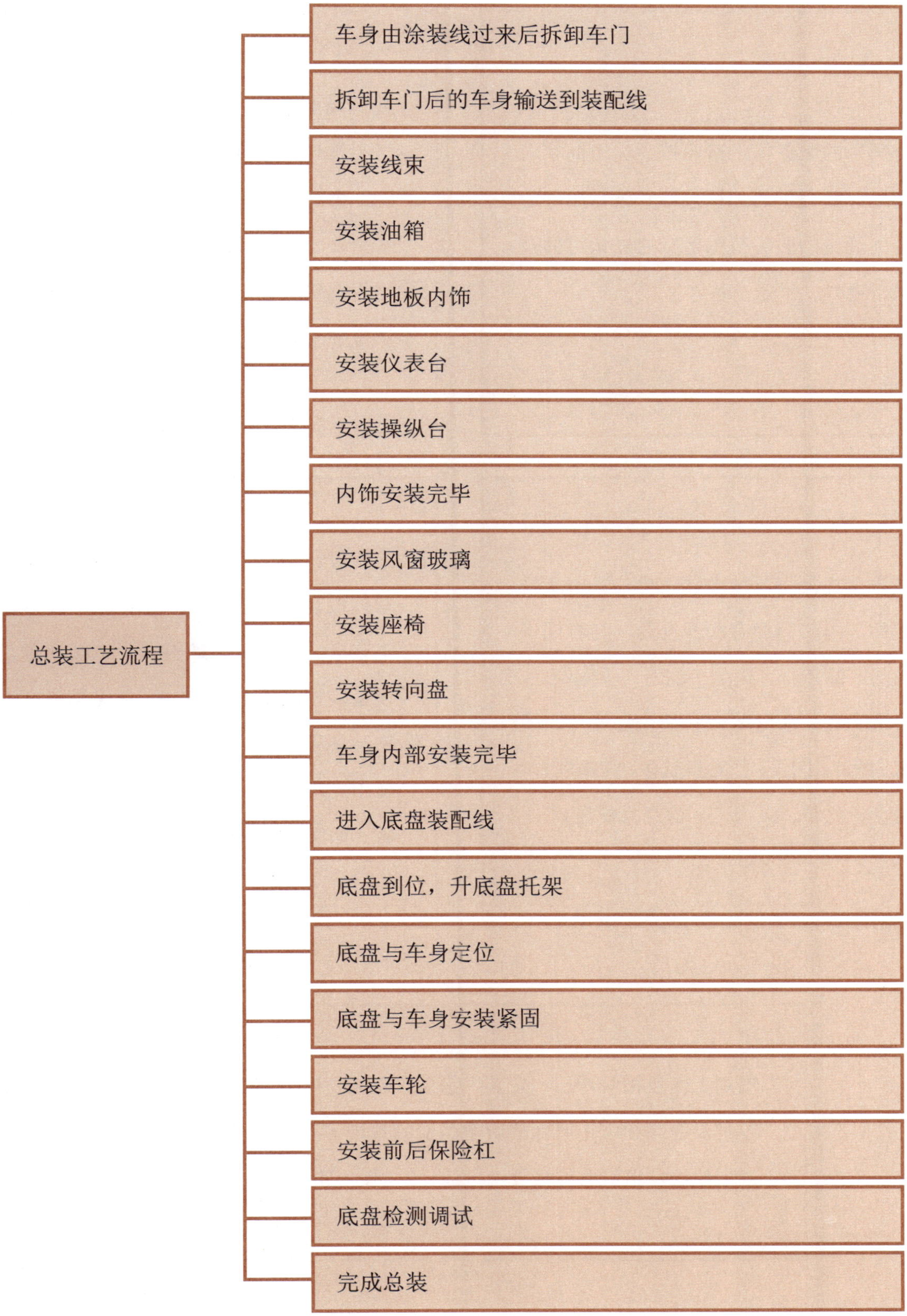
总装工艺流程
车身由涂装线过来后拆卸车门
拆卸车门后的车身输送到装配线
安装线束
安装油箱
安装地板内饰
安装仪表台
安装操纵台
内饰安装完毕
安装风窗玻璃
安装座椅
安装转向盘
车身内部安装完毕
进入底盘装配线
底盘到位，升底盘托架
底盘与车身定位
底盘与车身安装紧固
安装车轮
安装前后保险杠
底盘检测调试
完成总装

（四）《工程设计和规划协议》

合同中的服务指出口商按照进口商要求为进口商提供的工程设计和规划服务。合同约定的服务范围包括通过认可的技术、材料、机器设备等。

进口商与出口商签订关于合同产品的《工程设计和规划协议》，根据协议规定，出口商使用其专利、专有技术和技术文件，承担相关工程设计和规划工作。作为对价，进口商向出口商支付设计费和规划服务费。

技术文件是指《技术转让协议》中所规定的，出口商拥有和开发的，与合同产品的产品工程、装配、制造、质量保证、管理和售后服务等有关的全部文件、图纸、图片、图表、计算机软件、缩微胶片、磁盘、磁带、录像带、信息系统等。

工程设计包括但不限于以下内容：工厂总体设计、工艺设计（包括生产计划、工艺卡、检验卡、调整卡、总图布置、设备规格及报价程序）、专用设备及工艺装备设计（工装、工夹具）、土建和公用工程设计，包括社会设施、现场服务（如现场指导监督工作）。

规划工作包括对冲压、焊装、涂装、总装、电气、工艺、进度控制及物流和用于质保的质量和检测规划等方面的技术规划或规划建议，出口商只负责进口部分的规划工作。

（五）海关估价分析

《中华人民共和国海关审定进出口货物完税价格办法》第十三条

→ 符合下列条件之一的特许权使用费，应当视为与进口货物有关：

（一）特许权使用费是用于支付专利权或者专有技术使用权，且进口货物属于下列情形之一的：

1. 含有专利或者专有技术的；

2. 用专利方法或者专有技术生产的；

3. 为实施专利或者专有技术而专门设计或者制造的……

《中华人民共和国海关审定进出口货物完税价格办法》第十四条

→ 买方不支付特许权使用费则不能购得进口货物，或者买方不支付特许权使用费则该货物不能以合同议定的条件成交的，应当视为特许权使用费的支付构成进口货物向中华人民共和国境内销售的条件。

本案例中，规划服务费是特许权使用费的一种表现形式，进口商不支付规划服务费，则无法购得含有出口商专利和专有技术的汽车总装生产线。设计费也属于特许权使用费的范畴，进口汽车总成、组件、零部件由出口商使用其专利和专有技术来设计、生产及销售，含有出口商的专利或专有技术，进口商不支付设计费，则不能购得上述进口货物。

规划服务费与进口总装生产线相关，设计费与进口汽车总成、组件、零部件相关，且都构成销售条件，应分别计入对应进口货物的完税价格。

五、进口汽车零部件含有研发费案例

（一）基本情况

国内汽车零部件生产企业F	由境外母公司（V公司）100%控股
主要进口商品	集成电路、传感器、电容、电阻、连接器等
F与V签订《技术开发合同》	F获得V提供的研发服务，作为对价，F向V支付研发费用

（二）贸易流程

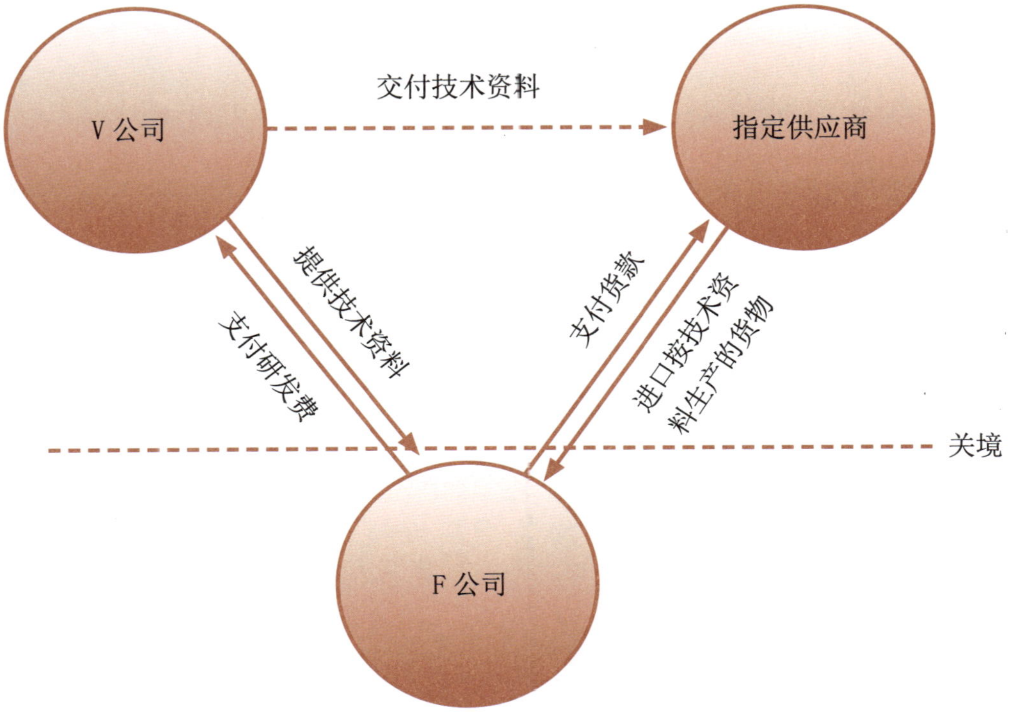

（三）特许权使用费的应税审查

1. 相关性

（1）《技术开发（委托）协议》

授权条款

V公司同意向F公司履行下列研发服务：根据OEM规则的要求，设计、重新设计或改进零部件，包括通过实物模型、原型或样品以验证和测试上述零部件；设计和完善样品；准备工程和测试规范，流程表，材料清单以及建议使用的原材料；提供零部件图纸和装配图；程序的界定，必要生产设备的描述（生产流水线的总体布局、工作站等）；本协议“研发服务”中列明了所有与本协议相关的研发活动。

支付条件

作为研发服务的对价，F公司应向V公司支付研发费。研发费相当于母公司为提供服务而发生的实际成本和费用外加双方根据经合组织转移定价指导文件所作的基准分析得出的合理利润（5%）。该报酬应包括母公司提供服务时实际发生的直接和间接成本，包括但不限于：人工工资、社保缴费及其他管理成本，与所提供服务相关的差旅费，专用材料及设备成本和必要的外购服务成本。

研发服务情况一览表

序号	项目名称	预计研发费用	研发服务内容
1	1 号项目	X_1 百万欧元	——技术研究准备 ——设计和制图的进一步完善 ——软件和硬件工程 ——对于设计验证和流程验证的测试准备和支持 ——对于技术的咨询和服务
2	2 号项目	X_2 百万欧元	
3	3 号项目	X_3 百万欧元	
4	4 号项目	X_4 百万欧元	
5	5 号项目	X_5 百万欧元	
6	6 号项目	X_6 百万欧元	
7	7 号项目	X_7 百万欧元	
8	8 号项目	X_8 百万欧元	
9	9 号项目	X_9 百万欧元	

（2）《采购框架协议》

保证条款

供应商保证每个采购订单所涉及的所有货物将符合由母公司V提供给供应商的所有规格、标准、图纸、样品和/或说明、质量要求、性能要求、并且合适、形式和功能要求，以及货物或装备有该货物车辆拟销售国家的所有的现行的行业标准、法律和法规。

质量条款

供应商向F公司提供的货物将满足母公司V的质量要求。供应商保证所有货物都符合采购订单记载的所有说明、标准、图样、样品和描述，包括但不限于质量、性能、适合度、形式、功能和外观。

自有机具

非经母公司V书面同意，供应商不得使用其自有机具为其他客户生产货物，包括售后市场的客户。鉴于F公司采购订单下的货物由供应商自有机具生产，供应商授予F公司独家的不可撤销的选择权。F公司有权在行使该选择权时，以剩余的折旧未收回的成本价购买供应商自有机具。F公司可在任何时候行使该选择权，而不仅仅是在终止、到期或取消采购订单的情况下。

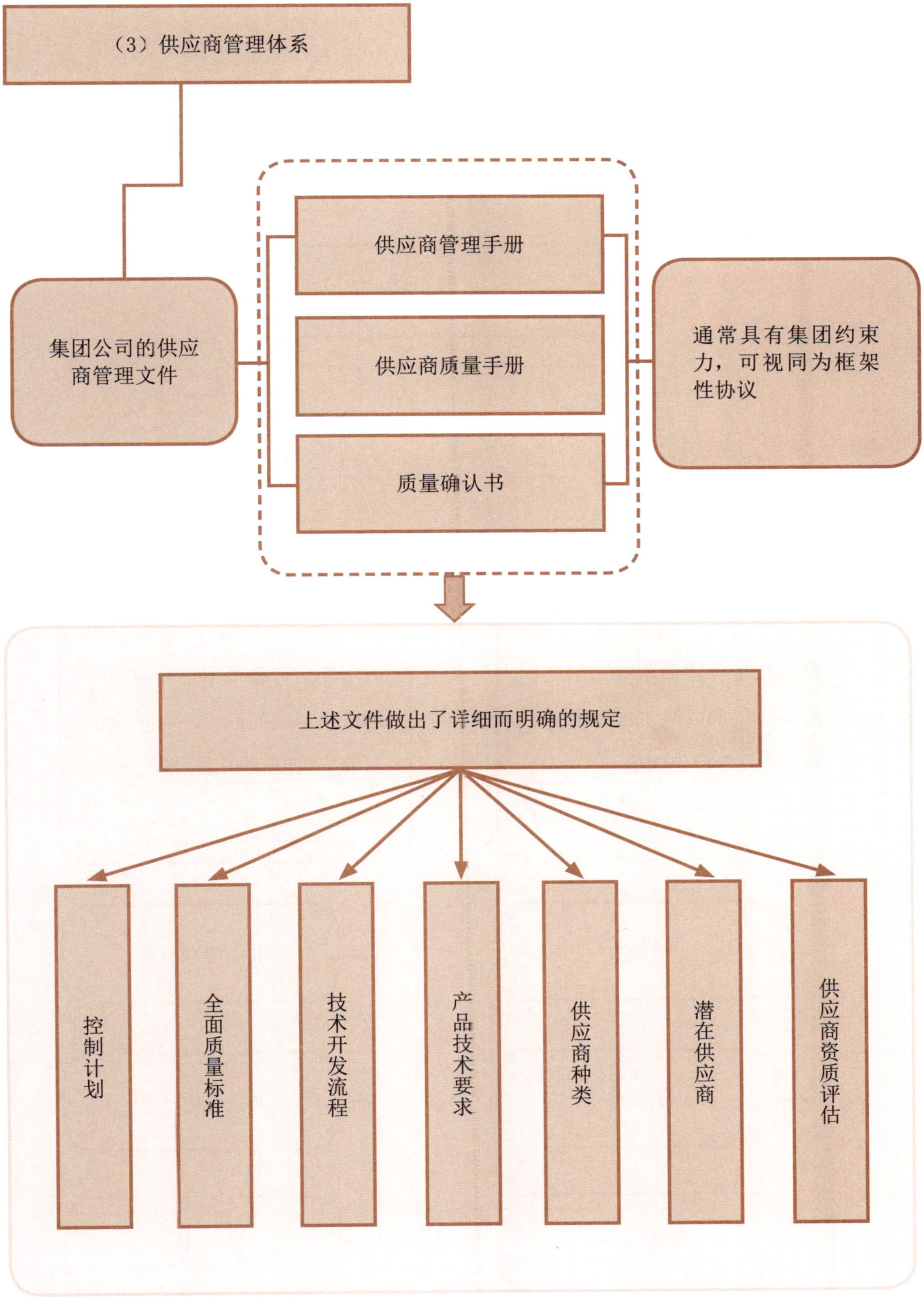
（3）供应商管理体系
集团公司的供应商管理文件
供应商管理手册
供应商质量手册
质量确认书
通常具有集团约束力，可视同为框架性协议
上述文件做出了详细而明确的规定
控制计划
全面质量标准
技术开发流程
产品技术要求
供应商种类
潜在供应商
供应商资质评估

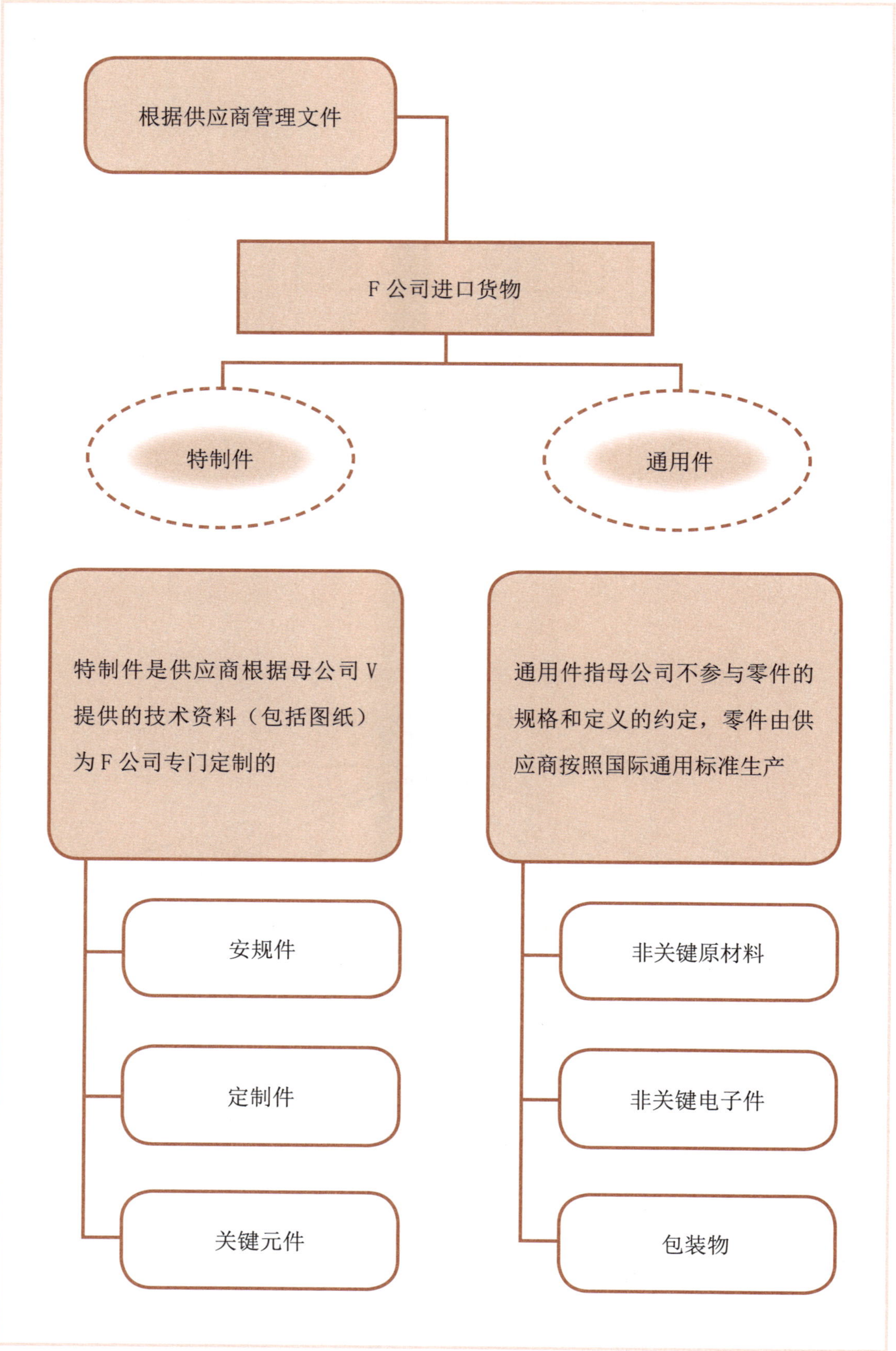
根据供应商管理文件
F 公司进口货物
特制件
通用件
特制件是供应商根据母公司 V 提供的技术资料（包括图纸）为 F 公司专门定制的
通用件指母公司不参与零件的规格和定义的约定，零件由供应商按照国际通用标准生产
安规件
定制件
关键元件
非关键原材料
非关键电子件
包装物

2. 销售条件

《技术开发合同》终止条款

本协议一旦终止，研发服务终止，且F公司应当立即迅速停止生产合同产品，并迅速归还母公司所有的一切和技术相关的文件和保密信息。

采购框架协议条款

使用母公司的信息只为向F公司供应货物。“母公司的信息”是指母公司或其代表或分包商向供应商提供的所有技术信息，关于业务、项目、货物数据、标准、结构、设计、草图、照片、样品、雏形、测试车辆，以及制造、包装或运输方式和流程，计算机软件和程序。

（四）结论

《中华人民共和国海关审定进出口货物完税价格办法》第十一条

……（三）买方需向卖方或者有关方直接或者间接支付的特许权使用费，但是符合下列情形之一的除外：1．特许权使用费与该货物无关；2．特许权使用费的支付不构成该货物向中华人民共和国境内销售的条件。

《中华人民共和国海关审定进出口货物完税价格办法》第十三条

符合下列条件之一的特许权使用费，应当视为与进口货物有关：

（一）特许权使用费是用于支付专利权或者专有技术使用权，且进口货物属于下列情形之一的：1. 含有专利或者专有技术的；2. 用专利方法或者专有技术生产的；3. 为实施专利或者专有技术而专门设计或者制造的……

《中华人民共和国海关审定进出口货物完税价格办法》第十四条

买方不支付特许权使用费则不能购得进口货物，或者买方不支付特许权使用费则该货物不能以合同议定的条件成交的，应当视为特许权使用费的支付构成进口货物向中华人民共和国境内销售的条件。

F 公司支付的研发费与进口汽车零部件相关，且构成销售条件，应计入进口汽车零部件的完税价格。

六、进口商品技术资料入股案例

（一）基本情况

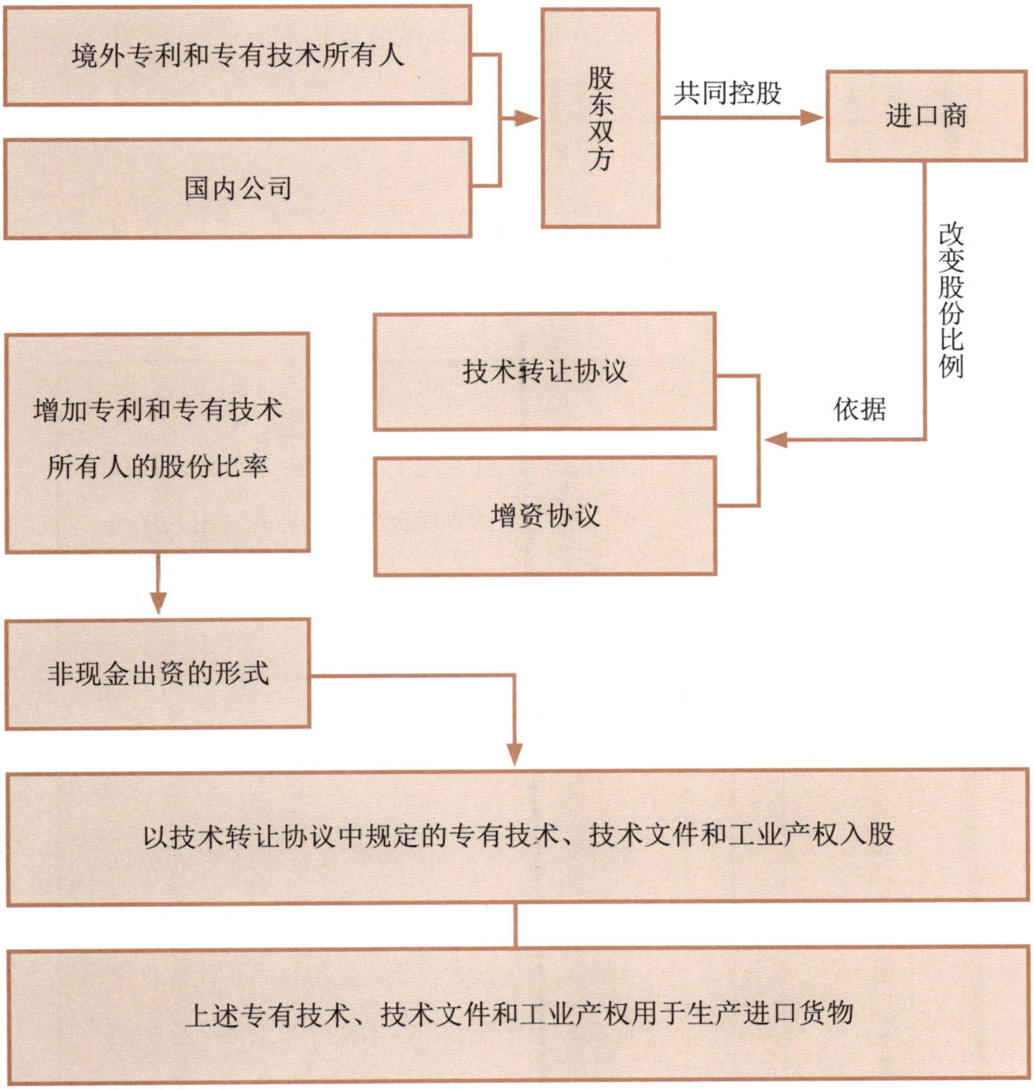

（二）董事会决议

经董事会研究决定，同意公司股东双方以非现金出资的形式，将进口商注册资本由人民币 X_1 亿元增至人民币 X_2 亿元。

（三）技术转让协议和增资协议的关键条款

双方股份资本增加及注资

作为公司仅有的两个股东方，双方同意该公司注册资本以非现金出资的形式，由人民币 X_1 亿元增至人民币 X_2 亿元。

在注资之日，专利和专有技术所有人应以授权许可的形式，向进口商注册注入资金（X_2-X_1）亿元人民币，使用技术转让协议中规定的专有技术、技术文件和工业产权制造和销售合同产品，该许可证总价值应为人民币 Y 元。

（四）增资评估报告

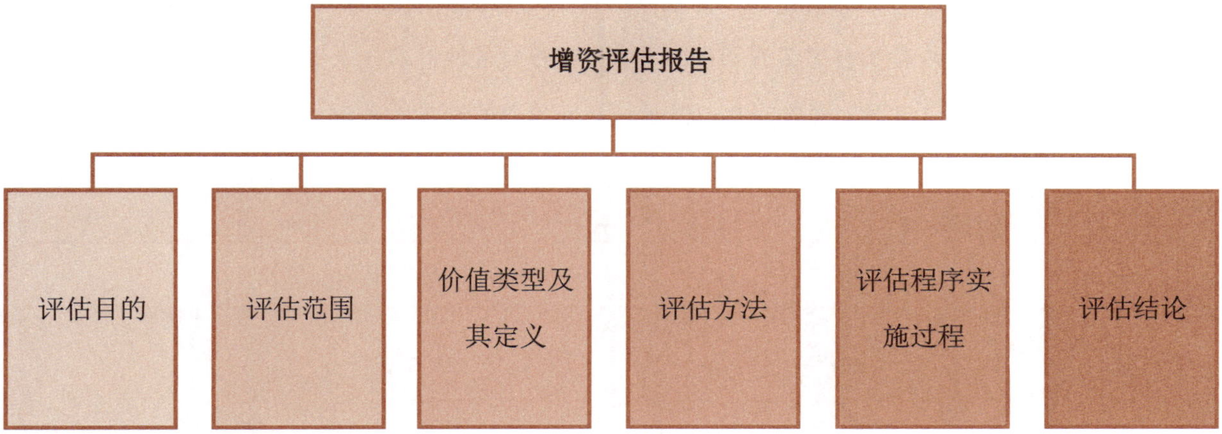

1. 评估目的

根据董事会纪要，专利和专有技术所有人拟以授权许可技术的形式对进口商进行增资，按有关规定对增资涉及的专有技术进行评估，为上述经济行为提供价值参考依据。

2. 评估范围

专利和专有技术所有人以授权许可的形式将专有技术的使用权转让给进口商，实现对进口商的增资。根据双方约定，上述授权许可的专有技术为技术使用权，该使用权包括在国内制造、销售合同产品及其零部件的独占性权利。上述独占性权利指的是，对专利和专有技术所有人唯一的限制是，不得将上述许可授予除其下属公司（此处下属公司指专利和专有技术所有人享有其100%股权的公司）之外的任何国（地区）内的第三方。进口商不可转让上述技术使用权，以及不可再许可给第三方制造、销售技术许可合同约定的产品。

3. 价值类型及其定义

根据评估目的，确定本次评估对象的价值类型为市场价值。市场价值是指自愿买方和自愿卖方，在各自理性行事且未受任何强迫的情况下，评估对象在评估基准日进行正常公平交易的价值估计数额。

4. 评估方法

本次评估从收益途径方面进行，采用收益现值法。收益现值法的技术思路是对使用专有技术项目生产的产品未来年期的收益进行预测，并按一定的分成率，即该专有技术在未来年期收益中的贡献率，计算专有技术的收益额，用适当的折现率折现，加和即为评估值。

5. 评估程序实施过程

（1）收集资料

技术转让方及技术实施企业基本情况，专有技术所属技术领域的发展状况、技术水平、技术成熟度、技术更新速度等有关信息、资料，与专有技术产品相关的财务数据。

（2）分析数据

对影响专有技术价值的法律因素进行分析，包括专有技术资产的权利属性及权利限制、法律状态，以及专有技术所有权与使用权的差异，专有技术使用权的具体形式等。对影响专有技术资产价值的技术因素进行分析，包括替代性、先进性、创新性、成熟度、实用性、防御性、垄断性等。

5. 评估程序实施过程

（3）选择评估方法

根据评估对象、价值类型、资料收集情况等相关条件，分析收益法、市场法和成本法三种资产评估基本方法的适用性，选择收益法作为本次专有技术的评估方法。

（4）评估测算

采用收益法对纳入评估范围的专有技术进行评估，确定专有技术的收益年限、技术分成率、未来各年度的收益，以及折现率等影响专有技术估值的主要参数。

6. 评估结论

专利和专有技术所有人拟向进口商增资涉及的专有技术使用权评估值为（X_2-X_1）亿元人民币

增资评估报告包含

专利和专有技术所有人关于拥有工业产权和专有技术的声明

专利和专有技术所有人确认

其在区域内是工业产权和专有技术无争议的合法所有权人和合法使用权人

其在区域外是工业产权和专有技术无争议的合法所有权人和合法使用权人

其有权授权进口商使用工业产权和专有技术，不会构成对任何区域外第三方的授权和任何区域内第三者的侵权

（五）法律依据及估价分析

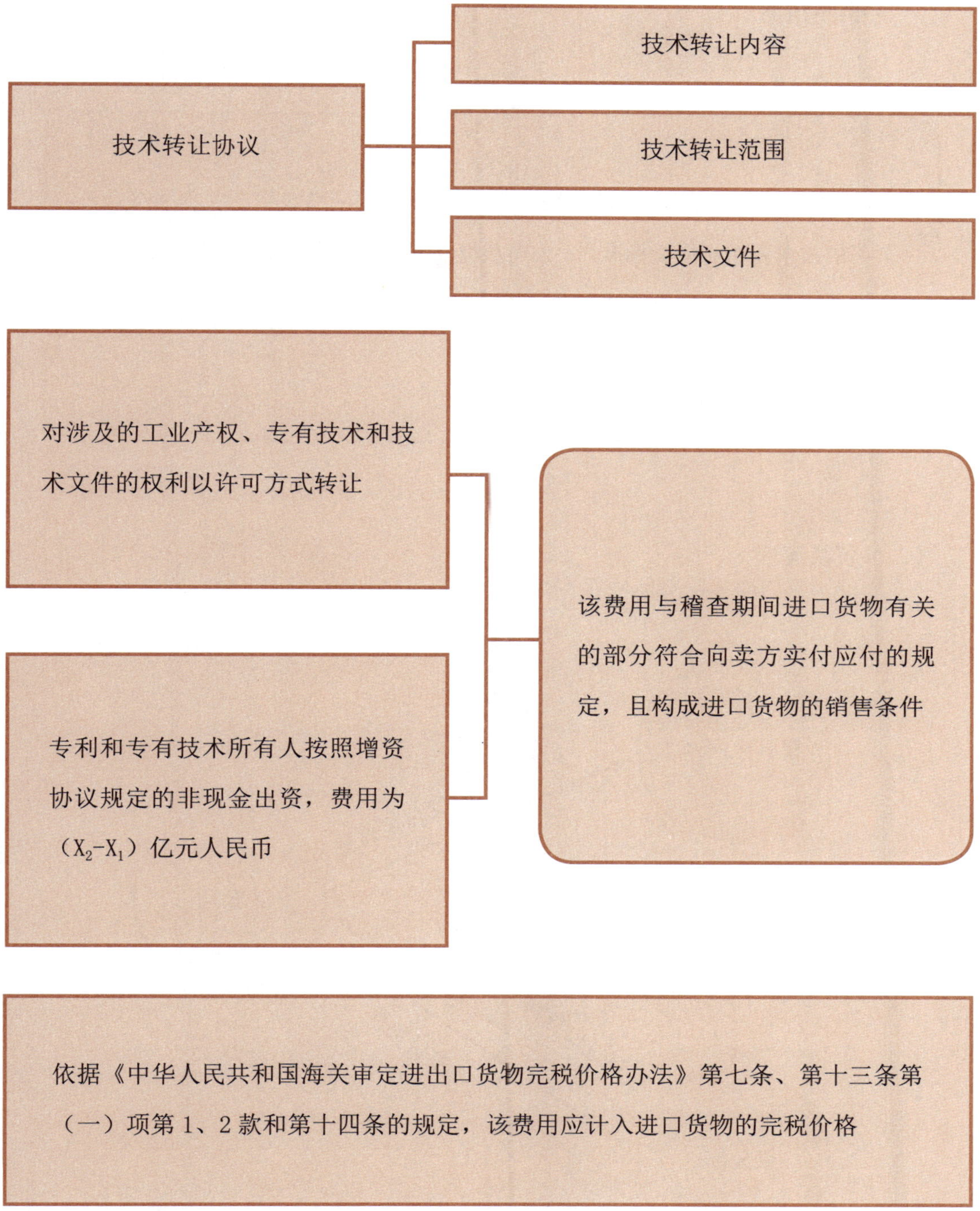
技术转让协议
技术转让内容
技术转让范围
技术文件
对涉及的工业产权、专有技术和技术文件的权利以许可方式转让
专利和专有技术所有人按照增资协议规定的非现金出资，费用为（X_2-X_1）亿元人民币
该费用与稽查期间进口货物有关的部分符合向卖方实付应付的规定，且构成进口货物的销售条件
依据《中华人民共和国海关审定进出口货物完税价格办法》第七条、第十三条第（一）项第 1、2 款和第十四条的规定，该费用应计入进口货物的完税价格

七、买方免费提供模具案例

（一）基本情况

A 公司从境外供应商 S 采购进口货物，为了确保供应商 S 生产的货物符合 A 公司的技术要求和质量标准，A 公司从境外模具生产商 T 定制生产进口货物所需的模具，并以托管形式免费将模具交付供应商 S，专用于 A 公司进口货物的生产。

（二）贸易流程

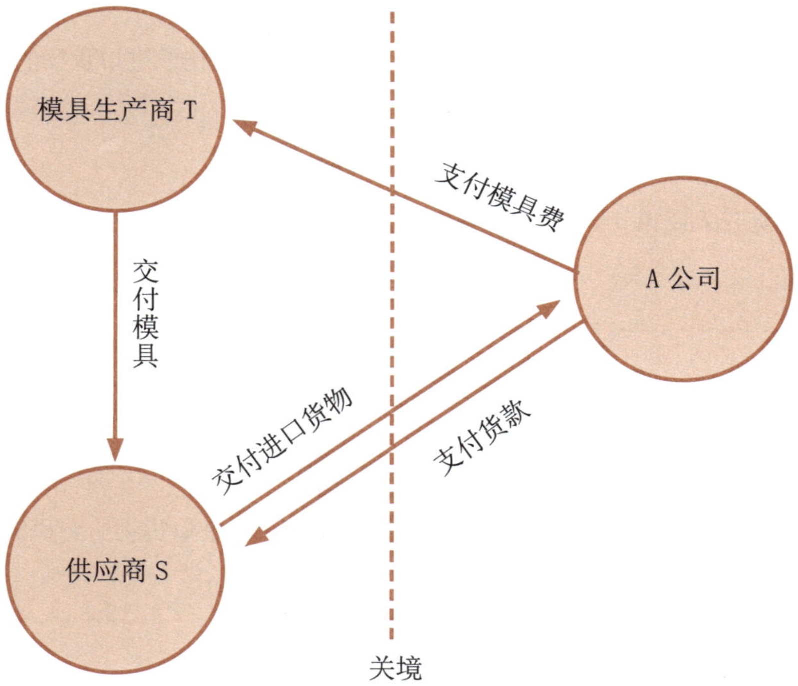

（三）海关估价分析

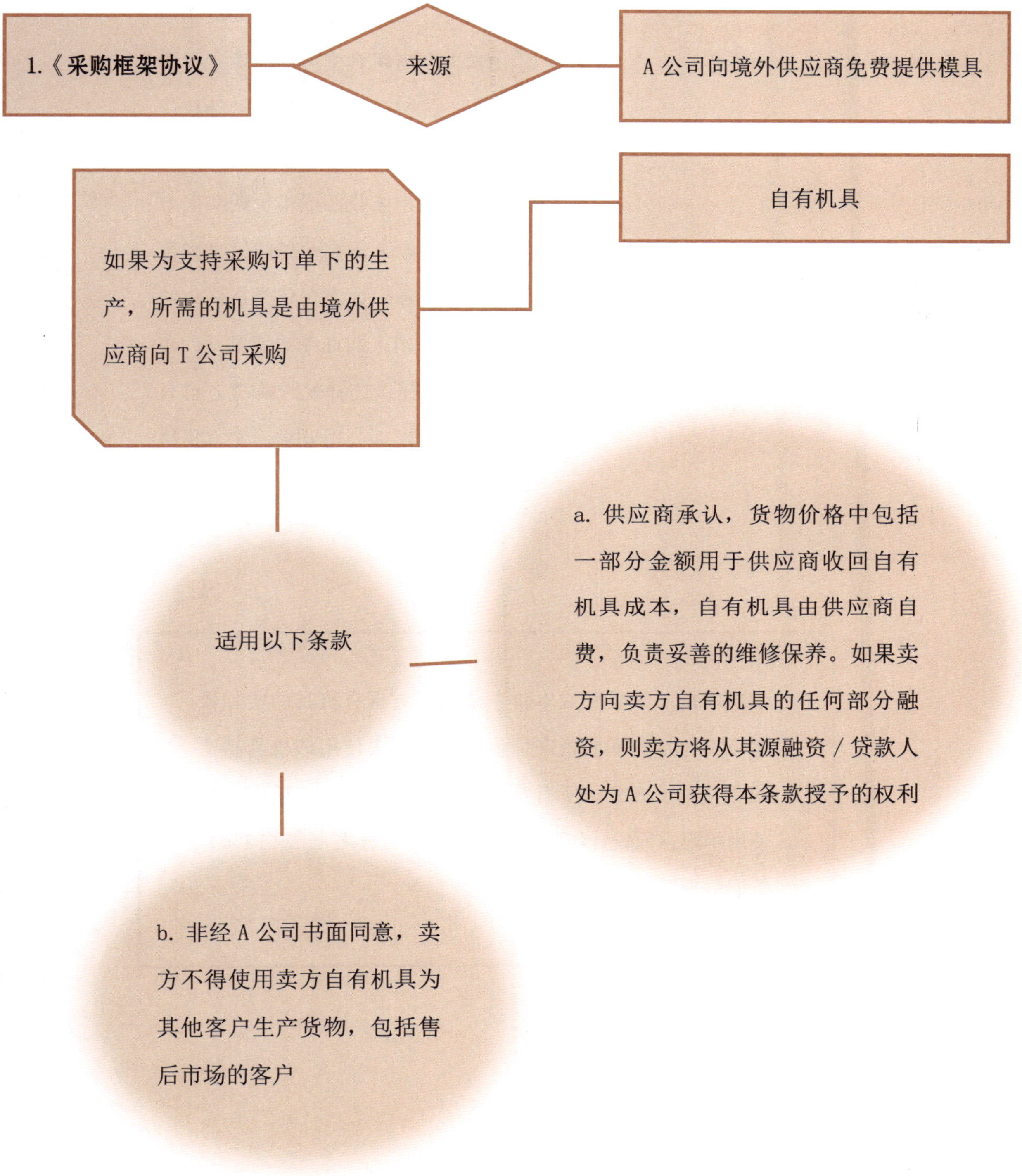
1.《采购框架协议》
来源
A 公司向境外供应商免费提供模具
如果为支持采购订单下的生产，所需的机具是由境外供应商向 T 公司采购
自有机具
适用以下条款
a. 供应商承认，货物价格中包括一部分金额用于供应商收回自有机具成本，自有机具由供应商自费，负责妥善的维修保养。如果卖方向卖方自有机具的任何部分融资，则卖方将从其源融资 / 贷款人处为 A 公司获得本条款授予的权利
b. 非经 A 公司书面同意，卖方不得使用卖方自有机具为其他客户生产货物，包括售后市场的客户

适用以下条款

c. 鉴于A公司采购订单下的货物是由卖方自有机具生产的，卖方授予A公司独家的、不可撤销的选择权，A公司有权在行使该选择权时，以剩余的折旧未收回成本价购买卖方自有机具。A公司可在任何时候行使该选择权，而不仅仅是在终止、到期或取消采购订单的情况下。在A公司行使该选择权收购卖方自有机具时，经A公司要求，卖方将协助A公司从卖方的工厂搬走该财产

术语“折旧未收回成本价”是指卖方自有机具的实际成本（不包括利润或资产增值部分）减去使用该机具制造的并交付给A公司所有货物折旧部分的总和，根据剩余使用年限占原设计年限的比例按每年百分之十二（12%）折旧率折旧。

2. SAP 财务数据

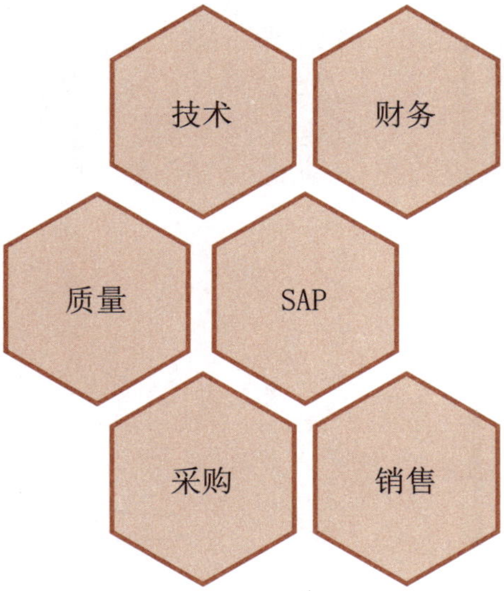

SAP 系统作为企业生产经营管理的重要工具，涵盖了财务、采购、技术、质量、销售等各模块数据。本案例中，A 公司在 SAP 财务模块中将模具价值及模具修正费列入“低值易耗品”账户。

模具记账要素

序号	模具编号	模具名称	采购价格	托管供应商	用该模具生产的货物的商品料号	模具托管协议号

3.《模具托管协议》

A 公司与供应商签订《模具托管协议》

A 公司同意向供应商出借模具，仅供其用于履行主合同（进口货物采购合同）

专用于生产合同产品

模具托管协议内容

- 模具系全新模具，价值为人民币 X 元
- 模具和所有相关附件及文件为 A 公司的专有财产，不得扣押或转让
- 供应商承诺仅为执行 A 公司订单之目的使用模具，不得将其用于个人目的或为第三方制造部件
- 供应商不得制造或促使他人制造与模具相同或相似的工艺装备，亦不得复制或向第三方披露在模具生产和部件制造中使用的图纸、规格说明及其他技术文件
- 供应商不得有偿或无偿地向第三方授予任何使用模具的权利
- 本协议为主协议（进口货物采购合同）不可分割的从属部分，最迟于主合同届满或提前终止之时自动终止。因此，若主合同终止，本协议将自动终止
- 部件的批量生产结束后，A 公司将要求供应商及时安排归还模具，或要求其为后续部件的生产保留和继续维护模具 N 年。A 公司要求归还时，供应商应将状态良好的模具及其所有文件（包括维护信息）一同归还

4. 模具修正费

为使模具发挥最好效能，境外模具生产商 T 根据 A 公司的要求，对模具进行新的工程设计与调整。A 公司为此支付模具修正费用，获得新的工程设计图纸和技术标准的所有权，以及 T 公司相应的劳务服务。

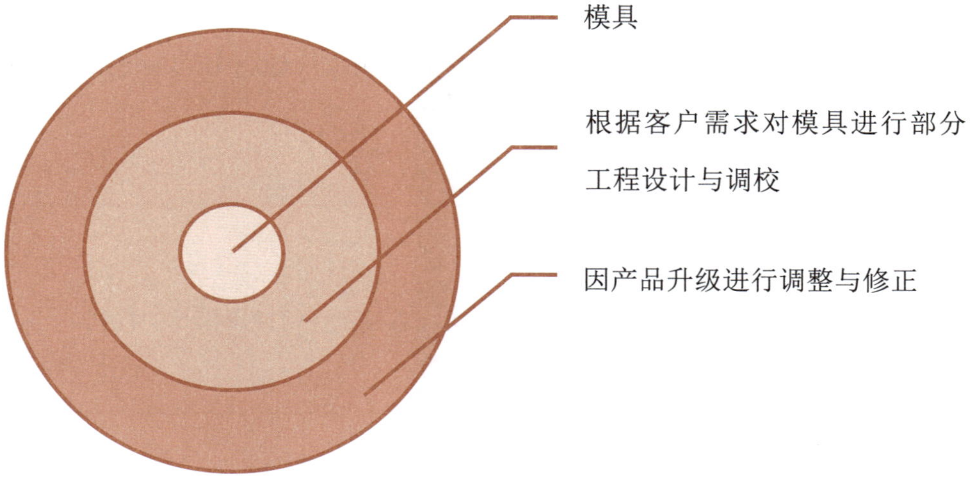

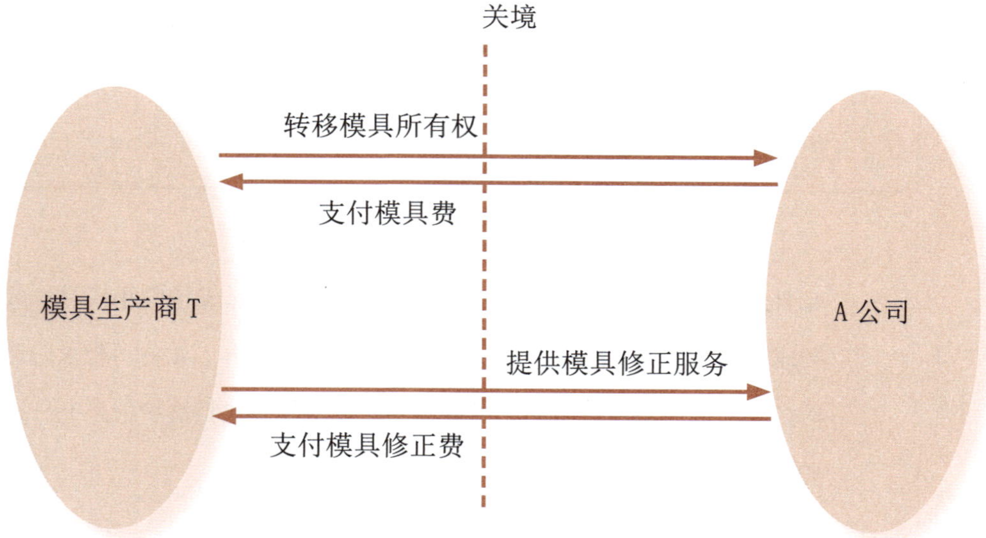

（四）应税认定

《中华人民共和国海关审定进出口货物完税价格办法》第十一条

同时满足三项条件的协助费

- 与进口货物的生产和向中华人民共和国境内销售有关的
- 由买方以免费或者以低于成本的方式提供
- 可以按适当比例分摊的下列货物或者服务的价值

应当计入完税价格

协助费

- 进口货物包含的材料、部件、零件和类似货物
- 在生产进口货物过程中使用的工具、模具和类似货物
- 在生产进口货物过程中消耗的材料
- 在境外进行的为生产进口货物所需的工程设计、技术研发、工艺及制图等相关服务

（五）量化分摊

《中华人民共和国海关审定进出口货物完税价格办法》第十二条

协助费用的量化分摊

- 由买方从与其无特殊关系的第三方购买的，应当计入的价值为购入价格
- 由买方自行生产或者从有特殊关系的第三方获得的，应当计入的价值为生产成本
- 由买方租赁获得的，应当计入的价值为买方承担的租赁成本
- 生产进口货物过程中使用的工具、模具和类似货物的价值，应当包括其工程设计、技术研发、工艺及制图等费用
- 如果货物在提供给卖方前已经被买方使用过，应当计入的价值为根据国内公认的会计原则对其进行折旧后的价值

八、进口机械臂协助费案例

（一）基本情况

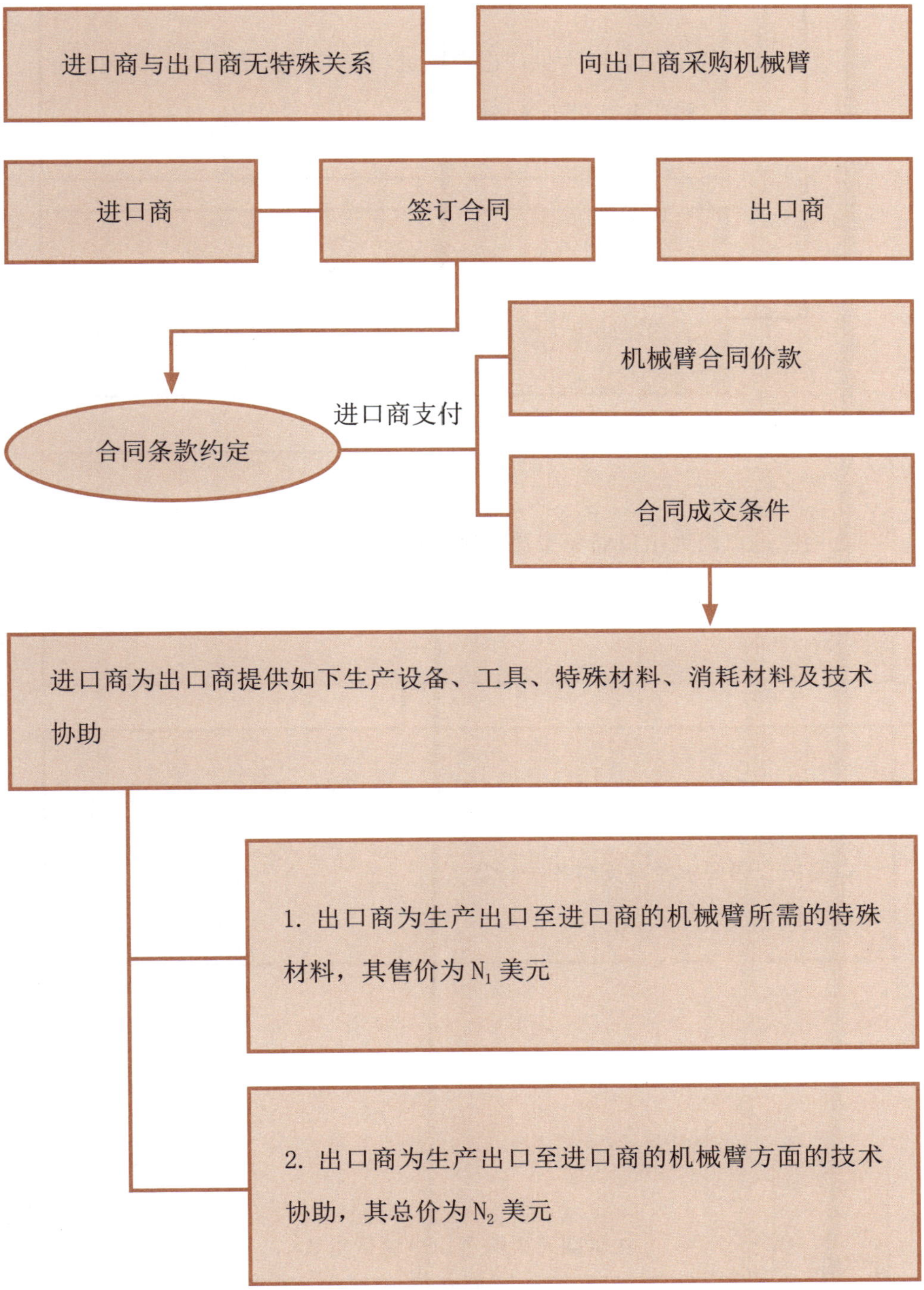

3. 出口商为生产出口至进口商的机械臂而租借的专用机器，设备租用费为 N_3 美元

4. 出口商为生产出口至进口商的机械臂使用的消耗材料，其总价为 N_4 美元

5. 出口商为生产出口至进口商的机械臂而由进口商购买的辅助电子检测设备，其总价为 N_5 美元

↓

上述由进口商为出口商免费提供的生产设备、工具、特殊材料及技术协助，只能用于为进口商生产合同机械臂，不能作为他用

出口商按合同要求，保质保量提供给进口商合同机械臂，同时，进口商按合同要求及时支付相关货款

（二）贸易流程

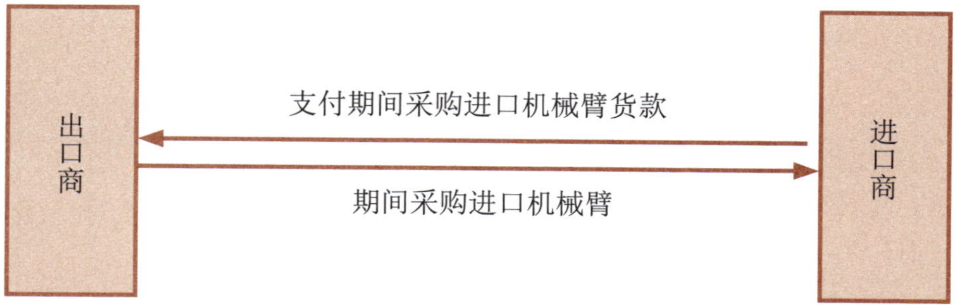

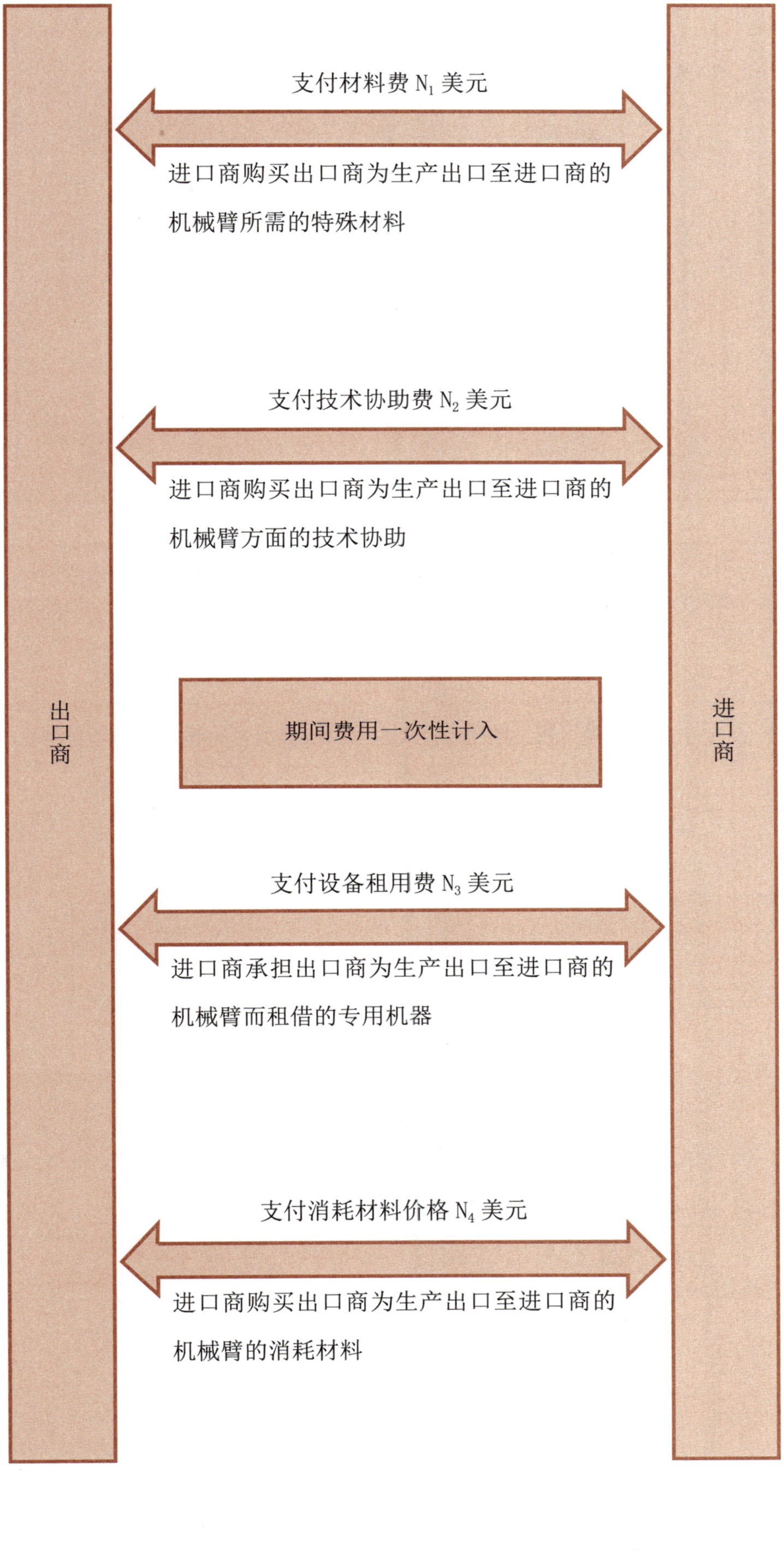
出口商
进口商
支付材料费 N_1 美元
进口商购买出口商为生产出口至进口商的机械臂所需的特殊材料
支付技术协助费 N_2 美元
进口商购买出口商为生产出口至进口商的机械臂方面的技术协助
期间费用一次性计入
支付设备租用费 N_3 美元
进口商承担出口商为生产出口至进口商的机械臂而租借的专用机器
支付消耗材料价格 N_4 美元
进口商购买出口商为生产出口至进口商的机械臂的消耗材料

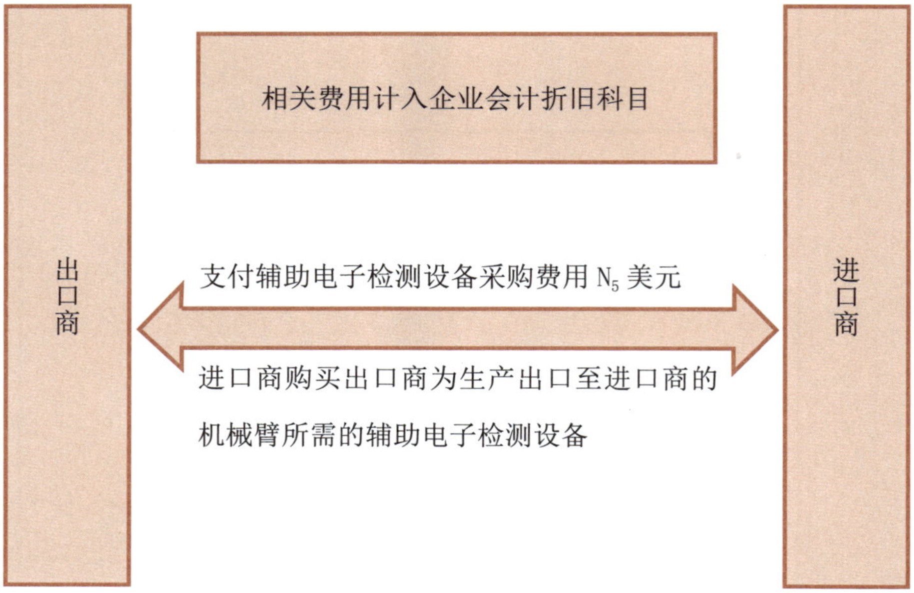

（三）海关估价分析

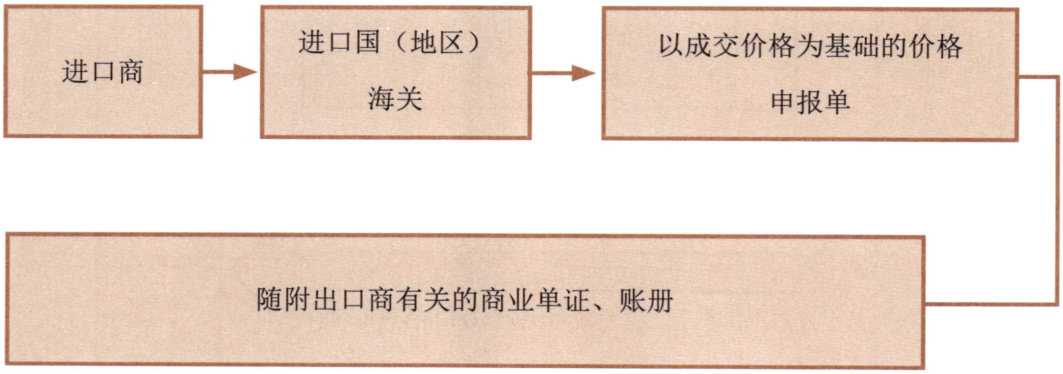

根据《中华人民共和国海关审定进出口货物完税价格办法》，以成交价格为基础加上下列协助费用计算进口货物的完税价格。

1. N_1 美元为进口商向出口商供应加工合同机械臂所需的专用材料而支付的费用。进口商将特殊材料免费提供给出口商，用于出口商合同产品的生产和出口销售至进口商，其价格并未包括在进口机械臂的完税价格中。

该笔调整符合《中华人民共和国海关审定进出口货物完税价格办法》第十一条（二）的规定，应计入进口机械臂的完税价格。

2. N_2 美元为进口商支付的出口商为生产出口至进口商的机械臂方面的技术协助费。

根据《中华人民共和国海关审定进出口货物完税价格办法》第十一条（二）的规定，由进口商免费向出口商提供的技术协助的价值，应计入进口机械臂的完税价格，以涵盖这部分工程服务支出。

3. N_3 美元为进口商免费供应给出口商专用机器而承担的费用，专用机器仅用于生产进口机械臂。

根据《中华人民共和国海关审定进出口货物完税价格办法》第十一条（二）的规定，这笔费用应计入进口机械臂的完税价格。

4. N_4 美元为进口商供应给出口商的消耗材料而承担的费用，生产出口至进口商的机械臂所消耗的上述消耗材料是由进口商免费提供的，消耗材料价格并未包括在进口机械臂的完税价格中。

根据《中华人民共和国海关审定进出口货物完税价格办法》第十一条（二）的规定，这笔费用应计入进口机械臂的完税价格。

5. N_5 美元为进口商向出口商供应加工合同机械臂所需的辅助电子检测设备而支付的采购费用，并计入进口商固定资产会计科目。

根据《中华人民共和国海关审定进出口货物完税价格办法》第十一条（二）和第十二条的规定，这笔费用应根据国内公认的会计原则进行折旧，企业会计科目折旧期间为R年，每年按采购费用的1/R（直线摊销法）计入进口机械臂的完税价格。

（四）估价结论

本案例中，进口商向出口商免费提供的为生产进口的机械臂产生的特殊材料费、技术协助费、专用机器设备的租用费、辅助电子检测设备采购费和消耗材料费，符合《中华人民共和国海关审定进出口货物完税价格办法》第十一条（二）关于协助费的规定，应调增计入进口机械臂的完税价格。

根据《中华人民共和国海关审定进出口货物完税价格办法》第十二条

进口机械臂的完税价格 = 成交价格 + N_1 + N_2 + N_3 + N_4 + N_5/R

九、进口汽车保修费案例

（一）基本情况

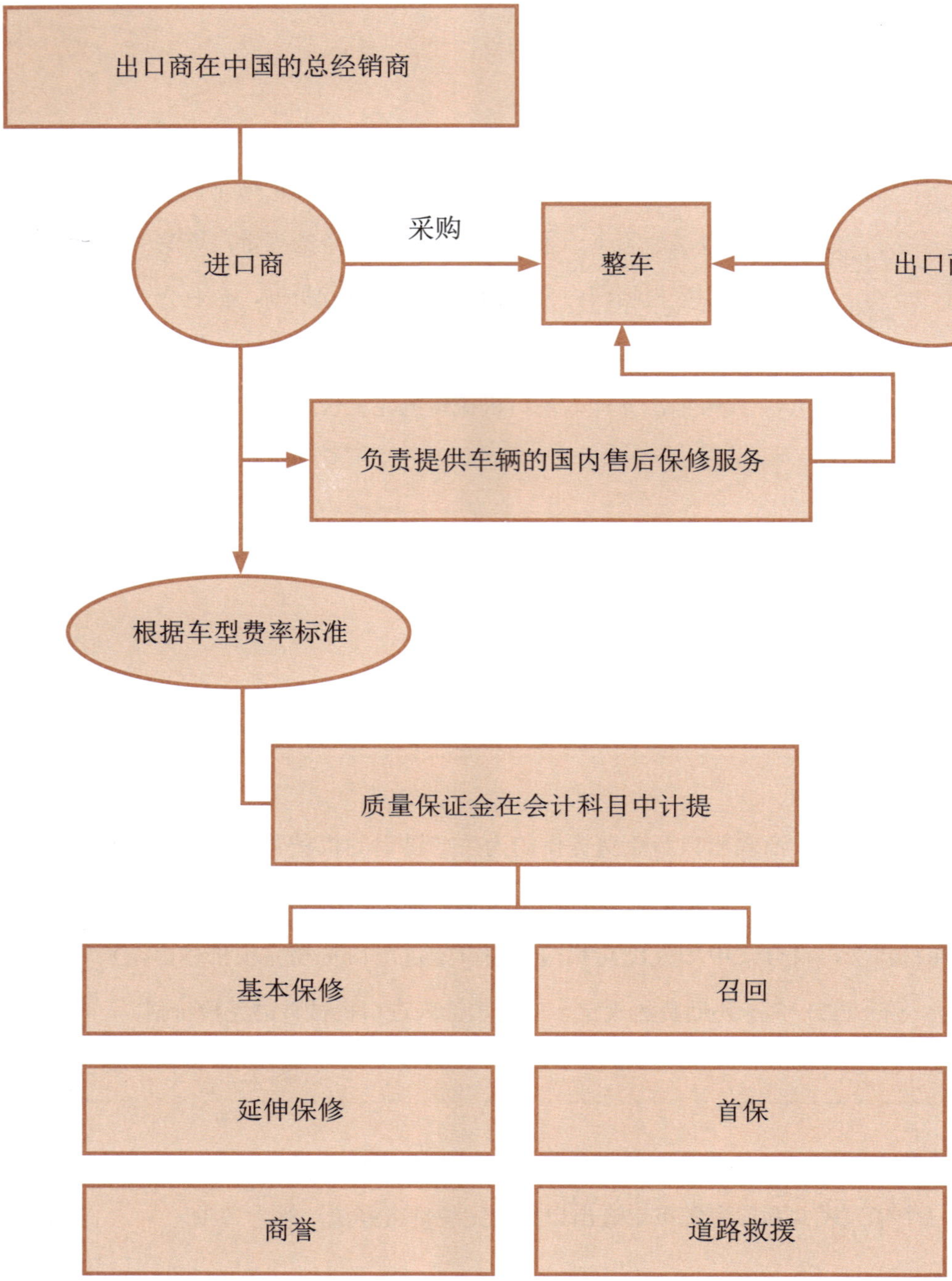

主要保修项目

基本保修和延伸保修	指厂商依照车辆保修手册所规定的条件以及相关的中国法律，为消除车辆缺陷或更换部件而采取的行为。《中华人民共和国产品质量法》（俗称“三包”法）颁布前，厂商在提供两年保修（基本保修）的基础上，增加延长保修期至三年（即延伸保修）。“三包”法实施后，根据法律规定厂商对所有车辆都提供三年保修期。
商誉	指厂商为了维护品牌形象及提供良好的客户体验，为车辆提供保修范围以外的维修和部件更换服务，用于合理解决在车辆使用期间出现的消费者争议或重大投诉等特殊问题。
召回	根据《缺陷汽车产品召回管理条例实施办法》的规定，召回是为消除汽车销售以后发现的可能危及人身和财产安全的产品缺陷，或为了提高或保持车辆的性能、安全性、可靠性或持久性而提供的服务。
首保	即首次免费保养，是对车辆提供预防养护，包括车辆销售给客户以后的机油更换、机油滤清器更换和常规更换和常规检查等，用于提升品牌体验。
道路救援	为销售给中国客户的车辆提供道路紧急救援服务，其目的是帮助客户解决与所购车辆相关的各种问题，包括拖车、换胎、开锁、电瓶充电和租车（在故障车辆不能及时修复时）等，从而提高客户在国内用车的满意度。

（二）进口汽车保修费应税认定

1. 情景一

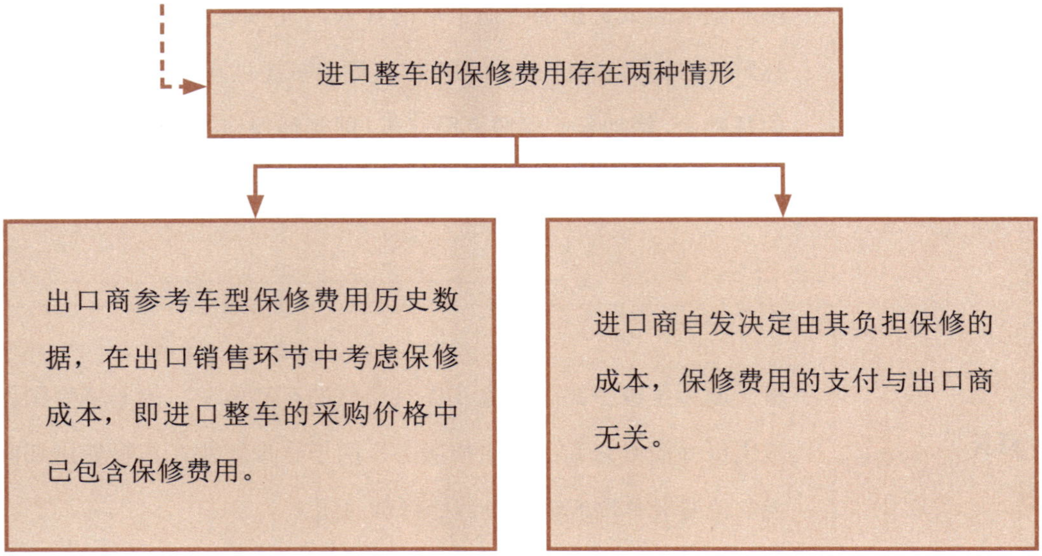

2. 情景二

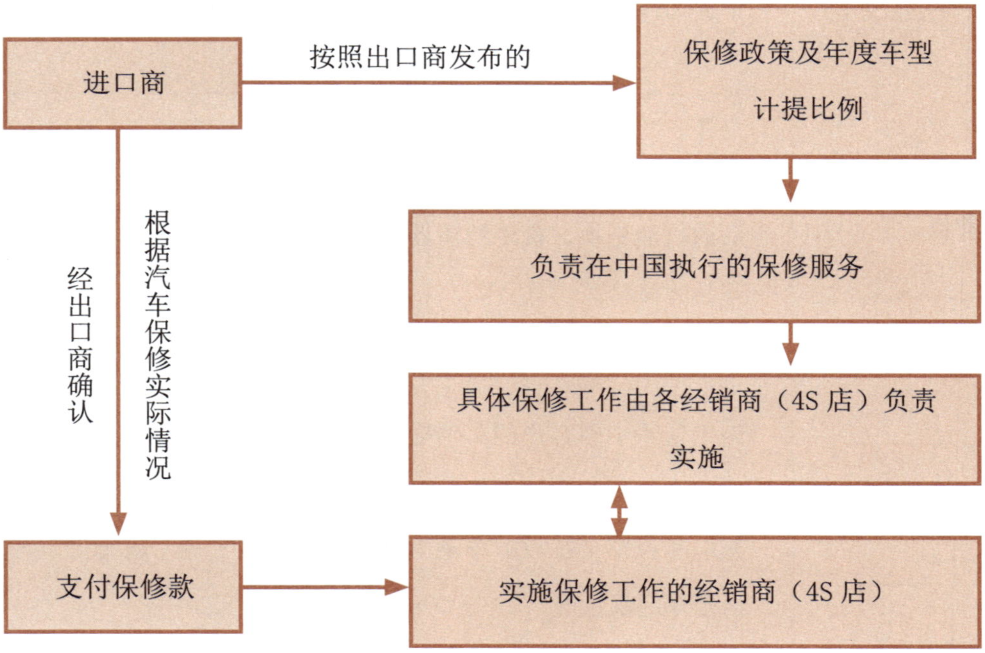

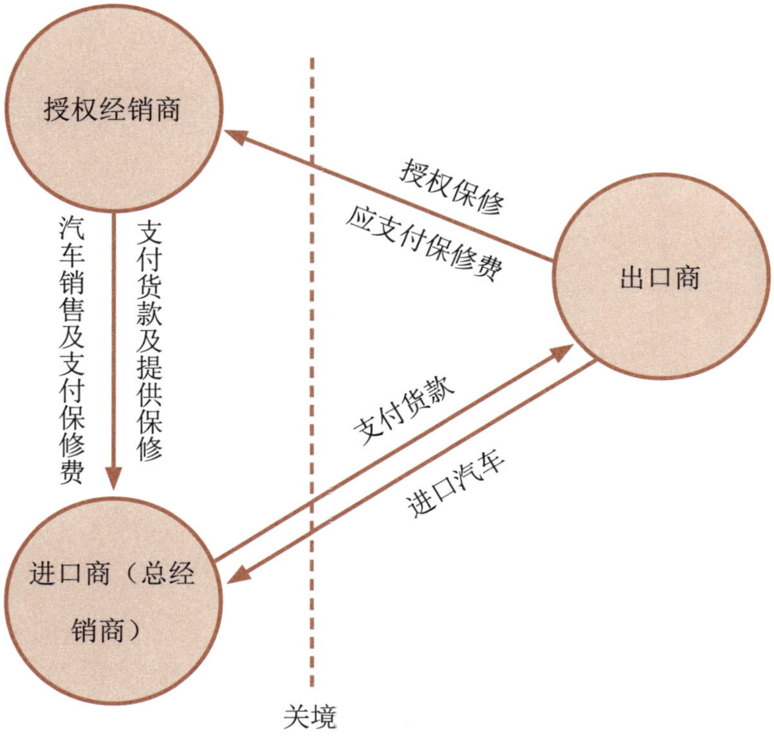
授权经销商
汽车销售及支付保修费
支付货款及提供保修
授权保修
应支付保修费
出口商
支付货款
进口汽车
进口商（总经销商）
关境

3. 情景三

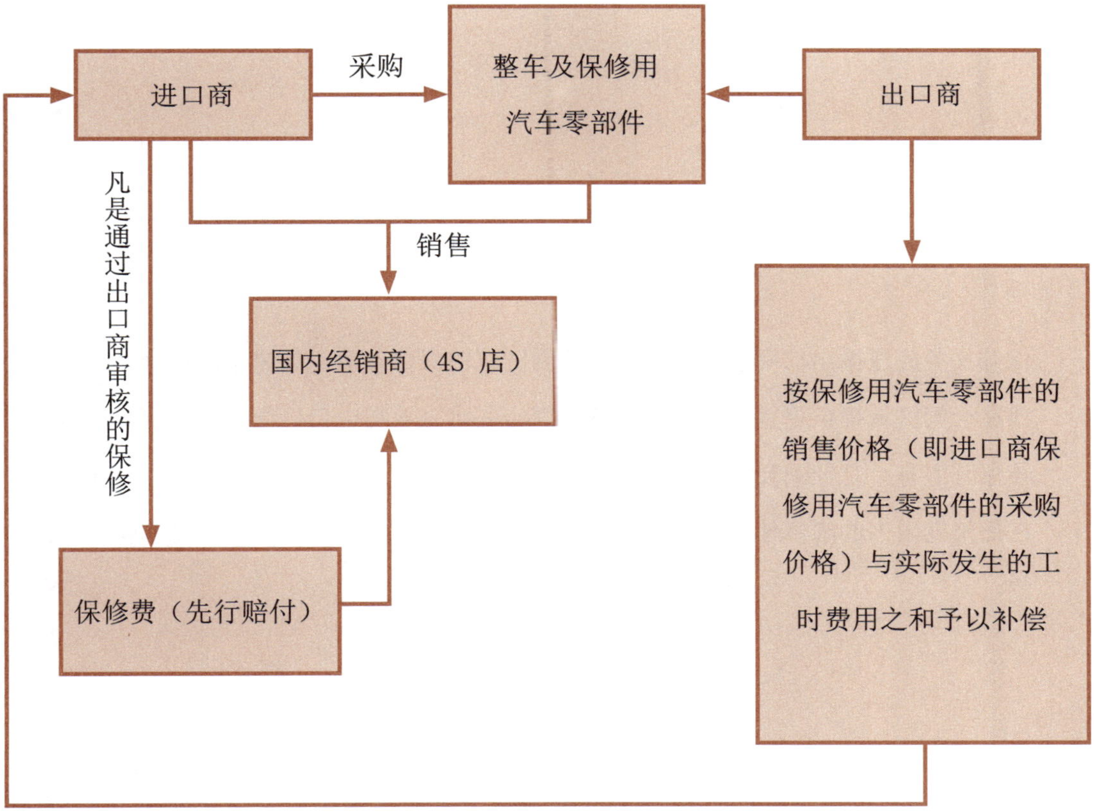
进口商
采购
整车及保修用汽车零部件
出口商
凡是通过出口商审核的保修
销售
国内经销商（4S 店）
按保修用汽车零部件的销售价格（即进口商保修用汽车零部件的采购价格）与实际发生的工时费用之和予以补偿
保修费（先行赔付）

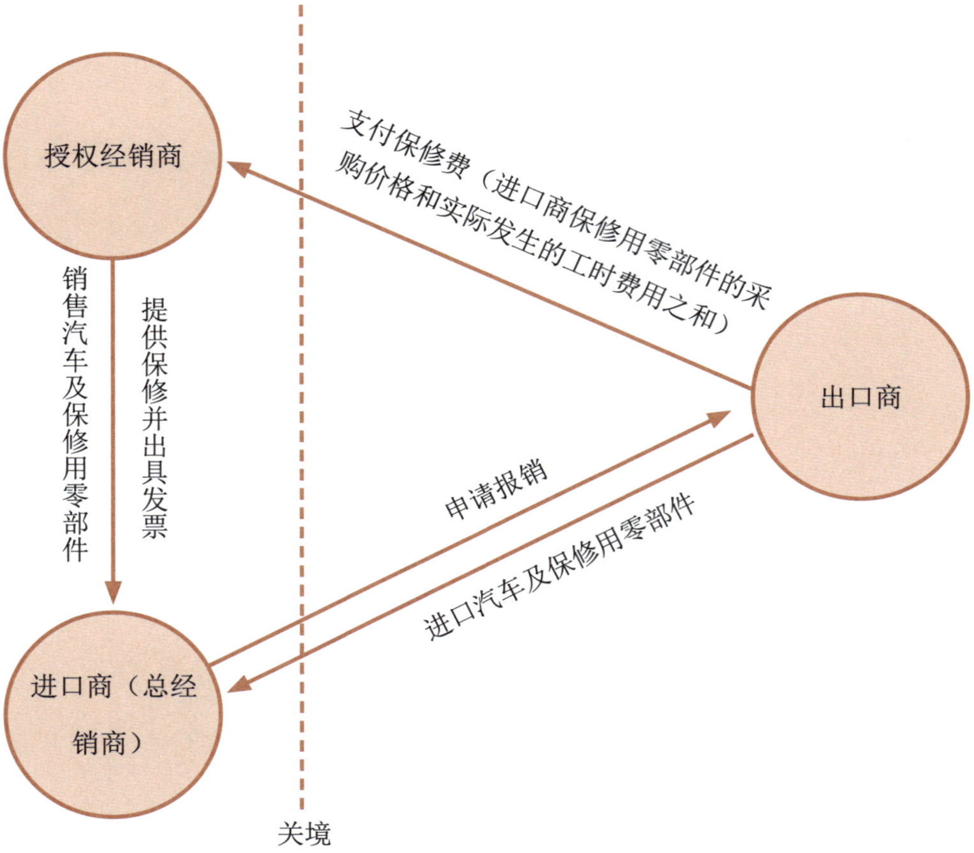

（三）保修合同

1. 保修条款

保修义务应遵循出口商规定的适用于合同区域的保修条款。如果总经销商认为应该在合同区域提供更宽泛的保修服务，则应在事先获得出口商同意的情况下提供该保修服务。总经销商按照全球联保手册的规定提供保修服务，手册规定对所有在保修期限内的维修使用特定零件。所有车辆都应在系统上确认保修期和保修范围。

2. 索赔处理

处理索赔的步骤如下：及时向出口商提交完整的索赔信息，一旦完成维修并提出索赔，总经销商必须通知出口商以便对索赔进行授权。所有价值超过 X 元的索赔都必须进行付款授权。

3. 补偿

出口商按照其制定的费率，补偿总经销商根据本协议要求提供的经批准的保修服务。

4. 经销商标准

总经销商应完全满足出口商的经销商标准，并保证在本协议期限内持续满足该标准。

5. 免费服务、商誉维修和召回

上述规定对于免费服务、商誉维修和由出口商负担的车辆召回行为具有同等效力。

（四）法律依据及估价分析

《中华人民共和国海关审定进出口货物完税价格办法》第七条

“进口货物的成交价格，是指卖方向中华人民共和国境内销售该货物时买方为进口该货物向卖方实付、应付的，并且按照本章第三节的规定调整后的价款总额，包括直接支付的价款和间接支付的价款。”

1. 情景一

保修费用有两种情形

保修费用已包含在进口货物的完税价格中

进口商自发决定负担保修责任，直接或间接负担成本和承担保修风险，由进口商自己从事的活动产生的成本，不构成实付或应付价格的一部分

2. 情景二

进口商（总经销商）

按照出口商发布的保修政策及年度车型计提比例开展保修活动

在保修行为发生后

支付保修费用

国内经销商（4S 店）

保修费的计提支付是代出口商履行的卖方义务

属进口汽车成交价格组成部分

财务记账列入进口商“质量保证金”科目

3. 情景三

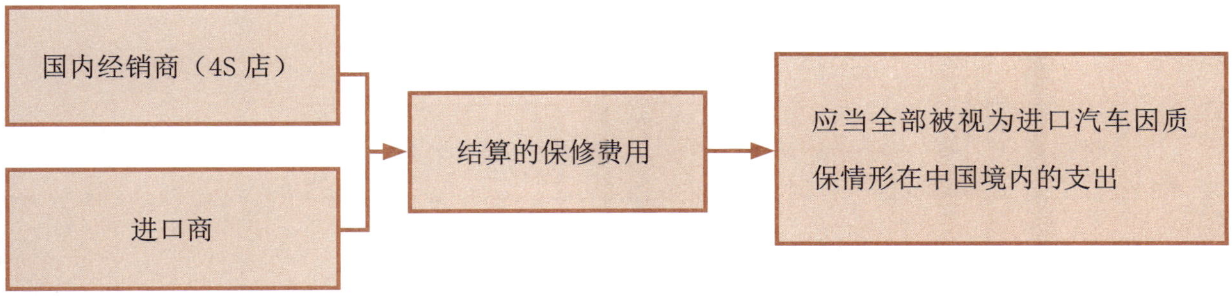

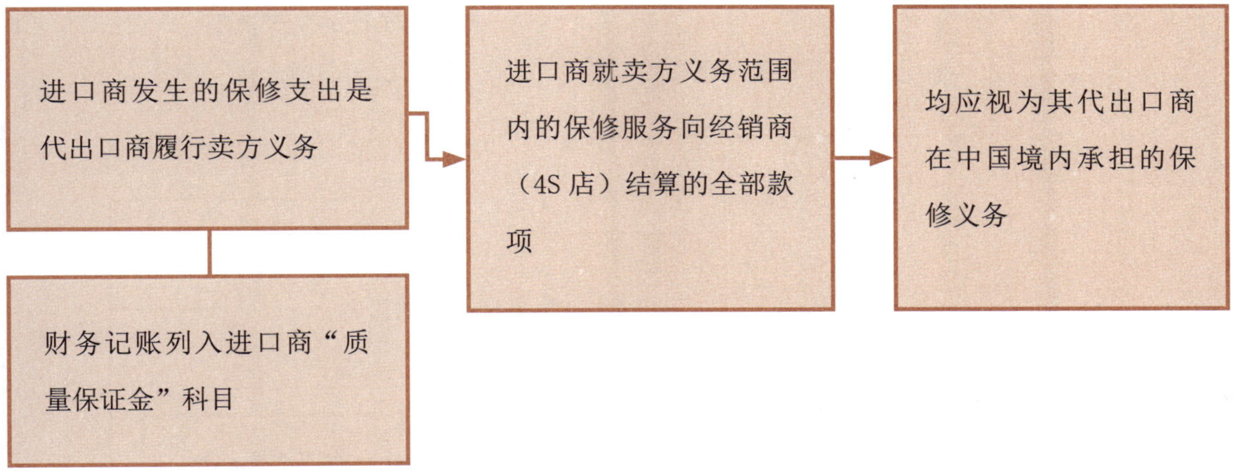

（五）结论

情景一中保修费用已包含在进口货物的完税价格中，或保修费用不构成进口货物实付或应付价格的组成部分，不应计入进口货物的完税价格。情景二、情景三中保修费用均构成进口货物实付或应付价格的组成部分，应当计入进口货物的完税价格。

十、进口零部件国产化补偿案例

（一）基本情况

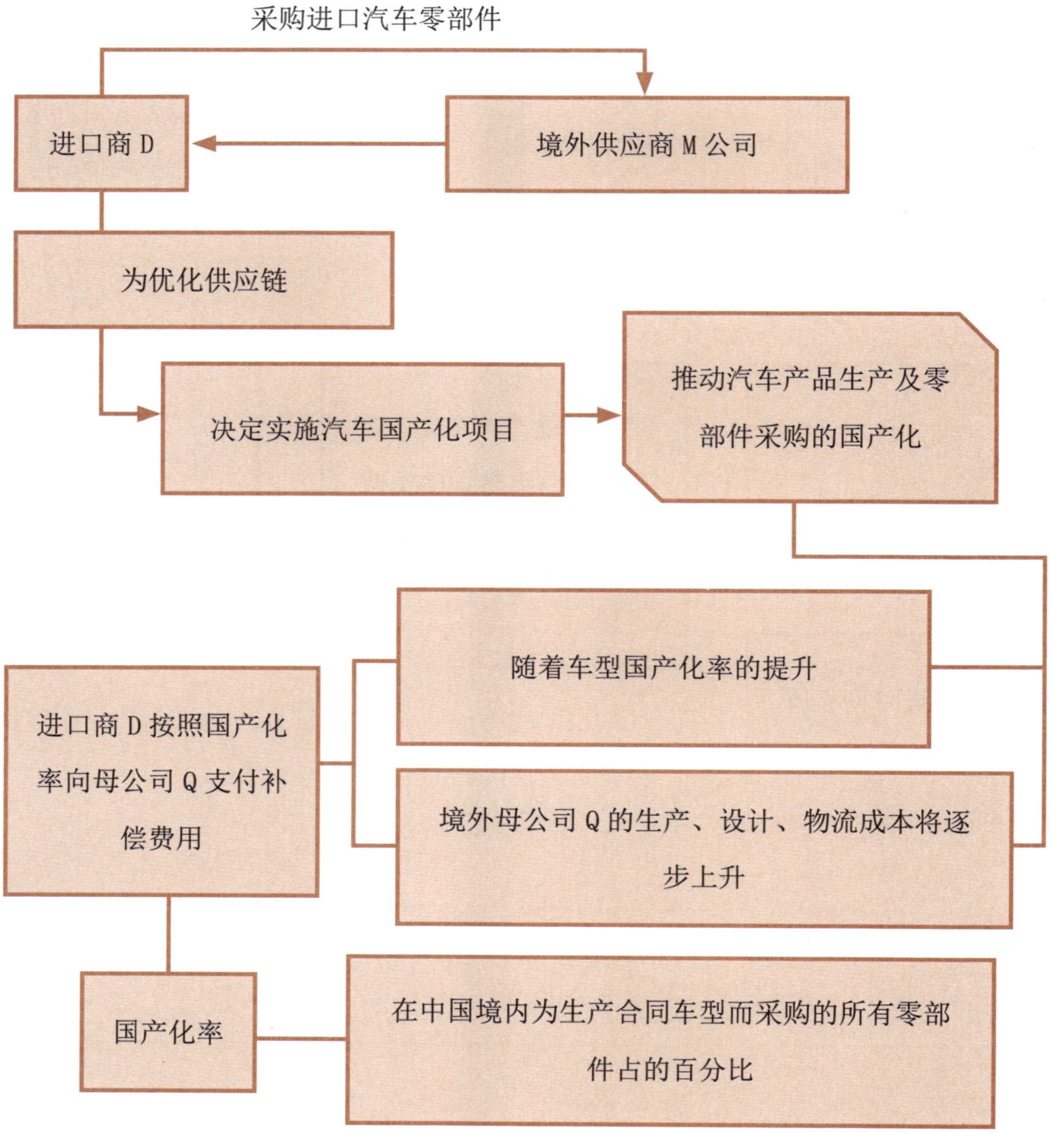

（二）贸易流程

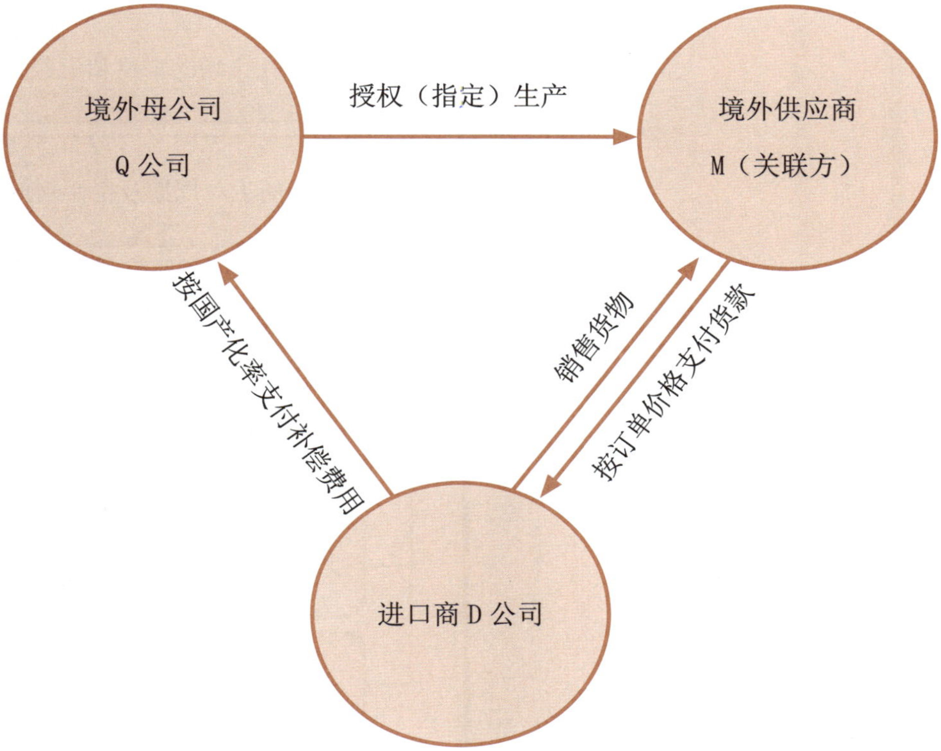

（三）国产化补偿费计算

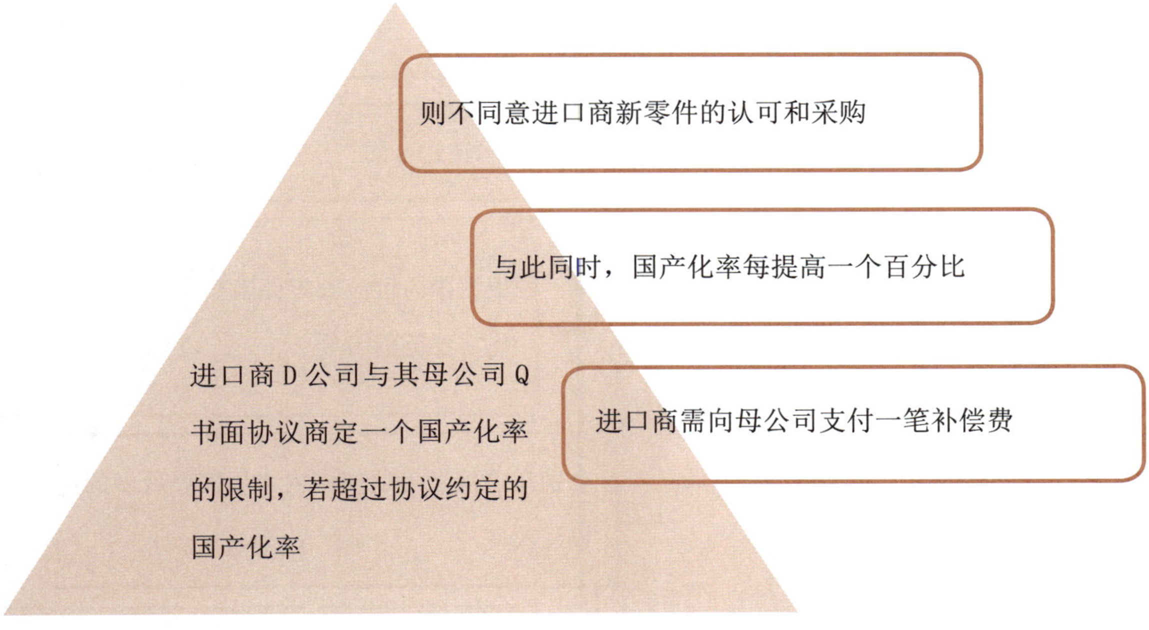

（四）汽车国产化项目的实施步骤

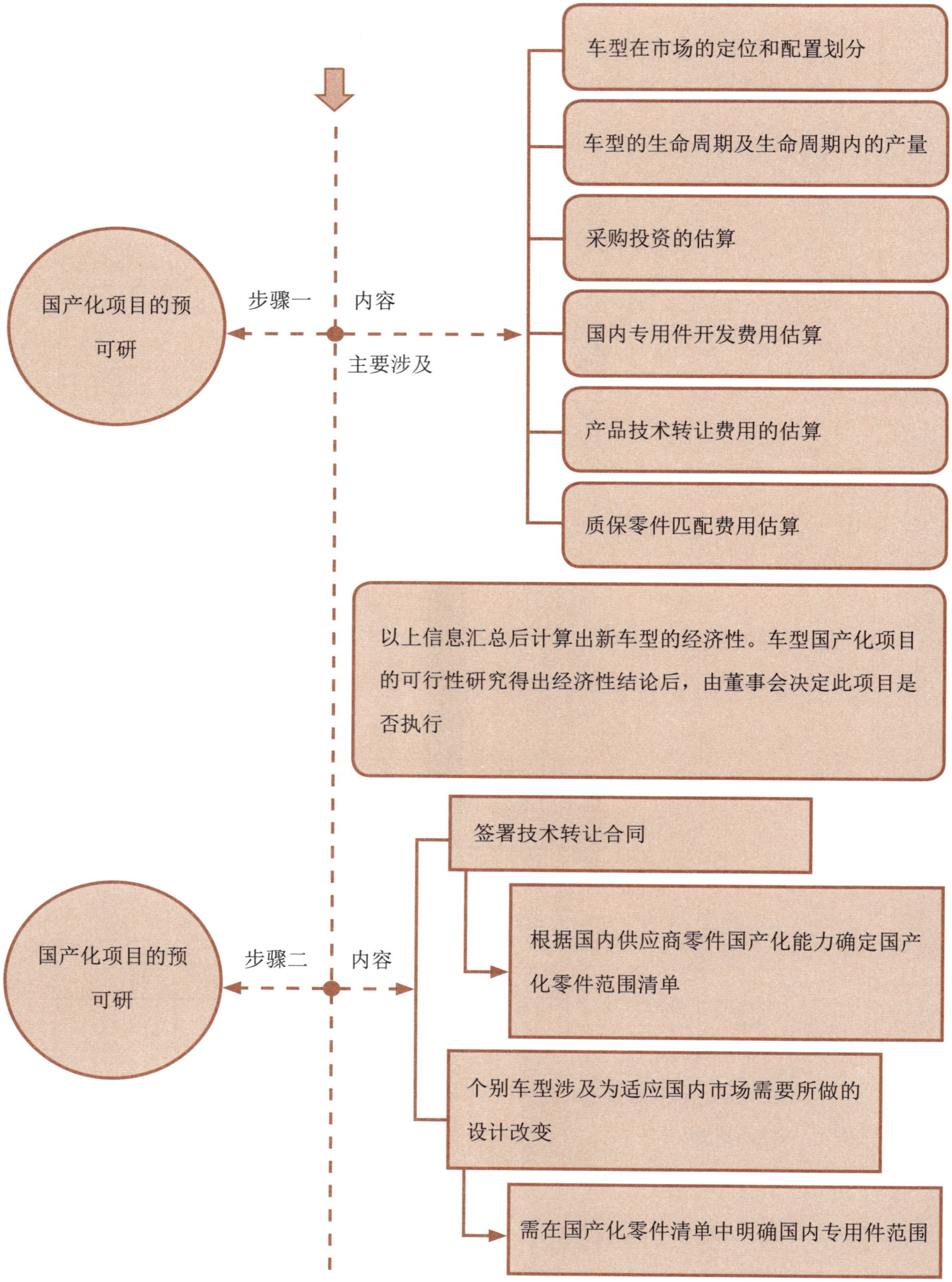

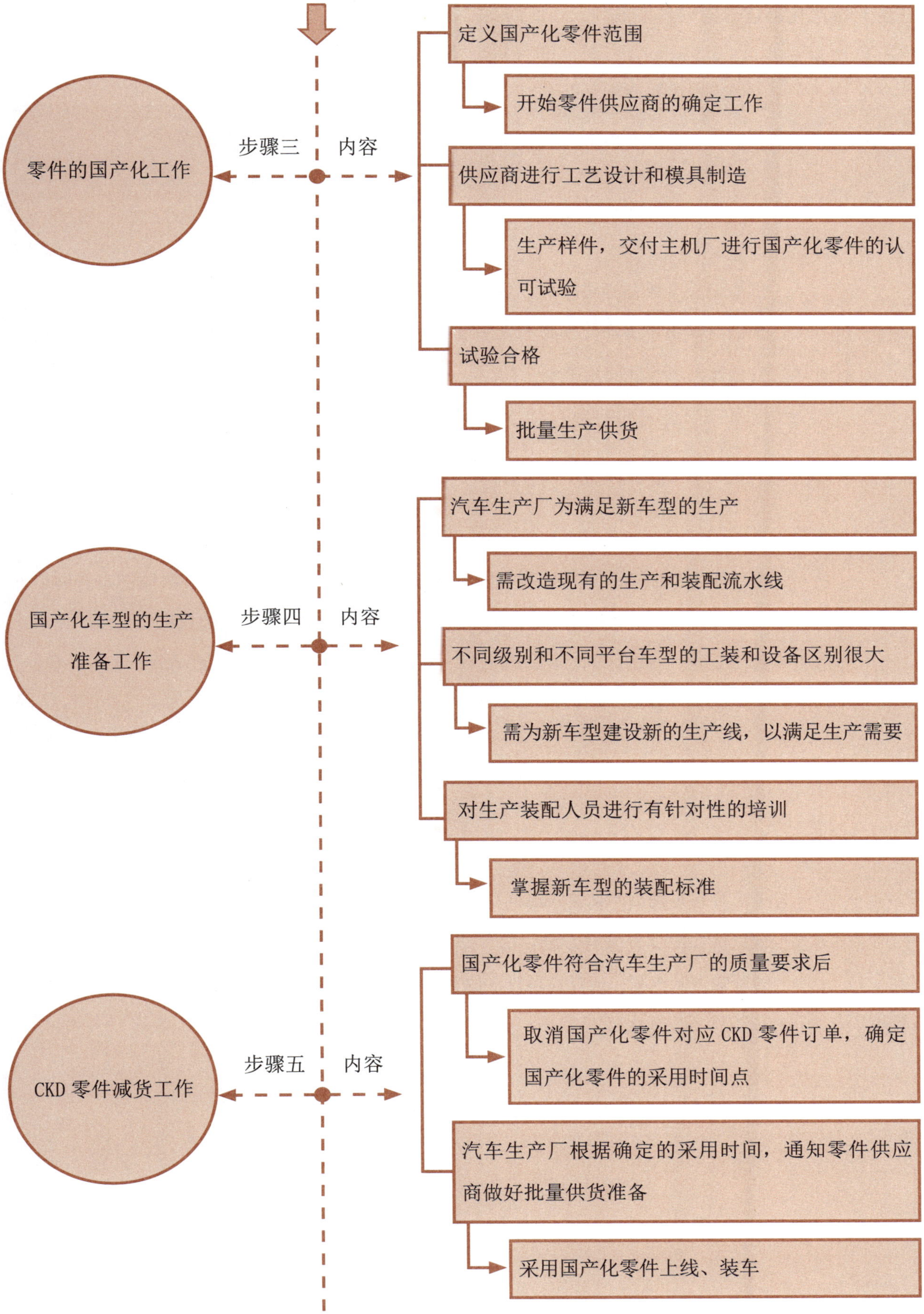
零件的国产化工作
步骤三
内容
定义国产化零件范围
开始零件供应商的确定工作
供应商进行工艺设计和模具制造
生产样件，交付主机厂进行国产化零件的认可试验
试验合格
批量生产供货
国产化车型的生产准备工作
步骤四
内容
汽车生产厂为满足新车型的生产
需改造现有的生产和装配流水线
不同级别和不同平台车型的工装和设备区别很大
需为新车型建设新的生产线，以满足生产需要
对生产装配人员进行有针对性的培训
掌握新车型的装配标准
CKD 零件减货工作
步骤五
内容
国产化零件符合汽车生产厂的质量要求后
取消国产化零件对应 CKD 零件订单，确定国产化零件的采用时间点
汽车生产厂根据确定的采用时间，通知零件供应商做好批量供货准备
采用国产化零件上线、装车

（五）国产化补偿合同

条款	内容
定义和解释	价格调整金额是指进口商因合同车型国产化率的增加而对境外关联方赔偿支付的金额，其中，国产化率是指在中国境内为生产合同车型而采购的所有零部件占的百分比，目标区间为 T_1% ～ T_2%。
合同范围	根据本合同条款，进口商和境外关联方应按照合同规定的程序，共同商定合同车型的国产化，并按照双方的惯例，为达到国产化率 T_1% ～ T_2% 的目标，当国产化率处于 T_1%～T_2% 的区间时，每提高一个百分比，进口商将对境外关联方进行部分补偿。
赔偿方式	考虑合同车型国产化率在区间（T_1% ～ T_2%）内的提高对境外关联方造成的收入损失，进口商应对境外关联方进行部分赔偿。赔偿金额计算方式如下：进口商工厂生产的每辆合同车型，应赔偿境外关联方最低 X_1 元、最高 X_2 元的金额。

国产化补偿协议附件：跟踪列表

跟踪列表			
序号	零件号	零件名称	国产化率
整体国产化率			

（六）估价分析

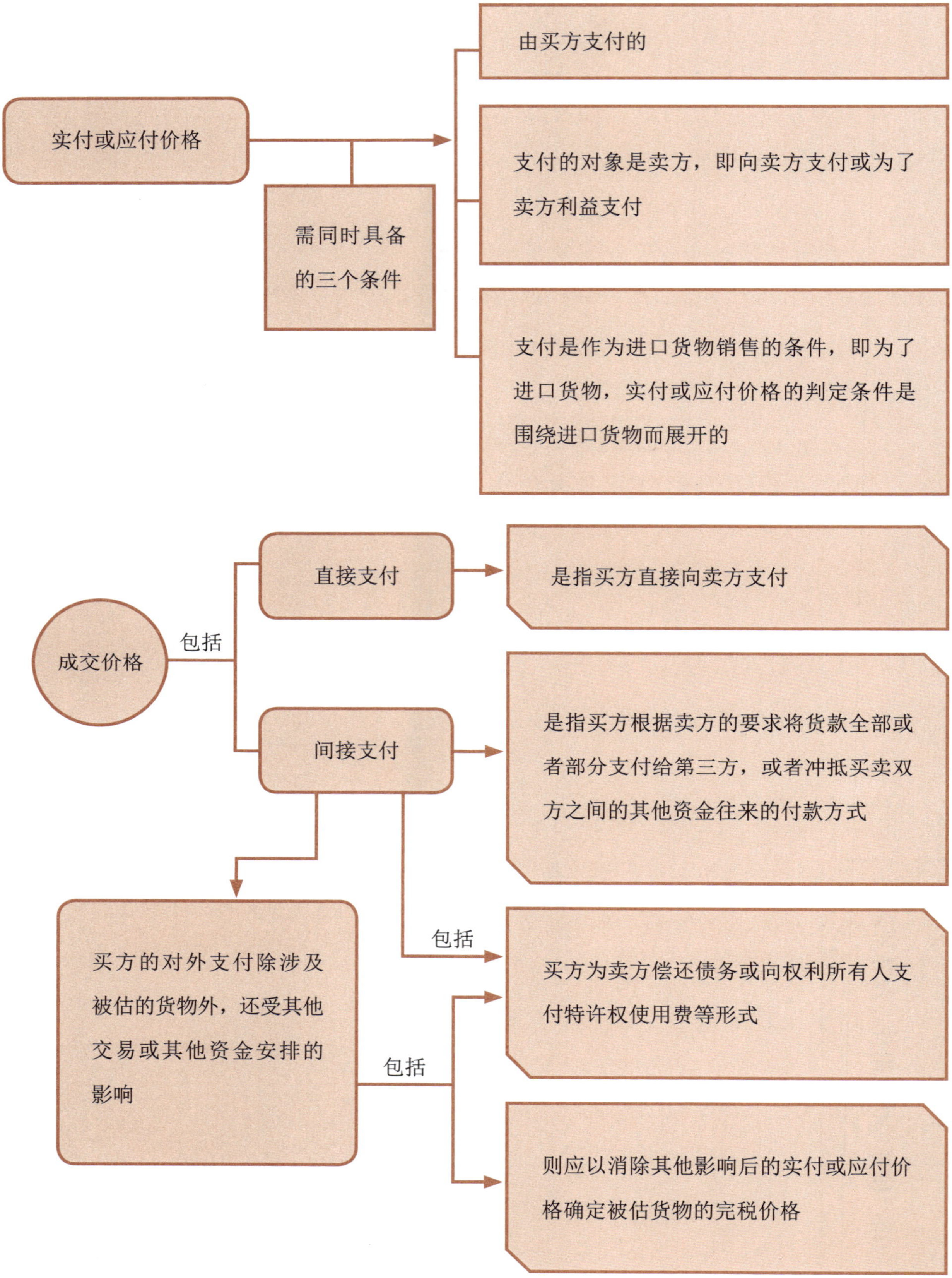
实付或应付价格
需同时具备的三个条件
由买方支付的
支付的对象是卖方，即向卖方支付或为了卖方利益支付
支付是作为进口货物销售的条件，即为了进口货物，实付或应付价格的判定条件是围绕进口货物而展开的
成交价格
包括
直接支付
是指买方直接向卖方支付
间接支付
是指买方根据卖方的要求将货款全部或者部分支付给第三方，或者冲抵买卖双方之间的其他资金往来的付款方式
包括
买方为卖方偿还债务或向权利所有人支付特许权使用费等形式
买方的对外支付除涉及被估的货物外，还受其他交易或其他资金安排的影响
包括
则应以消除其他影响后的实付或应付价格确定被估货物的完税价格

本案例中的国产化补偿费，是按照车型国产化率提高的比率收取一定金额的补偿费，是影响进口汽车零部件的实付或应付价格的一种贸易安排。

（七）结论

按照实际，进口汽车零部件的数量比例不同，采用不同的价格补偿。作为贸易成交条件，可客观、量化的“国产化补偿费”构成了进口货物的实付或应付价格，应计入进口货物的完税价格。

第三章 飞机、轮船大型运输工具及设备租赁贸易案例指引

第一节 租赁贸易影响租金估价解析

一、租赁贸易的分类

根据货物所有权的归属，可以将租赁贸易划分为经营租赁和融资租赁。

（一）经营租赁

1. 概念

经营租赁解决的是企业短期的特定需求。当企业短期内急需飞机、轮船等大型运输工具及设备，但同时又没有长期持有该运输工具及设备的需求时，企业可以采用经营租赁方式，向出租企业短期租赁运输工具及设备。经营租赁的特点是：租赁期短，租赁货物的所有权归出租人所有，运输工具及设备在经济使用年限内向多家承租人出租，运输工具及设备的维修、保养由出租人承担，租金由市场供需情况决定。

2. 经营租赁的特征

经营租赁的最大特点是租约到期后租赁资产依然归属于出租人，如果承租人对租赁资产的维护和运营不规范，很可能使租赁资产产生预期之外的贬值。经营性租赁协议履约期间对飞机、轮船等大型运输工具及设备状况（资产质量）的约定和检测就显得十分关键。经营性租赁合同中对飞机的维护、维修、大修和日常运营等承租人的义务做出详细约定，有大量的技术条款和法律条款。允许出租人的代理人在运输工具及设备运营期间拥有更为频繁的检查权利（经营性租赁通常为一年一次）。出租人关注租赁资产的状况，承租人需频繁地提交租赁资产的运行状况数据。经营性租赁合同中对租期结束时退租的规定详细明确，包括退租的整个流程、对租赁资产的技术细节要求、对租赁资产的补偿金的评估流程和计算方法等，并且，退租的时间往往会有意和运输工具及设备的大修时间相匹配，以保障退租状况良好。

双方会在合同中约定承租人对出租人做出相应补偿，或者要求承租人在退租时对运输工具及设备做一次“退租检”。经营性租赁合同中往往会约定一笔“大修基金”，由承租人以现金汇票或信用证的形式存放于出租人处，在退租时根据对运输工具及设备的状况和下次大修的时间间隔判断归出租人所有的金额。

3. 经营租赁的贸易流程

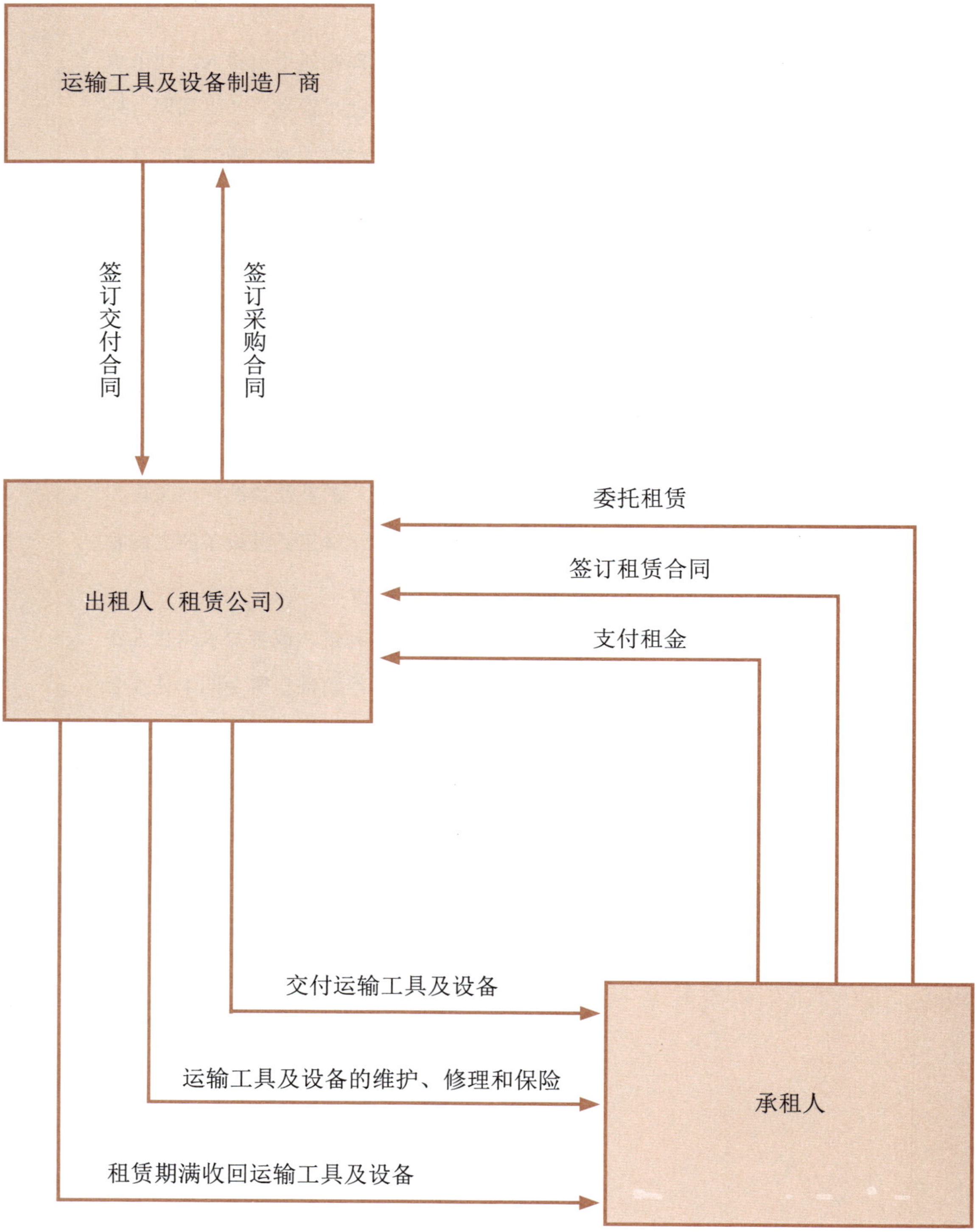
运输工具及设备制造厂商
签订交付合同
签订采购合同
出租人（租赁公司）
委托租赁
签订租赁合同
支付租金
交付运输工具及设备
运输工具及设备的维护、修理和保险
租赁期满收回运输工具及设备
承租人

（二）融资租赁

1. 融资租赁的特征

融资租赁的实质是融资，类似于银行的长期借款。根据我国的租赁会计准则定义，融资租赁是指实质上转移了与资产所有权有关的全部风险和报酬的租赁。当租赁满足下列条件之一，就称为融资租赁：

（1）在租赁期届满时，租赁资产的所有权转移给承租人。

（2）承租人有购买租赁资产的选择权，所订立的购价预计将远低于行使选择权时租赁资产的公允价值，因而在租赁开始日就可以合理确定承租人将会行使这种选择权。

（3）租赁期占租赁资产尚可使用年限的大部分。但是，如果租赁资产在开始租赁前已使用年限超过该资产全新时可使用年限的大部分，则该项标准不适用。

（4）就承租人而言，租赁开始日最低租赁付款额的现值几乎相当于租赁开始日租赁资产原账面价值；就出租人而言，租赁开始日最低租赁收款额的现值几乎相当于租赁开始日租赁资产原账面价值。但是，如果租赁资产在开始租赁前已使用年限超过该资产全新时可使用年限的大部分，则该标准不适用。

（5）租赁资产的性质特殊，如果不作较大修整，只有承租人才能使用。因此，融资租赁的特点是：出租人只拥有货物的名义所有权，而承租人拥有货物的实际所有权，租赁期涵盖了货物的经济使用年限，货物的维修、保养由承租人承担，租金由金融机构中长期贷款利率决定。

（6）租赁期满，承租人可以选择续租、退租和购买。

2. 融资租赁常见的贸易流程

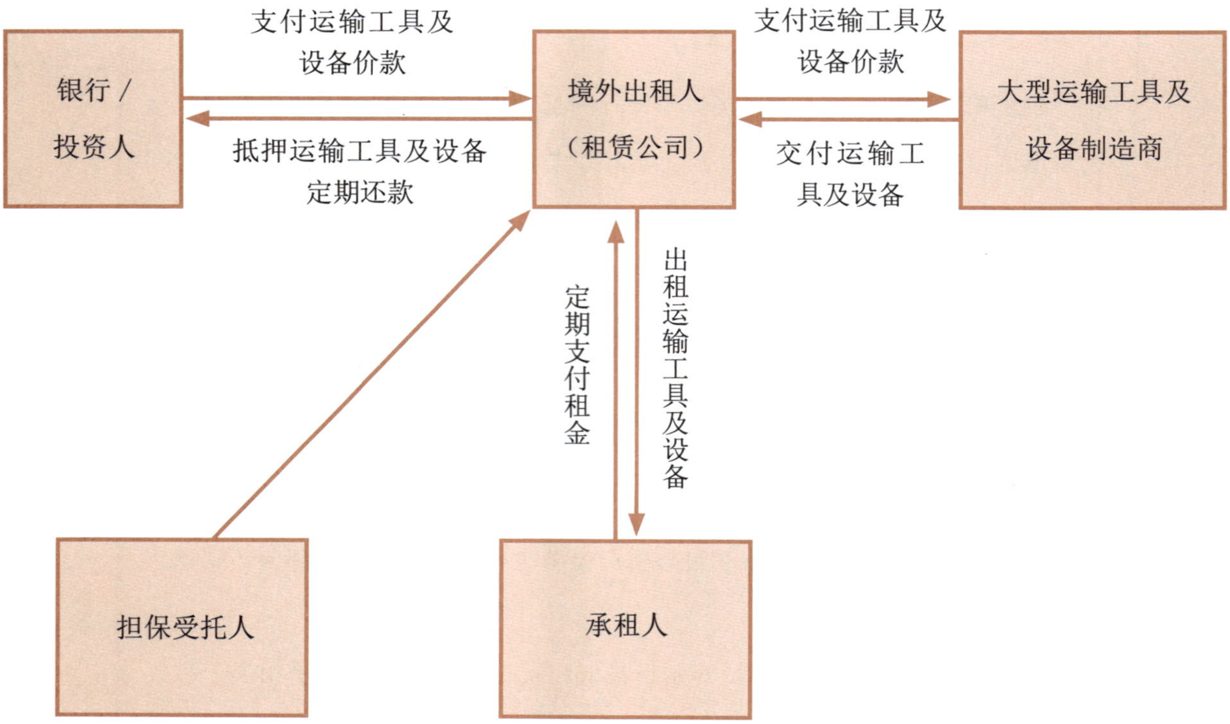

随着租赁行业的发展，衍生出“保税 + 融资租赁”的新模式，融资租赁公司针对大型运输工具及设备，在综合保税区内设立与母公司隔离资金风险的 SPV（特殊目的机构 / 公司）项目子公司，开展面向国内外市场的融资性租赁、货物进出口、境外外汇借款等业务。与传统融资租赁模式相比，新模式承租人无须一次性缴纳进口关税和增值税，通过政策准入、税收优惠和流程完善等方法，为承租人大大节省了成本支出和当期现金流出。

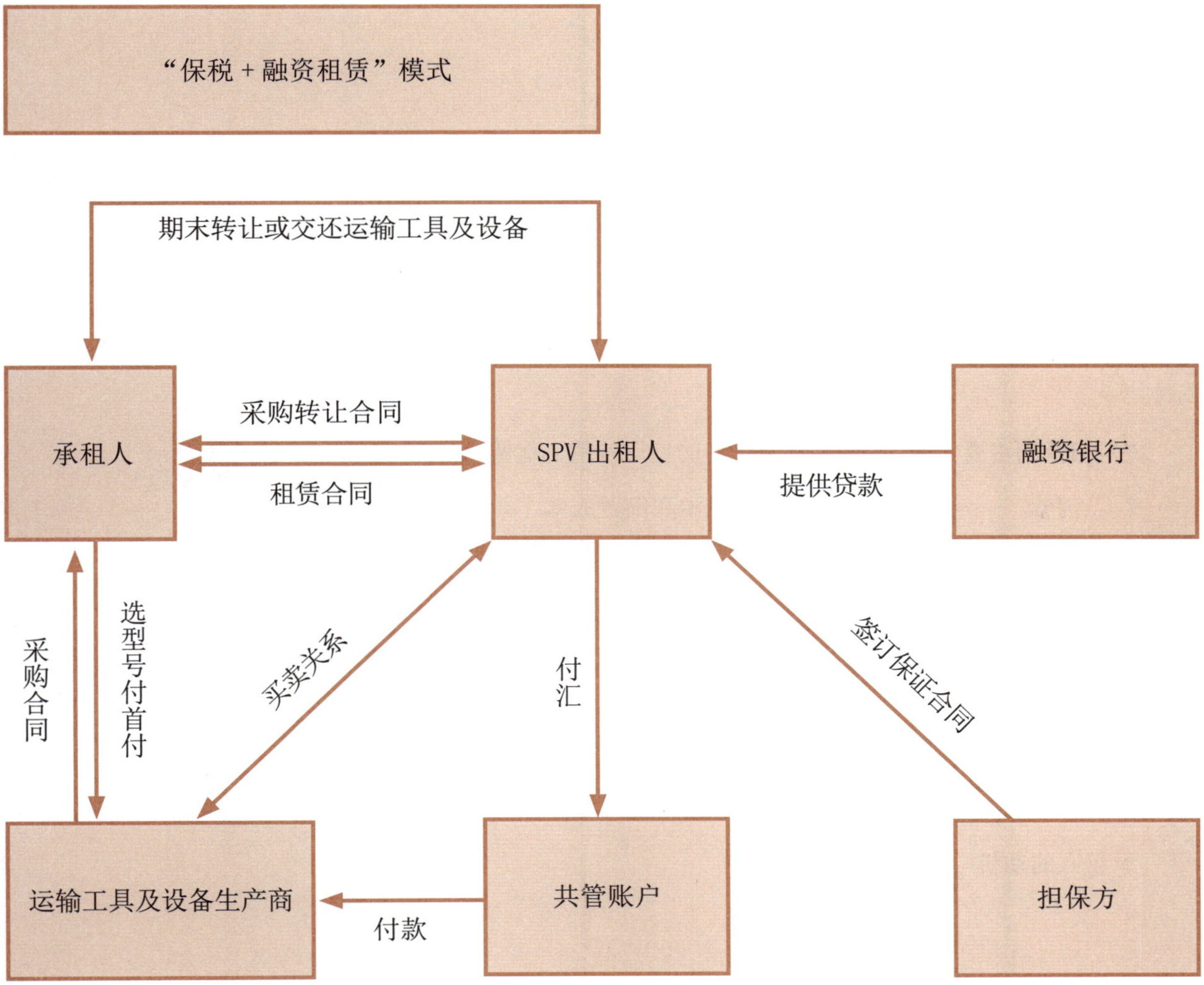
"保税+融资租赁"模式
期末转让或交还运输工具及设备
承租人
采购转让合同
租赁合同
SPV 出租人
提供贷款
融资银行
采购合同
选型号付首付
买卖关系
付汇
签订保证合同
运输工具及设备生产商
付款
共管账户
担保方

（三）融资租赁与经营租赁的主要区别

类别	经营租赁	融资租赁
租金的性质	使用物件的对价	使用资金的对价
决定租金的主要因素	运输工具及设备的使用价值，运输工具及设备的成本和闲置成本	资金利息的高低，利差的大小
租金的状态	一般在租期内固定不变，只有另行签订合同才发生改变	除固定利率和等额年金法，一般情况在租期内，租金浮动或者递变
承租人的动机	使用	留购
支付方式	按月先付租金	可谈判，参照合同执行
租赁物件的维修	出租人	承租人
租赁物件的残值	出租人	出租人或承租人
避税效果	承租人效果明显	不是很明显

二、租赁贸易与成交价格的关系

在《WTO 估价协定》中成交价格被定义为“进口货物的成交价格是指货物出口销售至进口国时，依照第八条的规定进行调整后的实付或应付的价格”。但是，《WTO 估价协定》并没有明确定义“销售”的概念，而是留待各国国内立法自行决定。根据《中华人民共和国合同法》对买卖合同的定义，买卖合同是“出卖人转移标的物的所有权于买受人，买受人支付价款的合同”。因此，根据《中华人民共和国合同法》，一项交易属于“销售”应同时具备两个条件：一是所有权发生转移，二是买方支付对价。此外，根据对国际贸易发展的总结，一项公平的销售行为的发生还应带来货物风险的转移，这里说的风险包括货物灭失的风险和货物损益的风险。如果一项交易不能导致前述三个条件同时发生，则销售不存在，因此也就不能使用成交价格方法估价，而应采用其他方法估价。

根据海关估价技术委员会的咨询意见，以下交易不符合销售的定义：

（一）免费赠送的货物；

（二）寄售的进口货物；

（三）调拨的进口货物；

（四）由非独立法人的代表处进口的货物；

（五）经营租赁进口货物；

（六）出借的进口货物；

（七）为在进口国销毁而进口并由卖方支付进口商劳务费的货物。

由于租赁贸易中存在货物所有权与使用权分离的事实，不符合“销售”定义中所有权发生转移的必需条件，这导致海关不能使用成交价格方法对租赁贸易进行估价。

三、我国海关对于租赁货物的估价方法

对于租赁方式进口的货物，以海关审查确定的该货物的租金作为完税价格。纳税义务人要求一次性缴纳税款的，纳税义务人可以选择按照除成交价格方法以外的其他方法确定完税价格，或者按照海关审查确定的租金总额作为完税价格。

对外支付的租金一般含有利息，租金的总额往往会超过货价本身，因此一些资金较雄厚的企业就会希望不以租金而是按照海关估定的价格一次性缴纳税款。为此，海关估价专门对此做出了特别规定。采取这种估价方法一次性缴纳的税款，对企业来说会比按租金分期缴纳的税款要少；而从海关征税的角度来说，虽然少征了利息的税款，但所征税款可以在货物进口时就及时征收入库，从理论上讲，所征税款产生的利息归国家所有，所以整体来看并未对国家税收造成大的影响，而且海关操作也比较简单，大大缩短了海关监管时间，降低了行政管理成本。因此，对于租赁货物的选择性估价决定充分体现了尊重贸易实际的估价原则，既考虑到纳税义务人的利益，也能够保证国家税收不受损失。但是，海关同样会严格审查租赁货物的实际情况，包括审查每期的租金额和根据租赁合同确定的租金总额。审查的内容包括审查租赁期的合理性、租赁标的物价值的合理性、租赁物残值（如果存在）的合理性，以及每期租金的合理性，以确保每期租金或租金总额与租赁标的物的使用价值相匹配。

第二节　估价案例

一、经营性飞机租赁租金案例

（一）基本情况

承租人与出租人签订租赁合同，双方约定以经营性租赁方式进口飞机，承租人须按时支付每期租金、利息和 3 个月的租金保证金，并承担在飞机起租日之前由出租人垫付资金购买飞机而产生的利息。在向海关申报飞机租赁租金完税价格时，承租人未将上述租金、利息和租金保证金计入完税价格。

（二）租赁流程图示

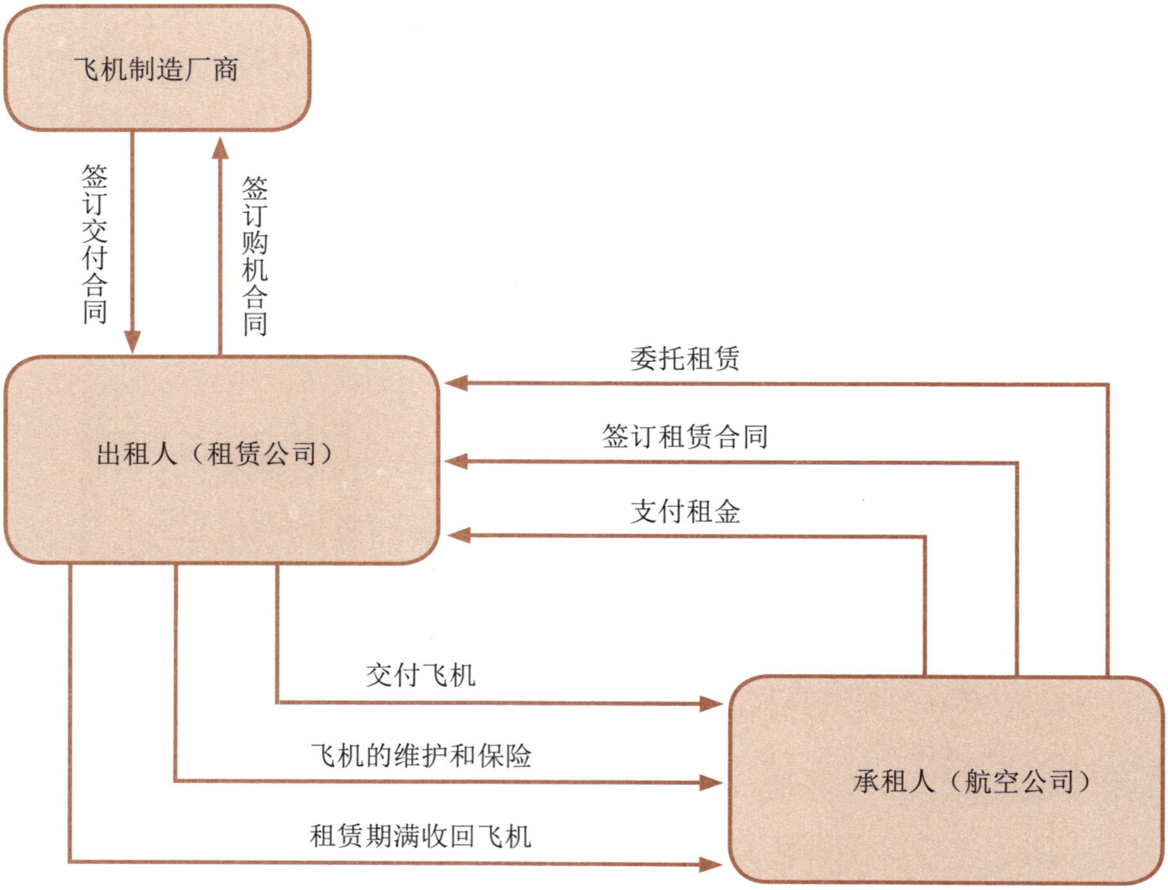

（三）租金组成

租金相关要素主要包括租金价格的基准年份；租金价格，固定或浮动；支付日期，先付 / 后付，季付 / 月付等；币种；首笔租金支付日期；因承租人延迟支付租金而产生的利息；因延迟返还飞机而产生的额外租金；起租日一般为实际交付日期；租赁年份；租赁延长选择权；优先购买权；提前终止合同的要求；延迟交付条款等。

（四）财务科目及安排

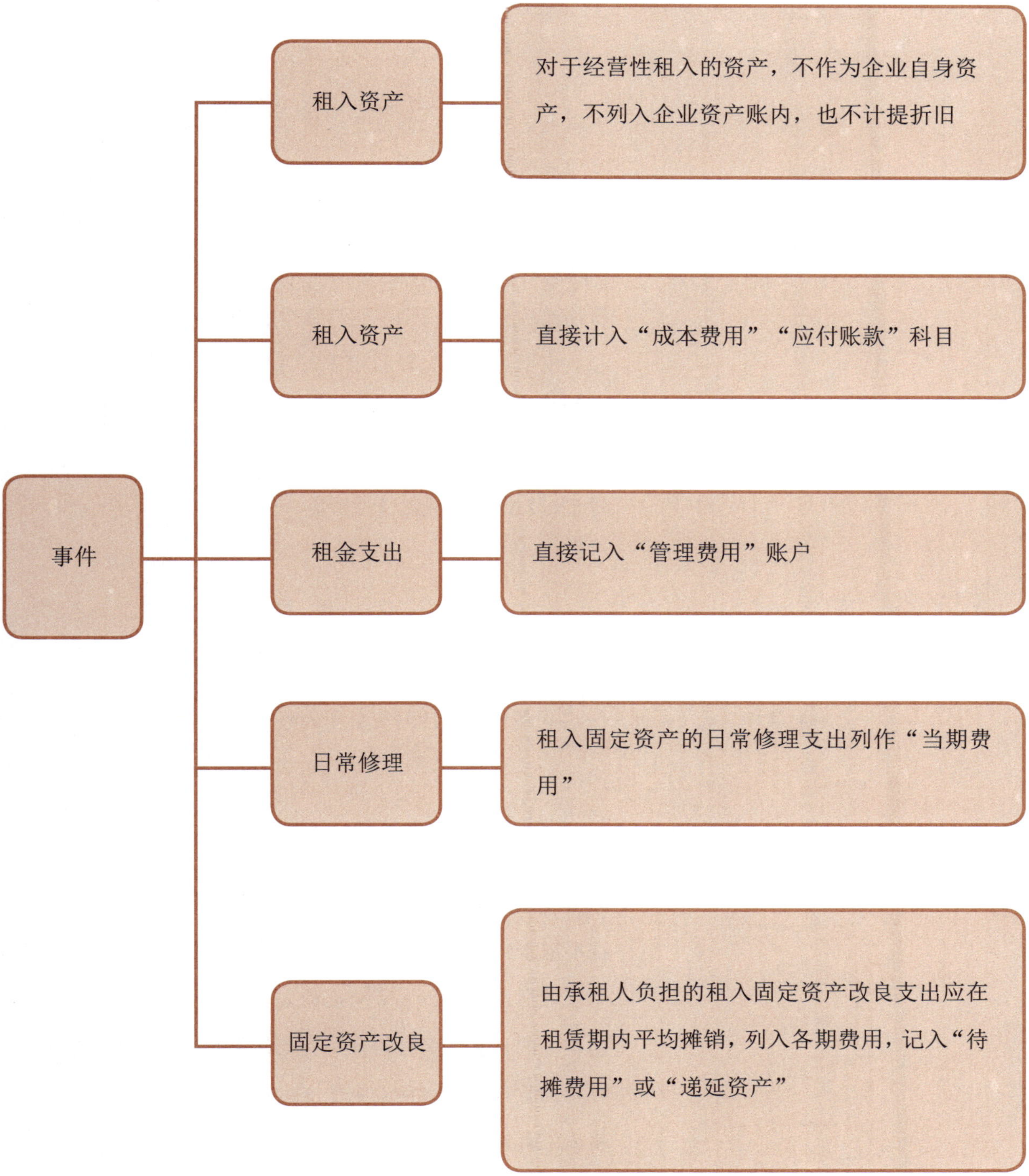
事件
租入资产
对于经营性租入的资产，不作为企业自身资产，不列入企业资产账内，也不计提折旧
租入资产
直接计入“成本费用”“应付账款”科目
租金支出
直接记入“管理费用”账户
日常修理
租入固定资产的日常修理支出列作“当期费用”
固定资产改良
由承租人负担的租入固定资产改良支出应在租赁期内平均摊销，列入各期费用，记入“待摊费用”或“递延资产”

（五）合同关键条款

租金条款

- **租金支付协议**：承租人应在交付日期以及租赁期间各随后历月中某一天（该日期与交付日期在数字上相对应，或当该历月日期无法在数字上与交付日期相对应时，则该日期应为此历月的最后一天）前向出租人支付每月租金（比日期被称为付租日期）。任何少于完整历月天数的租金应根据该期限天数和相关历月天数按比例计算。若因承租人原因导致交付日期延期，且迟于【xxxx】年【xx】月【xx】日，则为免生疑问，承租人应于【xxxx】年【xx】月【xx】日前首次支付月租金。
- **附加款项**：各付租日期的应付租金应为固定额，即 Y 美元。
- **附加款项**：在根据本协议条款规定发出附加应付款项通知后【x】个营业日内，承租人应向出租人（或依据其他相关索偿款项的合理证明材料证明有权贷款的人员）支付所有附加款项。若承租人未能支付任何附加款项，则出租人应具备本协议中所有权利和救济措施或依据租金未缴付法律规定或权益规定或任何其他规定进行处理。

租金条款

无条件付租义务

承租人根据本协议规定支付租金和任何其他付款的义务应具备绝对性、无条件性和不可撤销性，并不考虑任何意外情况，包括（但不限于）：(a) 飞机因任何原因（包括但不限于飞机适航性、适销性、良好状态、任何适用性和任何性质的状况、设计或操作过失）导致无法投入使用；或 (b) 飞机不适用于任何特定目的或贸易，或根据任何相关管辖区域的法律规定，飞机无法登记或存档；或 (c) 飞机、机身或发动机全部耗损（如第 19.5 款规定）或出现任何损害；或 (d) 承租人对出租人、任何融资方或任何其他人士提出任何抵消、反索赔、求偿、辩护或其他权利，或 (e) 本协议任一当事方未能或逾期履行或遵守本协议任何条款或条件；或 (f) 由出租人、任何融资方或承租人提出的或向出租人、任何融资方或承租人提出的任何无力偿付、破产、管理、重组、安排、债务重调、解散、清偿或类似行为；或 (g) 无本协议中或任何其他有效文件中的应获得批准或本协议或任何其他有效文件中存在不足。

付款、利息和计算

- **向出租人付款**：承租人根据任何有效文件规定向出租人支付的所有款项应以特定数额进行支付。该数额等于付款到期时应付至收租账户或任何其他账户的数额。此等其他账户由出租人为付款目的通过为期不少于【x】个营业日的书面通知告知承租人。
- **非营业日付款**：当有效文件项下给出租人的任何付款于非营业日到期，则付款到期日应为下一个营业日。
- **逾期付款**：若承租人无法在本协议或任何其他有效文件下规定的付款到期日向出租人支付任何款项（包括但不限于任何根据本租赁协议规定的应付款项），承租人应从到期日至实际支付日就此款项按违约利率向出租人支付认定利息（之后应如做出任何相关判决前一样）。
- **利息计算**：本协议或任何其他有效文件项下各方的年度所有利息和任何其他付款应日益累积，并按实际经过的天数和一年 360 天计算。

付款、利息和计算

- **认证**

  任何由出租人根据本协议或任何其他有效文件规定或目的做出的与利率或任何其他款项相关的认证或决定应无重大错误，并应作为按此认证或确定的利率或款项的绝对证据。

- **货币兑换**

  若在本协议下或在与本协议相关指令或判决下由承租人向出租人支付的任何到期款项已由货币（“第一类型货币”）（该货币根据此类有效文件或指令或判决规定同样具备可支付性）兑换为其他货币（“第二类型货币”），其目的是（a）向承租人提出或要求索赔或证明；（b）在任何法庭或其他审裁处获得决议指令或判决；或（c）使任何与此类有效文件相关的指令或裁决生效，则承租人应确保出租人免受因（i）兑换汇率（将所述款项从第一类型货币兑换为第二类型货币的汇率）与（ii）购买汇率（出租人在收到因指令、判决、索赔或证据而获得的全部或部分赔偿款项后，在贸易常规过程中用第二类型货币购买第一类型货币的汇率）间的差值而造成的任何损失。

无论出于什么原因，若承租人未能在规定时间或以规定状态归还飞机，则出租人可选择延续承租人在本协议下的义务，且租赁期应视为延长，直到承租人归还飞机为止。但不得将本段落理解为允许承租人不按本协议要求履行归还飞机的义务，且不得视为是出租人对任何因该原因造成的终止事件的豁免或影响出租人的相关权利。若未按照本协议将飞机交还出租人，则租金将按以下条件增长：

- 未返租后的前15天，按100%的比率收取租金；
- 其后15天，按150%的比率收取租金；
- 之后按200%的比率收取租金。

（六）征税依据

依据《中华人民共和国海关审定进出口货物完税价格办法》

第七条　进口货物的成交价格，是指卖方向中华人民共和国境内销售该货物时买方为进口该货物向卖方实付、应付的，并且按照本章第三节的规定调整后的价款总额，包括直接支付的价款和间接支付的价款。

第三十一条　租赁方式进口的货物，按照下列方法审查确定完税价格：

（一）以租金方式对外支付的租赁货物，在租赁期间以海关审查确定的租金作为完税价格，利息应当予以计入；

（二）留购的租赁货物以海关审查确定的留购价格作为完税价格；

（三）纳税义务人申请一次性缴纳税款的，可以选择申请按照本办法第六条列明的方法确定完税价格，或者按照海关审查确定的租金总额作为完税价格。

（七）结论

融资租赁进口公务机的完税价格，应按照《中华人民共和国海关审定进出口货物完税价格办法》第三十一条以及相关规定，以租金为基础审查确定，并重点审核以下款项和费用：

（一）租赁本金。海关应重点审核租赁本金的完整性，一般包括飞机购置价格、预付款、留购款（留购保证金）及相关费用等。

（二）利息。利率水平受购机价格、融资比例、租赁期限等因素影响，海关应审查利率水平是否符合行业惯例。

（三）租前息。它是指由承租人支付，在起租日之前出租人垫付资金购买飞机而产生的利息，属于租金的组成部分，应计入完税价格。

（四）手续费、管理费等其他费用。出租人向承租人收取的手续费、管理费等，属于租赁成本的一部分，应计入完税价格。

（五）留购价格。海关应审核承租人前期支付的租金与留购价格之和，应与融资协议中约定的购机价款及相关利息之和一致，对于不一致的，海关应对留购价格加强审核。

本案例中，经营性租赁飞机的主要特征是承租人定期向出租人支付租金，并因支付租金暂时获得租赁飞机的使用权。租金应计入该租赁货物的完税价格。

二、经营性租赁飞机维修、保险、航材包修费案例

（一）基本情况

承租人与出租人签订飞机经营性租赁合同，根据合同约定，租赁期间发生的维修检修费用、航材包修费由承租人承担，承租人另行向出租人支付维修保证金。与此同时，承租人还需支付与机身、零备件相关的保险费用。在向海关申报飞机租赁租金完税价格时，承租人未将上述维修检修费用、航材包修费、维修保证金和相关保险费用计入完税价格。

（二）费用类型

费用

- 维修费：适航及改装的维修标准，境外维修检修及产生的费用。
- 航材包修费：国内航空公司与境外包修服务供应商签订包修合同，由包修服务供应商在包修合同约定范围内，以修理航材或者交换航材的方式提供维修保障服务，国内航空公司按包修合同约定，分期向境外包修服务供应商支付包修费。
- 维修储备金：固定数额的大修储备金或浮动的大修储备金，一般情况下为现金保证金形式，但对于信用评级高的公司现在一般接受保函形式。
- 保险费：保险金额，一般为商定价值的110%～120%。合同预定了保险内容、免赔额、递减保险率、是否由承租人支付和保险的其他要求。

（三）合同条款

1. 维修费

1.1 总体运行

承租人应确保飞机的维修、使用或运行不会违反任何适用法律、规则或法规、适航指令或对出租人、承租人和/或飞机有司法管辖权（国内或国外）的任何政府单位的命令，不得违反任何该政府单位发布的飞机适航证、许可证或注册证。若任何适用法律、许可证或注册证书要求增加、修改或更改飞机，承租人应遵照执行，由此产生的成本和费用由承租人自行承担。承租人应按照法律、许可证或注册证书使飞机保持正常运行状态。

1.2 维护、修理、检修和操作

一般义务

（a）承租人在自己支付成本和费用的情况下确保经批准的维修执行人员：

（i）保养、修理、维护、修饰、检修和测试飞机、发电机及所有零件，以使飞机、发电机和所有零件能够使用且处于良好运行状态，以及使飞机符合必要条件以确保飞机适航证按照登记国法律存续，严格遵守相关制造商的要求和经批准的维护方案；

（ii）保存航空管理局要求的飞机相关的所有记录、航行日志和其他资料；

（iii）及时向出租人提供要求的信息，以确保出租人向登记国或飞机所在地任何政府单位提交要求出租人存档的任何报告。

1. 维修费	1.2 维护、修理、检修和操作	（b）承租人在本协议日期后十（10）天内向出租人提交经批准的维修计划和发动机管理计划真实完整的副本，若无出租人的事先书面许可，承租人不得修改经批准的维修计划或发动机管理计划，除非修改： （i）经航空管理局的批准，不会导致“6 年期”检查时间间隔超过 6 年，“12 年期”时间间隔超过 12 年，起落装置检修时间间隔超过 10 年（除非“6 年期”“12 年期”和起落装置检修时间间隔由维修计划文件，或机身制造商或起落装置制造商的推荐规范所规定）；或 （ii）法律或航空管理局要求修改，承租人应及时向出租人提供该修改的书面副本。 （c）承租人应立即通知出租人飞机或任何零件损耗、损坏或毁坏影响飞机适航性，飞机或任何零件被盗用、损毁、意外事件或事故的所有有关详情，修理费用超过 XX 美元。 （d）在不影响上述条款的情况下，承租人应： （i）促使按照承租人或承租人代表相同的方式小心谨慎维修、修饰或使用其拥有或操作的相似飞机；和 （ii）不得（且不可允许任何被许可分租承租人）以损害出租人、所有人或任何相关融资方对飞机（相对于承租人或承租人代表拥有或操作的其他相同机型飞机）所享有权益的方式使用、维修飞机（包括但不限于遵守类似飞机相关的紧急服务通告）。 零件更换 承租人应确保及时更换所有已磨损、遗失、被盗、损坏、查封、没收、无法修理或永远无法使用的零件，由此产生的成本和费用由承租人自行承担。此外，在正常维护、保养、维修、检修或测试期间，承租人可拆除任何零件，无论该零件是否已磨损、遗失、被盗、损坏、查封、没收、损坏无法修理或永远无法使用，由此产生的成本和费用由承租人自行承担，但前提是承租人应确保立即更换该零件，所有替换件无担保权益（允许的担保权益除外）。

1. 维修费

1.3 改造、改装和加装

（a）承租人应确保按照（i）机身制造商或发动机制造商的要求，（ii）遵守任何适用适航指令，或（iii）遵守航空管理局或对飞机有司法管辖权的其他政府单位的要求，对机身和发动机进行改造、改装和加装（由经批准的维修执行人员进行）。

（b）承租人可按照正常业务流程，或允许经批准的维修执行人员对机身和发电机进行改造、改装和加装，由此产生的费用由承租人承担，但前提是：（1）按照航空管理局和EASA批准的包含该改装工作的服务通告；（2）改造、改装或加装不得改变飞机规格或构造，不得以任何其他方式降低机身或发动机的价值、实用性或使用寿命，损害其状态、适航性，不得使价值、实用性、使用寿命、状态和适航性低于改造、改装或加装前的价值、实用性、使用寿命、状态和适航性，假设机身或发动机具备本协议条款要求维持的价值、实用性、使用寿命、状态和适航性；（3）若无出租人的事先书面许可，承租人不得进行或允许进行任何大幅度改装。

1.4 适航指令

承租人应：（a）按照发布机关的特殊指示，结束（若结束得到许可）或以其他方式遵守租赁期间EASA或航空管理局发布的适用适航指令；（b）进行要求的改装工作，以符合EASA和航空管理局的规定，（在终止基础上）强制遵守时间为租赁期间。

2. 航材保修费

承租人必须保持飞机在所有方面的适航性，保持其所有设备、部件和系统均在良好的维修和状态下。
承租人必须及时更换可能磨损、过期、丢失、被盗、毁坏、扣押、没收、损坏无法修复或因任何原因导致不适合使用的所有零件，更换为符合本协议规定的零件。

3. 维修储备金

3.1 维护储备金的支付

（a）若未及时提供各日历月月度报告，出租人可向承租人开具（且承租人应支付）该日历月的维护储备金发票，在对该月期间飞机的使用进行预估的基础上其金额由双方同意。可根据相关月度报告的收据对下个日历月应付的维护储备金进行调整（以反映相关月份的实际使用情况）。
（b）若根据第 14.2 款对 APU 或起落装置进行永久替换，承租人应向出租人支付额外费用（经双方同意，记入该账户的有关维护储备金支付账户），以反映在安装替换 APU 或起落装置（视具体情况而定）前的使用情况，前提是其使用要多于被替换的 APU 或起落装置的使用。

3. 维修储备金

3.2 维护储备金的计算

应根据如下情况（需双方同意）参考各日历日或该日历日结束后的第十（10）天的租赁期间交付日期后的部分或在某些情况下为到期日（各“维护储备金支付”）来确认承租人在各维护储备金支付日期应支付的维护储备金：

（a）机身 6 年期储备金

对于机身 6 年期检查，承租人应支付一笔等同于机身 6 年期各日历月储备金的款项。

（b）机身 12 年期储备金

对于机身 6 年期检查，承租人应支付一笔等同于机身 12 年期各日历月储备金的款项。

（c）起落装置储备金

对于机身 6 年期检查，承租人应支付一笔等同于起落装置各日历月储备金的款项。

（d）APU 储备金

对于 APU，承租人应支付一笔等同于 APU 每小时运作的 APU 储备金的钱款（根据预估的月使用情况）。

（e）发动机 LLP 储备金

对于各发动机寿命受限零件，承租人应支付一笔等同于各发动机寿命受限零件的每周期发动机 LLP 储备金（根据预估的月使用情况）。

（f）发动机储备金

对于各发动机，发动机储备金应根据承租人和出租人双方达成的 FHA 协议进行单独计算和支付。在上述第（a）和（c）段所述的情况下，若某期限的天数少于一整个日历月的天数，则其所有月度支付应按适当的比例进行计算。

3. 维修储备金

3.3 维护储备金分配

(a) 出租人应就如下方面保留一个名义上的经营账户：(i) 机身（6 年期检查）；(ii) 机身（12 年期检查）；(iii) APU；(iv) 各发动机的发动机寿命受限零件（对各模块设置子账户）；和 (v) 落地装置。

(b) 出租人应根据第 15.15（a）款中的详细内容对名义上的运营账户及子账户就出租人根据第 15.8 款实际收到的所有与机身（6 年期检查）、机身（12 年期检查）、APU、各发动机寿命受限零件、各发动机及起落装置有关的款项进行记账，并应对该账户及子账户就以承租人的名义所支付的与机身（6 年期检查）、机身（12 年期检查）、APU、各发动机寿命受限零件、各发动机、起落装置或其他根据第 15 款规定允许在该账户及子账户中进行记账的其他项目有关的所有款项进行记账。

3.4 维护储备金的退还

只要终止事件发生，在申请所有退货赔偿金支付后，应根据本合同将维护准备账户的剩余余额返回给承租人。

3.5 退货赔偿金支付

承租人应在租赁终止日期向出租人（除非发生总损失）支付以下金额。出租人应在租赁终止日期，(i) 针对承租人应付的退货赔偿金支付申请维护准备账户当期余额，且 (ii) 承租人应向出租人支付承租人应付的退货赔偿金与维护准备账户当期余额之间的差额。

4. 保险费

4.1 保险义务

保险是指（a）转让人根据与飞机或其任何部分有关或与之有关的租赁的要求不时签发的所有保险单或保险人作为受益人的所有保险单和合同（包括但不限于战争风险协会中的所有条目，但不包括为转让人的利益而涵盖飞机第三者，旅客，行李，货物，邮件和航空公司第三者责任的任何责任保险），以及（b）转让人的以下所有利益：根据飞机的所有此类保单和保险合同索赔并从中获得收益，但在两种情况下均不包括与飞机第三方，旅客，行李，货物，邮件和转让人利益的航空第三者责任险的所有保险单。

4.2 责任保险

所指的保险应：(a) 包括投保（保单所承保的风险范围）的赔偿规定；(b) 在租赁终止日期后的两年期限内或下一个 6 年期检查之前（以时间较短者为准），继续包含作为附加投保人的各保险受偿者；(c) 在出租人根据第 26.1 款进行任何转让的日期之后的两年期限内或下一个 6 年期检查之前（以时间较短者为准），继续包含作为附加投保人的转让出租人。

4. 保险费

- 4.3 保险凭证：在任何根据本协议生效的保险未逾期或终止以前，在任何适用情况下，承租人应向出租人提供：（a）一份保险更新凭证副本，以表明该保险及更新的保险人/代理人担保书已经更新或已经进行了替换，且格式需符合出租人的要求；（b）或一份从承租人的保险人或保险代理人处取得的传真确认，证明该保险已根据本款要求更新，前提是若出现上述第（b）子段中的情况，承租人须在更新后的七天内向出租人提供一份保险人或代理人所承担的保险的凭证，且需符合以上第（a）子段的要求。
- 4.4 出租人权益的受让人：如果出租人将其对飞机的全部或任何权益转让给其他任何人员或以其他方式处理，承租人应当根据要求保证该人员应：（a）被指定为保险受益人（并通知保险公司）和/或作为本协议中受影响的保单中的额外被保险人，且（b）享有出租人在该保单下享有的相同权利和保险。
- 4.5 与保险相关的信息：承租人应随时向出租人和安全代理提供其合理要求的信息，该信息可能涉及保险或与本协议项下所做出或提议的任何索赔有关。

4. 保险费

4.6 保险货币

除非出租人另有指示，否则所有保险应以美元支付与处理。

4.7 未能投保

若在任何时候未能根据本款进行保险，出租人或任一融资方有权但不限于进行如下处理（该未投保的情况不得损害有效文件项下的任何权利）：

(a) 通知承租人支付所有到期保险费，或使该保险生效并维持其有效性，或对未投保行为进行补救，以达到出租人或任一融资方（如适用）的要求［且承租人应按要求足额偿还出租人或相关融资方（如适用）在该续保中已支付的所有金额］；和 / 或

(b) 若在任何时间该未投保行为仍然持续，要求飞机停留在任何机场或（视情况而定）为使得飞机受到充分保障使飞机转停至或停留在出租人所指定的任何机场，直至该未投保行为得到补救并达到出租人满意。

4.8 出租人保险权

承租人承认出租人、业主和各融资方均对该飞机具有保险权益，并可自费根据该保险权益以自己的名义获得保险。承租人应随时向出租人、业主和各融资方提供一切合理的协助，以充分保护该保险权益。出租人、业主或任一融资方的任何维持保险行为均不得损害承租人根据本协议维持的保险。

4. 保险费	4.9 保险实务的变更	若在普遍接受的全行业实践中出现了重大变更，或飞机在其所营运的管辖区内的保险出现任何重大变更，致使出租人有合理的原因认为本款要求的保险不足以保障出租人或其他受偿人的相关权益（考虑飞机的运行性质和航线），则应在出租人对承租人发出通知后尽快对本款规定的保险要求做出修正，以包括额外或不同的要求，可以保证能有多种保险为出租人或其他受偿人提供充分保护，达到该变更未出现时的保险程度。在该情况下，出租人应友好地向承租人咨询所有提议的变更方面的问题。

（四）征税依据

依据《中华人民共和国海关审定进出口货物完税价格办法》

第七条　进口货物的成交价格，是指卖方向中华人民共和国境内销售该货物时买方为进口该货物向卖方实付、应付的，并且按照本章第三节的规定调整后的价款总额，包括直接支付的价款和间接支付的价款。

第三十一条　租赁方式进口的货物，按照下列方法审查确定完税价格：

（一）以租金方式对外支付的租赁货物，在租赁期间以海关审查确定的租金作为完税价格，利息应当予以计入；

（二）留购的租赁货物以海关审查确定的留购价格作为完税价格；

（三）纳税义务人申请一次性缴纳税款的，可以选择申请按照本办法第六条列明的方法确定完税价格，或者按照海关审查确定的租金总额作为完税价格。

根据《海关总署关于修订飞机经营性租赁审定完税价格有关规定的公告》（海关总署2016年第8号公告）

第一条 租赁期间发生的由承租人承担的境外维修检修费用，按照《中华人民共和国海关审定进出口货物完税价格办法》第二十八条审价征税。

第三条 飞机租赁结束后未退还承租人的维修保证金，按租金计入完税价格。

第五条 在飞机租赁贸易中约定由承租方支付的与机身、零备件相关的保险，无论发生在境内或境外，属于间接支付的租金，应计入完税价格；与飞机租赁期间保持正常营运相关的保险费用，不计入完税价格。

本公告实施前已支付的保险费用比照本公告第五条办理，但如果航空保单无法区分飞机的机身、零备件一切险、第三者责任险、运营险等险种保费的，有关航空保费不计入租金的完税价格。

本公告实施前已完成的维修检修，若在飞机租赁合同中约定应由承租人承担的，无论发生在境内或境外，其费用均按租金计入完税价格。其中飞机大修在境内进行的，承租人所支付费用发票中单独列明的增值税等国内税收、境内生产的零部件和材料费用及已征税的进口零部件和材料费用不计入完税价格。承租人应在支付维修检修费用后30日内向其所在地海关申报办理纳税手续。

（五）结论

海关总署2016年第8号公告实施前已完成的维修检修，若在租赁合同中约定应由承租人承担的，无论发生在境内或境外，其费用均按租金计入完税价格。2016年第8号公告实施后租赁期间发生的由承租人承担的境外维修检修费用应计入租金完税价格。租赁结束后未退还承租人的维修保证金，应计入租金的完税价格。

↓

针对航材包修费，按“修理物品”方式对实际进出境航材进行监管，以各期实际进出境航材分摊的包修费为征税对象，征税周期为国内航空公司按照包修合同约定的分期支付包修费周期。

↓

机身、零备件的一切险均应计入租金的完税价格，营运相关的保险不计入租金的完税价格，保单无法区分机身、零备件一切险、第三者责任险、运营险等险种保费的，有关保费不计入租金的完税价格。

三、经营性租赁飞机交付及退还费用案例

（一）基本情况

根据飞机经营性租赁合同，在飞机交付及退还时，承租人需承担以下费用：因未符合约定交还条件产生的补偿赔偿费，为满足交机条件所产生的维修检修费，改装涉及的费用，登记与注销产生的费用，违约金等。在向海关申报飞机租赁租金的完税价格时，承租人未将上述交付及退还费用计入完税价格。

（二）费用组成

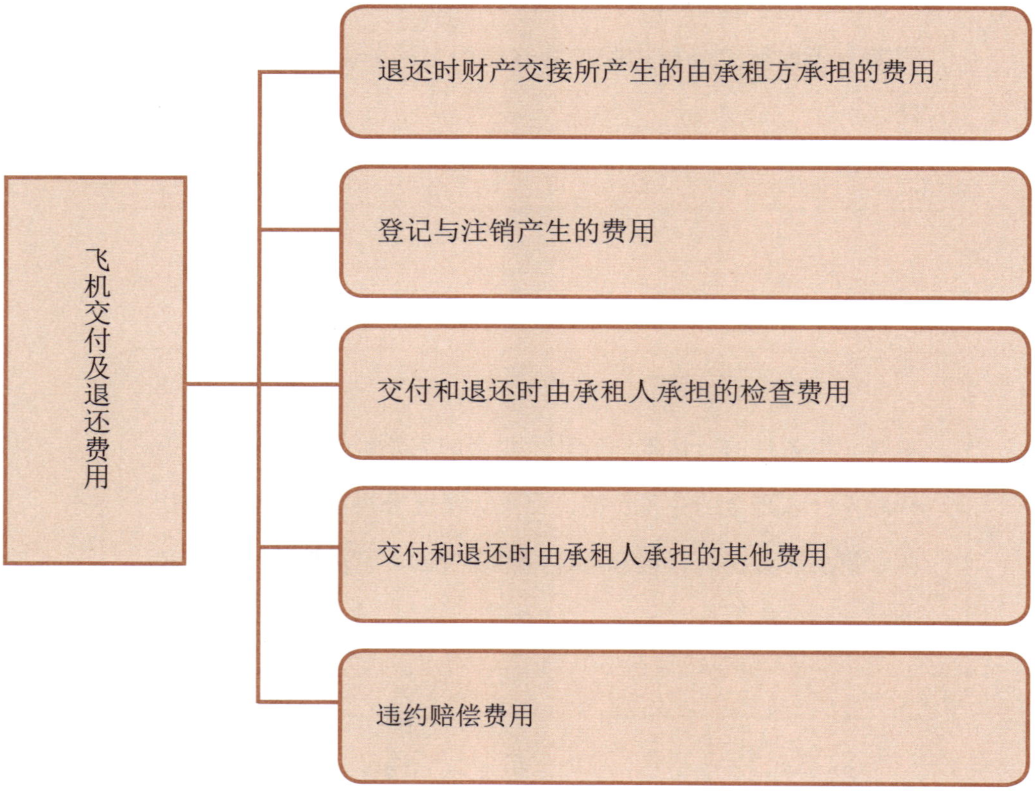

（三）合同条款

1. 机身登记

交付时，承租人应在登记国向航空管理局进行飞机登记，且应在登记后在整个租赁期内对该登记进行维护。承租人应承担进行登记和维持登记所产生的一切费用。出租人应与承租人合作，进行登记和维持此类登记，并向承租人提供承租人可以合理要求的相关文件。

2. 变更登记国

承租人可随时在（许可转租）租赁期内在原登记国以外的其他司法管辖区进行飞机登记，但需有出租人提前书面批准，若出现如下情况，不得无理扣留该批准：适航标准和识别、出租人、飞机所有人及担保债权人在该司法管辖区对该租赁飞机的权益有效且可执行，符合出租人要求。

3. 融资各方利益登记

承租人应随时根据出租人的要求使出租人、飞机所有人及融资各方（或任一方）的各自权益在登记国适用法律允许的范围内予以充分登记或记录。进行该登记或记录的费用应由出租人承担，除非该费用是由许可转租或登记国变更引起的必要费用（在此情况下费用由承租人承担）。

4. 开普敦公约	若在交付后的任何时间里，飞机（i）在开普敦公约生效的国家注册；或（ii）根据第 16.2 款在开普敦公约生效的国家重新注册；和 / 或（iii）在开普敦公约生效的国家进行飞机的再融资或出售，承租人应：(a) 按出租人、飞机所有人及融资方的要求，随时配合国际登记处进行所有程序、登记和备案或撤销登记，以确保本协定和其他有效文件构成的国际权益的有效性、执行力和优先权；(b) 按出租人、飞机所有人及融资方的要求，同意在国际登记处登记该国际权益，且在未取得出租人书面同意的情况下不会在国际登记处登记任何冲突权益（无论是否优先考虑上述国际权益）；和 (c) 在国际登记处以交易用户实体的身份对其自身进行登记（自费），且在未经有关国际权益持有人事先书面同意的情况下不得撤销该登记。 第（a）和（b）段中要求的记录和登记的费用，（1）若要求与如下内容有关，则应由承租人支付，（i）本协定和其他有效文件构成的国际权益交付时的初始登记，或（ii）承租人的所有分租；（2）若要求与交付后飞机的再融资或出售有关则应由出租人承担。
5. 飞机退还费用	飞机退还时产生的费用，承租人应赔偿出租人：（i）在租赁期内，承租人没有充分按照飞机文件维护飞机，导致飞机大修和更换有限寿命零件而产生的费用；（ii）承租人不能保留每个零件的 EASA 形式一或 FAA 8130-3 标签，导致零件需重新认证，由此产生的费用；（iii）承租人补救瑕疵或通过不充分的飞机修理方案审批数据进行损伤修复，由此产生的费用；（iv）按照本协议规定，但承租人没有进行任何改装，为弥补而产生的费用。

6. 合同的解除和终止	在租赁期间的任何时候，（i）出租人或承租人执行或实行本协议或其他有效文件计划的各自重要义务或接受任何各自重要权益的任何有关权利变得违法，或（ii）任何政府单位的任何同意或批准，或承租人或出租人履行有效文件下义务所需要的授权被撤回或在有损于承租人或出租人的程度上被修改，或被扣留、撤回、废除、取消或到期，且未重新获取，或不再有效，并且将对承租人或出租人履行有效文件下义务的能力造成重大不利影响（各上述情况简称“适用情况”），则出租人将就可采取用来调整该交易以避免出现此等适用情况的任何措施真诚友好地与承租人进行协商。在不影响出租人权利的情况下，若在任何协商期间发生终止事件，若各方未能在 60 天内（或在出租人诚实的判断下，可能要求更短的一段时间来避免此等违法）调整交易以避免任何上述适用情况发生，则出租人应有权终止本协议下的飞机租赁，因此承租人将立刻采取措施使飞机处于本协议要求的返租状态，然后立即按照第 21 款之要求将飞机交还出租人，并支付直至并包括返租之日的所有租金和承租人应付的其他费用。若出租人和承租人就调整交易以避免出现适用情况达成一致，则承租人和出租人同意做出此等行为和事情，并签署和递交所有为使此等调整有效而合理需要的文件（包括但不限于本协议的任何修订案或任何其他有效文件）。此等调整的费用应由承租人承担。

（四）征税依据

依据《中华人民共和国海关审定进出口货物完税价格办法》

第七条　进口货物的成交价格，是指卖方向中华人民共和国境内销售该货物时买方为进口该货物向卖方实付、应付的，并且按照本章第三节的规定调整后的价款总额，包括直接支付的价款和间接支付的价款。

第二十八条　运往境外修理的机械器具、运输工具或者其他货物，出境时已向海关报明，并且在海关规定的期限内复运进境的，应当以境外修理费和料件费为基础审查确定完税价格。

出境修理货物复运进境超过海关规定期限的，由海关按照本办法第二章的规定审查确定完税价格。

第三十一条　租赁方式进口的货物，按照下列方法审查确定完税价格：

（一）以租金方式对外支付的租赁货物，在租赁期间以海关审查确定的租金作为完税价格，利息应当予以计入；

（二）留购的租赁货物以海关审查确定的留购价格作为完税价格；

（三）纳税义务人申请一次性缴纳税款的，可以选择申请按照本办法第六条列明的方法确定完税价格，或者按照海关审查确定的租金总额作为完税价格。

根据《海关总署关于修订飞机经营性租赁审定完税价格有关规定的公告》（海关总署 2016 年第 8 号公告）

第二条 在飞机退租时，承租人因未符合飞机租赁贸易中约定的交还飞机条件而向出租人支付的补偿或赔偿费用，或为满足飞机交机条件而开展的维修检修所产生的维修检修费，无论发生在境内或境外，均按租金计入完税价格。

（五）结论

一般贸易进口公务机的完税价格按《中华人民共和国海关审定进出口货物完税价格办法》第七条的规定，以基础价格加浮动价格为基础审查确定，装饰费或改装费属于飞机采购成本的一部分，应计入完税价格。

交付与退还期间，承租人因未符合租赁贸易中约定的交还条件而向出租人支付的补偿或赔偿费用，或为满足交机条件而开展的维修检修所产生的维修检修费，无论发生在境内或境外，均应计入租金的完税价格。交付与退还时，由承租人承担的改装涉及的费用应计入租金的完税价格。登记与注销产生的费用，属于管理费，应计入租金的完税价格。交付及退还时产生的维修定检费应计入租金的完税价格。承租方支付的违约金，应计入租金的完税价格。

四、融资性租赁飞机改装和装饰相关费用案例

（一）基本情况

根据飞机经营性租赁合同，在飞机交付及退还时，承租人需承担以下费用：因未符合约定交还条件产生的补偿赔偿费，为满足交机条件所产生的维修检修费，改装涉及的费用，登记与注销产生的费用，违约金等。在向海关申报飞机租赁租金的完税价格时，承租人未将上述交付及退还费用计入完税价格。

（二）费用情况

融资租赁方式下，因最终飞机所有权可转移至承租人，承租人可在合同约定范围内对飞机进行装饰、改装和购买设备。其中，装饰费或改装费是指承租人在合同允许范围内对飞机进行加装、改装的费用；买方采购设备即 BFE 指买方在卖方许可范围内对飞机进行选配的设备，卖方采购设备即 SPE 指卖方额外采购的飞机使用设备。上述费用在财务记账上均计入资产的价值。

（三）合同条款

（三）

1. 改装费

1.1 允许的改装

（a）未经出租人事先书面同意，承租人不得对飞机进行任何改装、改变或添附，但符合以下条件的除外：（i）承租人已为该等加装与改装取得所需的所有政府部门批准或其他应办理的批准和许可；（ii）该等加装与改装不得影响飞机的适航性及当时的市场价值；（iii）该等加装与改装不得减损飞机的使用范围及性能；（iv）承租人应办理与该等加装与改装完成有关的一切登记、备案和其他手续；（v）承租人应自行承担由于该等加装与改装所发生的任何税收或费用；以及（vi）加装与改装完成后的飞机仍应受本协议所有条款的约束。为避免疑义，承租人为飞机满足制造商及中国民航局或EASA或FAA发布的适航指令、服务通告或其他强制性要求决定对飞机进行加装与改装，可不用事先取得出租人的书面同意，但仍应满足上述（i）至（vi）项中所规定的条件并遵守本协议其他相关规定。

（b）依照本条规定对飞机进行的加装、改装、维修、维护、保养、修理、定检和大修等所产生的对飞机的增值，在所有权转移日之前，均应视为出租人拥有所有权的财产，承租人仅在所有权转移日后才拥有对该等增值的所有权。

（c）承租人可以在飞机上喷涂其认为适当的颜色并显示承租人或任何允许的转租承租人的标记。

1. 改装费

1.2 一般赔偿

（a）在不重复计算承租人根据本协议任何其他条款或任何其他其作为一方的交易文件向受偿方支付的任何款项的前提下，承租人同意一经任一受偿方要求，立即向其支付并使其免于承担由于以下情况所产生的实际损失，但受偿方应提供相应的损失或费用凭证：

（i）飞机的制造、购买、所有权、占有、出口、进口、登记、性能、运输、储存、管理、销售、处置、控制、设计、状态、检查、试飞、交付、租赁、转租、维护、维修、改装、保险、服务、加装、大修、更换、拆除、重新交付、使用或运营产生或相关的。

1.3 税收补偿

（a）受限于本协议其他条款，在不重复计算已支付本协议项下的任何其他款项的前提下，承租人同意一经税项受偿方要求，全额赔偿该税项受偿方并使其免于与飞机相关的由于任何税项而承担的任何实际损失（由该等税项受偿方合理确定，并自任何款项应付之日起计算），包括但不限于任何飞机的制造、购买、所有权、占有、出口、进口、登记、性能、运输、储存、管理、销售、处置、控制、设计、状态、检查、试飞、交付、租赁、转租、维护、维修、改装、保险、服务、加装、大修、更换、拆除、重新交付、使用或运营（无论在空中或陆地）产生或相关的。

2. 买方采购设备

- 2.1 买方采购设备：采购合同附件包含 BFE 的供应商、选配日期及适用于飞机的其他要求。客户将通过以下 BFE 项目的供应商和零件号进行选择：厨房系统、座椅（乘客）、广播音频系统、座椅视频系统、其他应急设备、货物装卸系统。
- 2.2 BFE 卖据：指承租人或机身制造商向出租人签发的有关买方提供设备（BFE）的卖据。
- 2.3 飞机价格：指飞机的净价（包含 BFE 价款），即扣除机身制造商和发动机制造商就机身和发动机给予的现金折扣或现金回扣后的飞机购买价格。
- 2.4 接收飞机：（a）机身制造商根据购机协议以及购机协议转让协议向出租人交付飞机、签发并递交制造商卖据和 BFE 卖据（或视情况而定，由承租人签发并递交的 BFE 卖据，如有）的同时，出租人即取得飞机的所有权，出租人指定承租人作为其代理人（承租人接受该等指定）根据购机协议转让协议自机身制造商接收飞机，并签署购买接收证书（Certificate of Acceptance）（如适用）。

（四）征税依据

依据《中华人民共和国海关审定进出口货物完税价格办法》

第七条　进口货物的成交价格，是指卖方向中华人民共和国境内销售该货物时买方为进口该货物向卖方实付、应付的，并且按照本章第三节的规定调整后的价款总额，包括直接支付的价款和间接支付的价款。

第三十一条　租赁方式进口的货物，按照下列方法审查确定完税价格：

（一）以租金方式对外支付的租赁货物，在租赁期间以海关审查确定的租金作为完税价格，利息应当予以计入；

（二）留购的租赁货物以海关审查确定的留购价格作为完税价格；

（三）纳税义务人申请一次性缴纳税款的，可以选择申请按照本办法第六条列明的方法确定完税价格，或者按照海关审查确定的租金总额作为完税价格。

（五）结论

一般贸易进口公务机的完税价格按《中华人民共和国海关审定进出口货物完税价格办法》第七条的规定，以基础价格加浮动价格为基础审查确定。装饰费或改装费属于飞机采购成本的一部分，应计入完税价格。

本案例中的装饰费、改装费、买方采购设备费用、卖方采购设备费用均应计入租赁本金的完税价格。

五、融资性租赁飞机预付款、留购款案例

（一）基本情况

根据飞机融资性租赁协议，承租人在交机日前一个营业日当日或之前，向出租人支付初始租金（飞机价格与融资金额的差额部分的等值人民币）及其对应的增值税款项。租赁期满后，承租人确认回购飞机，向出租人支付了留购款（终止款项和其他交易文件项下承租人应付未付的其他款项）。在向海关申报飞机租赁租金的完税价格时，承租人未将上述费用申报计入完税价格。

（二）费用情况

预付款与尾款为承租人应向出租人支付飞机价格与融资金额的差额部分，包括直接或间接支付的款项。留购款为租赁期限届满时承租人为留购租赁飞机应向出租人支付的购买价款。

（三）合同条款

1. 租金及其他支付	（a）承租人应向出租人支付飞机价格与融资金额的差额部分按照币种转换汇率换算的等值人民币金额（以下称“初始租金”）及初始租金对应的增值税。初始租金及初始租金对应的增值税应按照下述方式支付： （i）出租人应在交机日前第七（7）个营业日向承租人提供按照该日上午 11:00 点中国人民银行公布的人民币兑美元汇率中间价（以下称“拟定汇率”）计算的飞机价格与融资金额的差额部分的等值人民币（以下称“拟定初始租金”）及其对应的增值税款项的付款通知，承租人应在收到该等通知后将拟定初始租金及其对应的增值税以人民币支付给出租人，并确保出租人在交机日前一（1）个营业日当日或之前收到该等款项； （ii）出租人应在交机日飞机交付之前提供币种转换汇率的书面凭证。如初始租金及其对应的增值税款项之和大于拟定初始租金及其对应的增值税款项之和，则承租人应于支付首期租金的同时一并向出租人支付该等差额部分；如初始租金及其对应的增值税款项之和小于拟定初始租金及其对应的增值税款项之和，承租人有权自首期租金中相应扣减该等差额部分。 因初始租金的增值税导致出租人需增加支付的增值税附加由出租人承担。出租人应在收到承租人支付的拟定初始租金及该等款项对应的增值税款项后根据本协议第 6.10 条的约定向承租人开具增值税专用发票。出租人和承租人同意，如出租人未能根据前述约定向承租人开具增值税专用发票的，出租人应向承租人返还拟定初始租金对应的增值税款项部分，而无须返还任何部分的拟定初始租金。

1. 租金及其他支付	（b）在租期内的每一个租金支付日，承租人应当按本条规定向出租人支付租金。每期租金（“租金”）由摊销本金和利息两部分组成。摊销本金的总额等于人民币融资金额，自交机日起分 40 期等额支付，人民币融资金额的本金余额在期满日摊销至零。出租人和承租人同意并确认，每一计租期所产生的租金利息部分（“利息”）应根据每个计租期实际发生的天数， 在一年三百六十（360）天的基础上，根据该计租期首日的未偿还人民币融资金额的全部本金余额计算。在不违反前述规定的情况下，承租人的应付租金金额应按以下方式确定： （i）承租人应根据附件 7 在每一租金支付日（受限于第 6.3 条的规定）支付租金的摊销本金。 （ii）承租人应在每一租金支付日（受限于第 6.3 条的规定）支付人民币融资金额的未偿本金余额在对应计租期应计的利息。受限于本协议的条款，人民币融资金额的利率是按照适用利率计算的年利率。本协议项下所有应付利息和其他款项均应以一年三百六十（360）日为基础按照实际天数计算。 （iii)承租人在每一租金支付日应付的租金应为按照以上第(i)项计算的本金部分与按照以上第（ii）项计算的利息部分之和。 （iv）出租人与承租人同意附件 7 中计算的租金是基于以下前提：融资金额为 ________ 美元；人民币融资金额为人民币 ______________ 元；并且交机日为 ____ 年 ____ 月 ____ 日。 如以上计算前提不准确，出租人应当根据融资金额的实际金额以及实际交机日准备替代的租金支付表。在无明显计算错误的情况下，承租人应按照替代的租金支付表的日期和金额向出租人支付租金。

1. 租金及其他支付

（c）出租人与承租人同意并确认：

（i）承租人根据第 4.7（a）条规定向出租人支付的任何租前息，根据第 6.1 条的规定向出租人支付的租金的利息部分，以及根据本协议规定向出租人支付的终止款项的利息部分均已经包含增值税。

（ii）承租人根据第 6.1 条的规定向出租人支付的租金的摊销本金部分不含增值税，承租人应在支付每期租金的同时额外向出租人支付当期租金所含摊销本金部分所需缴纳的增值税金额，但是当期租金摊销本金部分相应的增值税附加应由出租人自行承担。

2. 购买选择权

2.1 提前回购

（a）租期内，如果没有违约事件发生且持续，在满足下列条件的前提下，承租人可以向出租人申请提前回购飞机：

（i）承租人拟提前回购之日发生在起租日起第二（2）年届满之后；

（ii）承租人应当提前六（6）个月书面通知出租人（“提前回购通知”），且该等通知是不可撤销的；

（iii）拟提前回购日应为一个租金支付日（该日称“提前回购日”）；

（iv）承租人应在提前回购日或之前向出租人支付所有终止款项和其他交易文件项下承租人应付未付的其他款项；

（v）承租人应补偿出租人因该等提前回购所遭受的有书面证据支持的因承租人的该等提前还款所导致的出租人在融资项下发生的所有实际损失（如有）。

（b）承租人不可撤销地支付了上述款项后，出租人应以“按现状（as is, where is）”的方式向承租人转移飞机所有权并签署相关的卖据以证明该等所有权转移。

2.2 期满日回购

在期满日，如果 (a) 承租人已经不可撤销地全额支付了（i）回购款项及（ii）其根据本协议及其他承租人为一方的交易文件项下承租人应当支付的任何其他到期应付款项，且 (b) 未发生飞机的全损事件，则出租人应以“按现状 (as is, where is)”的方式向承租人转移飞机所有权并签署相关的卖据以证明该等所有权转移。

（四）征税依据

依据《中华人民共和国海关审定进出口货物完税价格办法》

第七条　进口货物的成交价格，是指卖方向中华人民共和国境内销售该货物时买方为进口该货物向卖方实付、应付的，并且按照本章第三节的规定调整后的价款总额，包括直接支付的价款和间接支付的价款。

第三十一条　租赁方式进口的货物，按照下列方法审查确定完税价格：

（一）以租金方式对外支付的租赁货物，在租赁期间以海关审查确定的租金作为完税价格，利息应当予以计入；

（二）留购的租赁货物以海关审查确定的留购价格作为完税价格；

（三）纳税义务人申请一次性缴纳税款的，可以选择申请按照本办法第六条列明的方法确定完税价格，或者按照海关审查确定的租金总额作为完税价格。

（五）结论

一般贸易进口公务机的完税价格按《中华人民共和国海关审定进出口货物完税价格办法》第七条的规定，以基础价格加浮动价格为基础审查确定。未包含在申报价格中的预付款和尾款是直接或间接支付的款项，应计入完税价格。

融资租赁进口公务机的完税价格应按照《中华人民共和国海关审定进出口货物完税价格办法》第三十一条以及相关规定，以租金为基础审查确定。海关应重点审核租赁本金的完整性，一般包括飞机购置价格、预付款、留购款（留购保证金）及相关费用等；海关应审核承租人前期支付的租金与留购价格之和，应与融资协议中约定的购机价款及相关利息之和一致，对于不一致的，海关应对留购价格加强审核。

本案例中承租人支付的预付款和留购款，是租赁本金的一部分，均应计入租赁本金的完税价格。

六、融资性租赁飞机租前息、租金利息案例

（一）基本情况

针对融资租赁进口飞机，承租人以分期支付的方式向出租人支付租金。根据融资性租赁合同约定，在起租日之前出租人垫付资金购买飞机产生的利息和每一租期产生的租金利息，由承租人支付。在向海关申报飞机租金的完税价格时，承租人未将上述租前息和租金利息计入完税价格。

（二）费用情况

租前息指出租人与承租人约定在租赁开始日之前（交付之前）或飞机交付后到融资租赁银行贷款下发前，对于出租人向供应商支付的预付货款，承租人为此支付的费用，即针对出租人支付的预付款融资向出租人支付的利息。利息包含在每期租金中，每一计租期所产生的租金利息应根据每个计租期实际发生的天数，在一年三百六十（360）天的基础上，根据该计租期首日的未偿还人民币融资金额的全部本金余额计算。

（三）合同条款

1. 租前息

- 1.1 延迟交付

  如果因制造商的原因导致飞机的交机日晚于飞机交付通知中载明的交机日，承租人应立即书面通知出租人，并且如出租人在收到通知时已根据原飞机交付通知向机身制造商支付了飞机价格，则承租人应于第一个租金支付日［或如本协议根据第 4.7（b）条终止时，于终止日］向出租人支付该等融资金额自原飞机交付通知中明确的交机日至实际交机日、制造商向出租人全额退还融资金额之日和最晚交机日中较早一日所产生的利息，该等利息应按照适用利率以一年三百六十（360）日为基础按照前述实际发生的天数计算。

- 1.2 增值税 VAT

  承租人根据其为一方的交易文件所应支付的任何款项均不包含任何增值税或类似的可能应针对该等款项征收的任何其他税项，但本协议项下的租前息已经包含了该等租前息应当支付的增值税（如有）租金也已经包含了其利息部分应当支付的增值税。

- 1.3 补偿的税后性质

  出租人与承租人同意并认可，在本协议签署之日及租期内，与本协议以及本协议项下之交易相关的税务安排如下（“税务安排”）：租前息（如有且如适用）以及租金的利息部分包含增值税，出租人承担本协议项下租前息以及租金的利息部分所需缴纳的增值税和增值税附加（包括但不限于城市维护建设税、教育费附加、地方教育费附加等）。出租人和承租人双方在此确认，在本协议签订之日，根据有关适用法律法规的规定，适用的增值税税率为 17%。

2. 利息

2.1 租金

（a）在租期内的每一个租金支付日，承租人应当按本条规定向出租人支付租金。每期租金（以下称“租金”）由摊销本金和利息两部分组成。摊销本金的总额等于人民币融资金额，自交机日起分 40 期等额支付，人民币融资金额的本金余额在期满日摊销至零。出租人和承租人同意并确认，每一计租期所产生的租金利息部分（以下称“利息”）应根据每个计租期实际发生的天数，在一年三百六十天的基础上，根据该计租期首日的未偿还人民币融资金额的全部本金余额计算。在不违反前述规定的情况下，承租人的应付租金金额应按以下方式确定：（i）承租人应根据附件 7 在每一租金支付日（受限于第 6.3 条的规定）支付租金的摊销本金。（ii）承租人应在每一租金支付日（受限于第 6.3 条的规定）支付人民币融资金额的未偿本金余额在对应计租期应计的利息。受限于本协议的条款，人民币融资金额的利率是按照适用利率计算的年利率。本协议项下所有应付利息和其他款项均应以一年三百六十（360）日为基础按照实际天数计算。（iii）承租人在每一租金支付日应付的租金应为按照以上第（i）项计算的本金部分与按照以上第（ii）项计算的利息部分之和。

（b）出租人与承租人同意并确认：承租人根据第 4.7（a）条规定向出租人支付的任何租前息，根据第 6.1 条的规定向出租人支付的租金的利息部分，以及根据本协议规定向出租人支付的终止款项的利息部分均已经包含增值税。

2. 利息	2.2 违约利息	如果承租人未按照本协议规定支付本协议项下任何到期租金和其他任何应付款项，承租人应该按照违约利率，就该等逾期金额从到期应付日起到实际支付之日期间支付违约利息（以下称“违约利息”）。该等违约利息应按日计算。如出租人根据适用法律法规的规定需就违约利息缴纳增值税的，承租人应根据届时适用的增值税税率，并按照本协议的规定按时向出租人支付违约利息对应的增值税。出租人应在收到承租人支付的该等违约利息及其增值税款项后三十（30）个营业日内，根据适用法律法规的规定就该等违约利息增值税款项向承租人开具增值税专用发票（如适用）。为避免歧义，上述违约利息对应的增值税附加由出租人承担。如出现市场紊乱，则承租人和出租人应进行协商［协商期应不超过三十（30）日］，以就如何确定相关计租期所适用的违约利率达成一致（以下称“违约利率调整方案”）。该等违约利率调整方案对承租人和出租人均具有约束力。如在前述期间结束时承租人和出租人未能就违约利率调整方案达成一致，则违约利率应以适用利率上浮百分之五十（50%）计算。

（四）征税依据

依据《中华人民共和国海关审定进出口货物完税价格办法》

第七条　进口货物的成交价格，是指卖方向中华人民共和国境内销售该货物时买方为进口该货物向卖方实付、应付的，并且按照本章第三节的规定调整后的价款总额，包括直接支付的价款和间接支付的价款。

第三十一条　租赁方式进口的货物，按照下列方法审查确定完税价格：

（一）以租金方式对外支付的租赁货物，在租赁期间以海关审查确定的租金作为完税价格，利息应当予以计入；

（二）留购的租赁货物以海关审查确定的留购价格作为完税价格；

（三）纳税义务人申请一次性缴纳税款的，可以选择申请按照本办法第六条列明的方法确定完税价格，或者按照海关审查确定的租金总额作为完税价格。

（五）结论

融资租赁进口公务机的完税价格应按照《中华人民共和国海关审定进出口货物完税价格办法》第三十一条以及相关规定，以租金为基础审查确定，并重点审核以下款项和费用：

1. 利息。利率水平受购机价格、融资比例、租赁期限等因素影响，海关应审查利率水平是否符合行业惯例。

2. 租前息。指由承租人支付的，在起租日之前出租人垫付资金购买飞机而产生的利息，属于租金的组成部分，应计入完税价格。本案例中承租人支付的租前息、租金利息，应计入租金的完税价格。

七、融资性租赁飞机手续费、安排费案例

（一）基本情况

根据飞机融资性租赁合同，出租人为飞机进行融资或再融资活动，承租人配合出租人完成手续并承担相关手续费和安排费。在向海关申报飞机租金的完税价格时，承租人未将上述手续费和安排费计入完税价格。

（二）费用情况

融资租赁手续费和安排费是出租人与承租人约定在租赁开始日之前（交付之前）或飞机交付后到融资租赁银行贷款下发前，承租人为满足承租条件支付给出租人的一种费用。

（三）合同条款

1. 定义

“租赁安排费”指根据本协议第五条的规定，承租人应向出租人支付的安排本次融资租赁的费用。

2. 租金及其他款项的支付

针对本协议项下的应付租金，出租人应在相关租金支付日前至少提前二十（20）个工作日向承租人提供租金支付通知。除非本协议另有明确规定，针对本协议项下租金以外的其他应付款项（租赁安排费除外），出租人应在相关款项应付之日前至少十（10）个工作日向承租人提供支付通知。在收到承租人支付的当期租金后，出租人应在收到相应款项及税收主管部门规定应由承租人提供的相关开票材料后十（10）个工作日或双方另行同意的更长期限内向承租人开具并寄送当期租金利息部分的增值税专用发票［就租赁安排费，出租人应在四十（40）天内向承租人提供增值税专用发票］。就承租人在本协议项下向出租人支付的租金之外的其他款项，如果根据有关的法律法规，出租人应当就该等款项向承租人开具增值税专用发票，出租人应按照上述规定向承租人开具和寄送针对该等其他款项的增值税专用发票。

承租人承诺在付款日前的第三（3）个工作日或之前向出租人一次性支付飞机融资金额的 0.5% 作为租赁安排费（已包含与该等安排费相关的增值税税款）。出租方同意在收到租赁安排费后四十（40）天内向承租方开具并寄送该等安排费相关的增值税专用发票。

3. 税收和交易费用	出租人承担本协议项下租金的利息部分所需缴纳的增值税及就该增值税税款应缴纳的相关附加税，承担因根据本协议向承租人出租飞机而应当缴纳的企业所得税，同时承担租赁安排费所需要缴纳的增值税税款以及其注册地和营业场所所在地政府针对其总体收入、资本收益或利润所征收的税款。
4. 承诺	出租人向承租人承诺：（1）在本协议第 3.1 条规定的先决条件［第（5）项以及第（6）项中规定的应在交机之时提供的先决条件文件除外］均满足的前提下，于付款日当日向飞机制造商支付飞机融资金额；（2）根据本协议第 5.6 条规定向承租人开具租赁安排费和租金利息部分的增值税专用发票；（3）在承租人满足本协议规定的各项条件下，在租赁期届满后将飞机所有权转移给承租人。根据本协议规定，如出租人违反前述承诺应承担相应的违约责任。

（四）征税依据

依据《中华人民共和国海关审定进出口货物完税价格办法》

第七条　进口货物的成交价格，是指卖方向中华人民共和国境内销售该货物时买方为进口该货物向卖方实付、应付的，并且按照本章第三节的规定调整后的价款总额，包括直接支付的价款和间接支付的价款。

第三十一条　租赁方式进口的货物，按照下列方法审查确定完税价格：

（一）以租金方式对外支付的租赁货物，在租赁期间以海关审查确定的租金作为完税价格，利息应当予以计入；

（二）留购的租赁货物以海关审查确定的留购价格作为完税价格；

（三）纳税义务人申请一次性缴纳税款的，可以选择申请按照本办法第六条列明的方法确定完税价格，或者按照海关审查确定的租金总额作为完税价格。

（五）结论

融资租赁进口公务机的完税价格应按照《中华人民共和国海关审定进出口货物完税价格办法》第三十一条以及相关规定，以租金为基础审查确定，并重点审核手续费、管理费等其他费用。出租人向承租人收取的手续费、管理费等，属于租赁成本的一部分，应计入完税价格。

本案例中由承租人支付的融资租赁手续费和安排费，应计入租金的完税价格。

八、融资性租赁飞机维修检修费、保险费案例

（一）基本情况

根据飞机融资性租赁合同约定，在租赁期内，除非另有书面约定，承租人需承担飞机的全部维修检修费用，并支付与机身、零备件相关的保险和为保持正常营运相关的保险费用。在向海关申报飞机租金的完税价格时，承租人未将上述维修检修费和保险费计入完税价格。

（二）费用情况

本案例中，维修检修费指租赁期间发生的由承租人承担的境外维修检修费用，保险费指在飞机租赁期间由承租方支付的与机身、零备件相关的保险和为保持正常营运相关的保险费用。上述维修检修费、保险费在公司财务记账上计入当期损益。

（三）合同条款

1. 维修检修金

1.1 维修维护

承租人应当在租期内：

（a）持有现行有效的可以运营飞机的、航空当局颁发的公共航空运输企业经营许可证以及航空承运人运行合格证，并持有航空当局颁发的飞机适航证；

（b）使飞机处于适航状态并处于可使用的状况和外观（正常飞行运营导致的合理磨损除外），并且使飞机的全部零部件应是可使用的并且处于与承租人机队其他相似型号飞机类似的良好运营状况；

（c）依据维护计划，由航空当局批准的维护服务商对飞机进行维护并且对飞机执行大检和大修（按照维护计划中所要求的时间间隔）；

（d）遵守航空当局发布的全部适航指令和强制命令（适用于全部租期），以及强制的制造商服务通告和适用于飞机的其他类似要求；

（e）遵守对承租人或飞机有管辖权的航空当局的适用法律法规对于飞机的维护、状态、使用和运营有关的要求；

（f）若任何零部件不时报废、过期、丢失、失窃、损毁、灭失、没收，或毁坏得无法修复并无法使用，及时用符合本协议要求的零部件替换前述零部件。

1. 维修检修金

1.2 一般赔偿

（a）在不重复计算承租人根据本协议任何其他条款或任何其他其作为一方的交易文件向受偿方支付的任何款项的前提下，承租人同意一经任一受偿方要求，立即向其支付并使其免于承担由于以下情况所产生的实际损失，但受偿方应提供相应的损失或费用凭证：

（i）飞机的制造、购买、所有权、占有、出口、进口、登记、性能、运输、储存、管理、销售、处置、控制、设计、状态、检查、试飞、交付、租赁、转租、维护、维修、改装、保险、服务、加装、大修、更换、拆除、重新交付、使用或运营产生或相关的；或

（ii）由于以上第（a）项所导致或产生或引起的任何财产的损失或损害、人员的死亡或伤害或任何性质的任何损失，无论其何时产生（是否在租期之前、之内或之后）；或

（iii）由于飞机的任何设计、物件或材料或由于飞机的运营或使用构成或声称构成对于任何专利、著作权、设计或其他知识产权或任何其他类似权利的侵权而引起或产生的；或

（iv）由于防止或试图防止飞机被扣押、没收、查封、执行或罚没，或确保飞机的放行而产生的或与之相关的；或

（v）由于承租人未能按时适当履行其在其作为一方的交易文件项下的任何义务而产生的。

受偿方应当在实际知晓其任何损失时立即通知承租人。

2. 保险费

2.1 保险

（a）在租期内，承租人应自行承担费用按照本协议的规定为飞机办理包括飞机机身及零备件一切险、飞机第三方责任险、飞机机身免赔额保险、航空承运人综合责任险，以及飞机机身及零备件战争险在内的保险，并使之在租期内持续完全有效。

（b）该等保险应通过保险人安排。

2.2 要求

（a）在租期内任何时候，承租人为飞机所购买的飞机机身及零备件一切险的保险价值应不低于飞机价格的110%。

（b）出租人对保险的要求规定见本合同条款。

（c）如果关于飞机保险在普遍接受的中国航空保险市场惯例上发生了不利于出租人的重大变化，以至于按照本协议所办理的保险不足以保护出租人和融资方（如适用）在本协议项下的利益，则出租人有权对本协议有关保险方面的要求做适当且合理的调整，以将该项变化的要求包含在内，有关费用由承租人承担。

（d）在不影响本协议对保险要求的前提下，承租人对飞机购买的保险不得以任何方式差于承租人运营的相同或类似型号的其他飞机的保险。

2. 保险费

- **2.3 续保**

  承租人应当在本协议要求的任何保险到期之前完成该等保险的续保，并一经要求，即向出租人提供续保完成的证明。

- **2.4 遵守保险要求**

  （a）承租人不得运营或将飞机放置于，或使飞机被他人运营或放置于任何保险没有覆盖的任何地区或任何线路。

  （b）承租人必须遵守保险的要求，并且不得同意或允许可能会导致保险的全部或任何部分无效、不合法或不可执行或导致保险免赔等的任何行为或不作为。

- **2.5 转让**

  承租人应当自负费用按照保险权益转让协议所要求的通知格式和内容，将相关保险项下的相关权益转让给出租人或其指定的具有保险利益的其他人，并保持该转让在租期内完全有效，并将出租人或其指定的具有保险利益的其他人列为相关保险的附加被保险人之一，将受偿方指定为飞机第三方责任险的附加被保险人。

2. 保险费

- **2.6 信息**

  （a）承租人必须向出租人提供其合理要求的与保险相关的任何信息和文件。

  （b）承租人应当立刻通知出租人可能会导致在保单项下超过损失通知金额的任何索赔的任何事件（包括但不限于全损事件）。

- **2.7 未能保险**

  如果承租人未能依照本协议维持保险，在不限制出租人在本协议下的其他权利或救济的前提下，出租人可以：

  （a）自行投保（但无义务），在该等情况下，承租人应当一经要求即补偿出租人投保的成本及费用；

  （b）在此等未保险持续的时间内要求飞机停留在出租人指定的任何机场，直至该未保险获得了令出租人满意的救济。

- **2.8 持续保险**

  承租人应当在终止日之后持续维持有关的责任保险有效直至终止日起满 2 年之日或终止日后第一次对飞机的 8C 检完成之日，以较早之日为准。

2. 保险费	2.9 赔款的使用	双方同意与飞机相关的保险赔款应按下列条款进行办理和使用： （a）飞机发生全损事件的情况下，由保险人支付给出租人或其指定的第三方，用以偿还承租人在本协议第 16.1（a）条项下届时尚未清偿的金额。在收悉上述金额后，出租人应将剩余款项（如有）尽快返还承租人。为避免疑义，如承租人已在保险赔付款支付前，以自有资金不可撤销地支付了第 16.1（a）条规定的全部终止款项的情形下，出租人无权主张或要求保险赔款。 （b）如飞机发生未构成飞机全损事件的任何损坏，与飞机相关的保险赔款应直接用于有关飞机的恢复、维修或替换（以下称“修复”）该项损坏所发生的成本或用于补偿承租人修复的成本。 （c）如飞机发生未构成飞机全损事件的任何损坏，与飞机相关的保险赔款应付给承租人或其指定的第三方；但如发生并持续存在违约事件，保险赔款应付给出租人或其指定的第三方，由出租人用于支付承租人在本协议及其他其为一方的交易文件项下欠付出租人的任何款项。 （d）如任何一方收到根据本协议的规定应当支付给另一方的任何保险赔款，应立即将该等款项退回另一方。 （e）尽管有前款规定，为明确起见，有关飞机的第三方责任保险所收到的保险赔偿应用于补偿给有关赔偿的付款者。

（四）征税依据

依据《中华人民共和国海关审定进出口货物完税价格办法》

第七条　进口货物的成交价格，是指卖方向中华人民共和国境内销售该货物时买方为进口该货物向卖方实付、应付的，并且按照本章第三节的规定调整后的价款总额，包括直接支付的价款和间接支付的价款。

第二十八条　运往境外修理的机械器具、运输工具或者其他货物，出境时已向海关报明，并且在海关规定的期限内复运进境的，应当以境外修理费和料件费为基础审查确定完税价格。

出境修理货物复运进境超过海关规定期限的，由海关按照本办法第二章的规定审查确定完税价格。

第三十一条　租赁方式进口的货物，按照下列方法审查确定完税价格：

（一）以租金方式对外支付的租赁货物，在租赁期间以海关审查确定的租金作为完税价格，利息应当予以计入；

（二）留购的租赁货物以海关审查确定的留购价格作为完税价格；

（三）纳税义务人申请一次性缴纳税款的，可以选择申请按照本办法第六条列明的方法确定完税价格，或者按照海关审查确定的租金总额作为完税价格。

参照《海关总署关于修订飞机经营性租赁审定完税价格有关规定的公告》（海关总署2016年第8号公告）

- 租赁期间发生的由承租人承担的境外维修检修费用，按照《中华人民共和国海关审定进出口货物完税价格办法》第二十八条审价征税。

- 在飞机退租时，承租人因未符合飞机租赁贸易中约定的交还飞机条件而向出租人支付的补偿或赔偿费用，或为满足飞机交机条件而开展的维修检修所产生的维修检修费，无论发生在境内或境外，均按租金计入完税价格。

- 飞机租赁结束后未退还承租人的维修保证金，按租金计入完税价格。

- 在飞机租赁贸易中约定由承租方支付的与机身、零备件相关的保险，无论发生在境内或境外，属于间接支付的租金，应计入完税价格；与飞机租赁期间保持正常营运相关的保险费用，不计入完税价格。

- 本公告实施前已完成的维修检修，若在飞机租赁合同中约定应由承租人承担的，无论发生在境内或境外，其费用均按租金计入完税价格。其中飞机大修在境内进行的，承租人所支付费用发票中单独列明的增值税等国内税收、境内生产的零部件和材料费用及已征税的进口零部件和材料费用不计入完税价格。承租人应在支付维修检修费用后30日内向其所在地海关申报办理纳税手续。

（五）结论

经营性租赁进口公务机的完税价格应按照《中华人民共和国海关审定进出口货物完税价格办法》第三十一条以及相关规定，以租金为基础审查确定。承租人按合同约定发生的维持飞机交机状态所进行的维修定检，其费用应计入完税价格。

本案例中，由承租人承担的境外维修检修费，应按租金计入完税价格。由承租方支付的与机身、零备件相关的保险，无论发生在境内或境外，属于间接支付的租金，应计入完税价格。与飞机租赁期间保持正常营运相关的保险费用，不计入完税价格。

九、经营性租赁船舶交付及退还费用案例

（一）基本情况

根据船舶经营租赁合同，在船舶交付及退还时，承租人需承担以下费用：船舶改装费用、维修定检费、船舶登记与注销费用、船舶行驶至作业区的移泊费，以及为满足船舶交付条件而产生的赔偿费用和维修检修费。在向海关申报船舶租金的完税价格时，承租人未将上述交付及退还费用计入完税价格。

（二）费用情况

本案例中，交付及退还费用指租赁期间发生的由承租人承担的下列费用，包括：船舶财产交接所产生的由承租方承担的费用，船舶登记及注销产生的费用，交付和退还时由承租人承担的船舶改装费，交还船舶时由承租人承担的检验费用，船舶交付后至移至作业区之间产生的费用等。

在财务记账上，由承租人负担的租入固定资产改良支出应在租赁期内平均摊销，列入各期费用，租赁期在一年以内的记入“待摊费用”账户，租赁期超过一年的，记入“递延资产”或“长期待摊费用”。

（三）合同条款

1. 交船及还船

1.1　本合同项下的交船期为【xxxx】年【xx】月【xx】日至【xxxx】年【xx】月【xx】日，交船地为【xx】。乙方应在本合同规定的交船期内在交船地点将船舶、船舶证书和船舶资料同时交付给甲方。交船时双方应签署交船证明书，具体的交船时间以交船证明书的记载为准。

1.2　交船时，甲方应确保交船地为适于船舶进入并锚泊的安全地点。乙方应确保交付的船舶为经交船检验合格的船舶，且船舶状况应与交船检验合格时一致，否则甲方有权解除本合同。

1.3　如船舶已在交船途中但无法在解约日午夜二十四（24）时前到达甲方指定的交船地，甲方有权解除本合同且无须承担任何责任，甲方依据本款规定解除合同时应在交船期到期后的两个工作日内向乙方发出书面通知。但是，如果乙方已提前【xx】日将船舶延误情况和船舶预期抵达交船地的日期书面通知甲方，甲方应在收到该等书面通知时起四十八（48）小时内书面通知乙方选择接受延期交船或解除合同。如甲方选择接受乙方延期交船的，乙方发给甲方的前述通知中记载的船舶预期抵达日期之后的第【xx】日为新的解约日。如甲方未在前述规定的期限内书面通知乙方，视为甲方选择解除本合同，在该种情形下甲方无须承担任何责任。

1. 交船及还船

1.4 除非船舶已经发生灭失或失踪，甲方应于租期届满或提前终止时在【xx 港口】将船舶交还乙方，具体地点以双方协商为准。甲方应在还船日前 90 日、60 日、30 日给乙方发送关于预计还船日期、还船港口区域或还船港口、地点的预报通知。还船日前 30 日开始甲方每天给乙方发送船舶动态，并提前不少于【xx】日给乙方发送还船日的确切通知。还船时双方应签署还船证明书，具体还船时间以还船证明书的记载为准。

1.5 还船时，除正常磨损和损耗外，甲方应以交船时同样良好的结构、状态、船况、船级交还给乙方。否则，乙方有权书面拒绝接受还船。在接到乙方拒绝接受还船的通知后，甲方应当立即采取措施在合理时间内恢复船舶状况。甲方应当承担有关恢复原状的费用及时间损失。乙方亦可接受甲方的还船，但此行为不影响其要求甲方赔偿损失的权利。船舶（包括甲板及各舱室）需处于清洁状态。甲方有权在不清扫船舶的情况下还船，但在该等情形下甲方应向乙方支付清洁费。此外，除非乙方同意，甲方应将在租期内对船舶作出的各项改变予以移除或者恢复，以及对船舶登记状况予以恢复，并承担费用和时间损失。还船时，船舶检验周期应为最近一期，船级证书的有效期应至少在 30 日以上。

1.6 甲方在还船时应同时将船舶证书及船舶资料还给乙方，但船舶安全管理体系文件除外。船舶的航海日志、轮机日志等由乙方保留，但甲方有权要求乙方提供一份其复印件。

2. 交还船时的财产交接

2.1　交船及还船时，除船员个人财物外，其余船上财产均应进行交接。双方应对进行交接的所有船上财产，包括设备、物料、备品、燃油和淡水编制一套完整的财产清单，并将所有财产分成消耗品、非消耗品及备品类，并在清单中逐一做出标注。财产清单制作完成后，由双方签字确认。

2.2　对于财产中的消耗品，甲乙双方应分别在交船和还船时予以接收。对于财产中的消耗品及非消耗品，在乙方交船时甲方予以接收并在还船时以良好状况交还乙方，但允许有正常的磨损和损耗。对于财产中的备品，在乙方交船时甲方予以接收，若甲方在租期内使用了备品，甲方应及时购买相同品质和数量的备品予以补足，以保证还船时船上具有与交船时同等数量和品质的备品，若有不足部分，按照购买价格支付价款或补齐，若有超出部分，甲方自行处理。

2.3　交还船时，双方应在交接前提取船上剩余燃油的样本，并分成四份，双方各持两份。如果因燃油质量导致纠纷，双方将聘请独立第三方检验机构对燃油样本进行检验。对于因燃油质量不合格给接受燃油方造成的损失，由燃油提供方承担赔偿责任。

2. 交还船时的财产交接

2.4　任何一方为方便交／还船后的船舶作业而对交／还船前船上剩余燃油及淡水的数量有具体要求的，应在交／还船前至少【xx】日书面通知另一方。

3. 登记及注销

3.1　乙方应向甲方提供船舶所有有效的船舶技术证书和原船籍港船舶登记机关出具的中止或者注销船舶国籍的证明书。注销原船舶国籍费用由乙方承担。由甲方申请办理光船租赁登记和临时船舶国籍证书。办理船舶光船租赁登记及临时船舶国籍证书所需费用由甲方承担。

3.2　租期届满或光船租赁关系提前终止时，甲方应于租期届满或光船租赁关系提前终止当日，持临时船舶国籍证书、船舶所有权登记证书、本合同或者终止光船租赁关系的证明文件，到船舶船籍港的船舶登记机关办理光船租赁的注销登记。办理光船租赁注销登记的费用由甲方承担。

4. 交还船检验

4.1　除本合同另有约定外，交船前甲方应自行承担费用指定验船师登船进行交船检验；还船前乙方应自行承担费用指定验船师登船进行还船检验。检验的项目包括但不限于船舶状况、船舶上设备状况，以及船舶证书和其他资料等是否完备。因交／还船检验影响的船期，乙方承担交船检验的时间损失，甲方承担还船检验的时间损失。双方在交／还船期间各自负责的工作界面以及人员、船舶消耗等产生的相关费用根据双方界面各自承担。自交接船之时起，船舶的管理、保险、海事、安全等责任则随之向对方转移。

4.2　船舶应符合相关法律法规、船级社以及本合同的规定，且交船检验时船舶应满足以下全部条件：

（1）船舶在船体、构造、设备等所有方面均应处于良好的工作状态，符合适航要求，且能够以良好的性能进行作业，并满足船舶规范的相关规定。

（2）船舶具备原船籍国及船级社所需的全部证书（需甲方办理的证书除外）和船舶资料，且全部证书均在有效期内并已完成所有到期检验，不存在任何展期或宽限期的情形。如船舶违反本款规定，即构成交船检验不合格。交船检验不合格的，乙方应尽快采取措施进行修理或补救。乙方修理或补救完毕后，双方需按照上述规定重新检验。如经重新检验，船舶仍不合格，甲方有权选择解除本合同。

4. 交还船检验

4.3 即使船舶经交船检验合格，但如在交船后的十二（12）个月内甲方发现船舶存在影响作业和船舶安全的重大潜在缺陷，乙方应尽快采取措施进行修理或补救，由此产生的相关费用由乙方自行承担。如船舶经修理或补救仍不符合本合同规定，影响船舶正常作业，甲方有权解除本合同。

4.4 如确因船舶交船时存在的潜在缺陷导致海损事故，乙方承担由此造成的直接损失和责任。

4.5 在交船时，乙方保证其与船厂就造船合同和船舶不存在价款、所有权等相关的争议和纠纷。

5. 航行及作业区域

5.1　本合同项下船舶航行及作业的区域范围为适用于本船作业且保险覆盖的区域。甲方应在上述范围内将船舶用于合法的海上航行及作业，且在航行及作业过程中应遵守一切相关法律法规，包括但不限于取得主管部门对相关海上作业的许可并承担申请许可的费用。

5.2　租赁期间，甲方必须严格遵守施工作业所在国家地区的法律法规。若甲方违反了施工作业所在国家或地区的法律法规，由此造成的损失由甲方承担。

6. 船舶移泊费

6.1　船舶交付一般在公海或境外某港口，船舶实际作业区在境内，在船舶交付后，由承运人负责将船舶从交付地运输至合同约定的作业区，涉及的所有费用均由甲方承担。

（四）征税依据

依据《中华人民共和国海关审定进出口货物完税价格办法》

第七条　进口货物的成交价格，是指卖方向中华人民共和国境内销售该货物时买方为进口该货物向卖方实付、应付的，并且按照本章第三节的规定调整后的价款总额，包括直接支付的价款和间接支付的价款。

第二十八条　运往境外修理的机械器具、运输工具或者其他货物，出境时已向海关报明，并且在海关规定的期限内复运进境的，应当以境外修理费和料件费为基础审查确定完税价格。

出境修理货物复运进境超过海关规定期限的，由海关按照本办法第二章的规定审查确定完税价格。

第三十一条　租赁方式进口的货物，按照下列方法审查确定完税价格：

（一）以租金方式对外支付的租赁货物，在租赁期间以海关审查确定的租金作为完税价格，利息应当予以计入；

（二）留购的租赁货物以海关审查确定的留购价格作为完税价格；

（三）纳税义务人申请一次性缴纳税款的，可以选择申请按照本办法第六条列明的方法确定完税价格，或者按照海关审查确定的租金总额作为完税价格。

（五）结论

船舶交付与退还期间，承租人因未符合租赁贸易中约定的交还船舶条件而向出租人支付的补偿或赔偿费用，或为满足船舶交付条件而开展的维修检修所产生的维修检修费，无论发生在境内或境外，均应计入租金的完税价格。船舶交付与退还时，由承租人承担的船舶改装涉及的费用应计入租金的完税价格。船舶交付及退还时产生的维修定检费应计入租金的完税价格。船舶登记与注销产生的费用，属于管理费，应计入租金的完税价格。买方委托国内托管公司代为验收船舶并将其行驶至作业区产生的移泊费，按照《中华人民共和国海关审定进出口货物完税价格办法》第三十五条的规定，不计入租金的完税价格。

十、经营性租赁船舶维修、保险费用案例

（一）基本情况

根据船舶经营租赁合同，租赁期间，承租人需承担以下保险费用：船壳险，战争险，船身保赔险，零备件的一切险，船舶运营相关的保险。与此同时，承租人还需承担船舶的维修检修费用。在向海关申报船舶租金的完税价格时，承租人未将上述维修、保险费用计入完税价格。

（二）费用情况

本案例中，出租人与承租人签订船舶租赁协议，根据协议约定，保险部分内容主要包括：保险金额；保险内容；免赔额，递减保险率；是否由承租人支付；保险的其他要求。维修部分内容主要包括：适航及改装的维修标准；是否存在境外维修及产生的费用；承租人承担乙方登船检查的费用。

（三）合同条款

1. 船舶使用及维护

1.1　在租期内，船舶（包括船上一切财产及文件）由甲方完全占有和控制，甲方负责船舶的航行和作业，乙方不得对此施加不合理的妨碍或干涉。根据乙方的要求，甲方应将船舶所从事作业内容的基本信息告知乙方。

1.2　在租期内，甲方应使船舶维持船级，并确保船舶处于良好的适航状态和工作状态，以及所有船舶证书在租期内持续有效。

1.3　在租期内，甲方应负责以下项目包括但不限于：

（1）按照最低配员证书的要求负责为船舶配备足额的适格船员，并支付船员工资、奖金和保险等费用。

（2）为船舶提供燃油、润滑油、润滑脂、液压油、淡水、食品、各种物料等物资，并承担与船舶营运一切的费用，包括燃油费用、港口费、代理费、引航费、船舶吨税、进出港签证费等。

（3）自行承担费用对船舶（包括船体、机械、设备等）进行及时的检验及保养维护，保养维护时应根据相关船舶规范采用良好的工艺及合格的配件，以确保船舶不因保养维护不当或不及时而贬值。

1. 船舶使用及维护

1.4　在租期内，甲方经书面通知乙方后有权对船舶做以下变更：（1）更改船舶名称和悬挂的船旗；（2）对船舶重新刷漆；（3）在烟囱上用油漆喷涂上甲方公司标记和悬挂甲方公司旗帜。还船时，乙方有权要求甲方对上述变更予以恢复，由此产生的费用及时间损失均由甲方承担。

1.5　甲方在合同期内有权根据其作业需要并在符合船级社规范要求的范围内对船舶进行改装，但应事先取得乙方的书面同意，乙方无正当理由不得拒绝。船舶改装由甲方自行或委托第三方予以具体实施。除非双方另行达成一致，还船时甲方应将船舶恢复至改装前的状况。改装及恢复所产生的费用及时间损失均由甲方承担。

1.6　除双方另行达成一致外，如因适用本船原船籍、船级的法律法规或船级社规定的变更或新的法律法规或规定的颁布，导致必须对船舶进行改进或者添置新的设备，乙方应负责该等改进或添置工作，并承担由此产生的费用和时间损失，且在该等改进或添置期间内甲方无须向乙方支付租金。

2. 乙方登船检查

2.1　在租期内，乙方有权自行或委托第三方验船师登船检查，以查明船舶是否得到正常的维护和保养。但乙方的检查应避免对船舶的营运造成不当的干扰。如经船舶检验发现船舶已得到正常的维护和保养，则乙方登船检查的费用由乙方自行承担；如经船舶检查发现船舶未得到正常的修护和保养，乙方有权向甲方出具书面意见，甲方应根据该等意见对船舶进行维护和保养，并承担乙方登船检查的费用。

2.2　乙方有权对船舶日志进行检查。如船舶发生海事事故，甲方应立即将有关情况通知乙方。

3. 保险

在租期内，甲方应购买并维持有效的船舶保险，相关保险费用由甲方承担，投保种类不得少于下列各项：（1）船舶一切险，保险金额按照船舶价值投保，保险金额应足够补偿船舶及其机器设备的损坏和灭失，船舶一切险包括但不限于：四分之一碰撞、触碰责任险，托管架、油污责任险等损失险；（2）保赔险；（3)法律法规要求的以及船舶为履行本合同所需的其他保险。甲方应采取一切必要措施减少损失，如因甲方原因导致保险少赔或不赔，甲方应承担相应的金额。

（四）征税依据

依据《中华人民共和国海关审定进出口货物完税价格办法》

第七条　进口货物的成交价格，是指卖方向中华人民共和国境内销售该货物时买方为进口该货物向卖方实付、应付的，并且按照本章第三节的规定调整后的价款总额，包括直接支付的价款和间接支付的价款。

第二十八条　运往境外修理的机械器具、运输工具或者其他货物，出境时已向海关报明，并且在海关规定的期限内复运进境的，应当以境外修理费和料件费为基础审查确定完税价格。

出境修理货物复运进境超过海关规定期限的，由海关按照本办法第二章的规定审查确定完税价格。

第三十一条　租赁方式进口的货物，按照下列方法审查确定完税价格：

（一）以租金方式对外支付的租赁货物，在租赁期间以海关审查确定的租金作为完税价格，利息应当予以计入；

（二）留购的租赁货物以海关审查确定的留购价格作为完税价格；

（三）纳税义务人申请一次性缴纳税款的，可以选择申请按照本办法第六条列明的方法确定完税价格，或者按照海关审查确定的租金总额作为完税价格。

依据《海关总署关于修订飞机经营性租赁审定完税价格有关规定的公告》（海关总署 2016 年第 8 号公告）

第一条　租赁期间发生的由承租人承担的境外维修检修费用，按照《中华人民共和国海关审定进出口货物完税价格办法》第二十八条审价征税。

第二条　在飞机退租时，承租人因未符合飞机租赁贸易中约定的交还飞机条件而向出租人支付的补偿或赔偿费用，或为满足飞机交机条件而开展的维修检修所产生的维修检修费，无论发生在境内或境外，均按租金计入完税价格。

第三条　飞机租赁结束后未退还承租人的维修保证金，按租金计入完税价格。

第五条　在飞机租赁贸易中约定由承租方支付的与机身、零备件相关的保险，无论发生在境内或境外，属于间接支付的租金，应计入完税价格；与飞机租赁期间保持正常营运相关的保险费用，不计入完税价格。

本公告实施前已支付的保险费用比照本公告第五条办理，但如果航空保单无法区分飞机的机身、零备件一切险、第三者责任险、运营险等险种保费的，有关航空保费不计入租金的完税价格。

本公告实施前已完成的维修检修，若在飞机租赁合同中约定应由承租人承担的，无论发生在境内或境外，其费用均按租金计入完税价格。其中飞机大修在境内进行的，承租人所支付费用发票中单独列明的增值税等国内税收、境内生产的零部件和材料费用及已征税的进口零部件和材料费用不计入完税价格。承租人应在支付维修检修费用后 30 日内向其所在地海关申报办理纳税手续。

（五）结论

船壳险、战争险、船身保赔险、零件的一切险均应计入租金的完税价格。船舶运营相关的保险不计入租金的完税价格。保单无法区分船身机身、零备件一切险、第三者责任险、运营险等险种保费的，有关保费不计入租金的完税价格。

中华人民共和国海关总署公告2016年第8号实施前已完成的维修检修，若在船舶租赁合同中约定应由承租人承担的，无论发生在境内或境外，其费用均按租金计入完税价格。2016年第8号公告实施后租赁期间发生的由承租人承担的境外维修检修费用，应计入租金的完税价格。

参考资料

1.《中华人民共和国海关法》

2.《中华人民共和国进出口关税条例》

3.《中华人民共和国海关审定进出口货物完税价格办法》

4.《企业会计准则》

5.《中华人民共和国合同法》

6.《OECD 转让定价指南》

7.《关税及贸易总协定》

8.《关于实施 1994 关税与贸易总协定第 7 条的协定》